KB202621

건강하게 백세까지 살고 싶은 분의 책

영혼건강 상태 정밀 검진하는 법

강요셉지음

하나님의 최대 관심은 성도들이 건강한 것이다.

성령

영혼건강 상태
정밀 검진하는 법

성령

들어가는 말

하나님은 성도들이 건강하기를 원하십니다. 성도들의 영육건강은 하나님의 소원이십니다. 건강을 백번 강조해도 지나칠 수 없는 말입니다. 성도들뿐만 아니고 세상을 살아가는 모든 사람들은 건강하기를 원합니다. 새해 벽두에 소원을 말하라면 모두 자신의 건강과 가족의 건강을 말합니다. 하나님도 모든 성도들이 주안에서 건강하기를 소원하십니다.

필자가 얼마 전에 기도를 하다가 하나님께 질문을 했습니다. "하나님! 이번에 이런 제목으로 글을 쓰려고 합니다. 어떻게 생각하십니까?" 그랬더니 건강 검진에 관한 글을 쓰라는 감동을 주셨습니다. 그래서 건강검진에 대하여 글을 쓰려고 준비하면서 기도하고 자료를 확인하니 참으로 건강검진이 중요하다는 것을 다시 한 번 느끼고 느끼게 되었습니다. 무엇보다도 예방건강이 중요하기 때문입니다. 성령께서 건강검진에 대하여 글을 쓰라고 감동하신 이유는 필자에게 글을 쓰면서 저 자신의 건강에 대하여 검진해보라는 것입니다. 나이가 나이인 만큼 저 자신이 건강에 대하여 관심을 가지고 살아가라는 신호인 것입니다.

필자는 건강의 중요성에 대하여 실제로 깨달은 바가 많이 있습니다. 군대에서 나와 신학을 하고 교회를 개척했을 때 무엇보다도 개척교회 목사와 성도들은 건강해야 한다는 것을 체험했습니다.

우리가 바르게 알아야 할 것은 육체가 건강해야 정신도 건강하다는 것입니다. 육체가 건강해야 영성도 강해진다는 것입니다. 건강해야 하나님의 영광을 나타내며 전도도 할 수가 있습니다.

그래서 지난 세월을 돌아보면서 건강검진에 대하여 글을 써서 성도들의 건강검진에 대한 나름대로 논리를 정립하려고 합니다. 물론 이 책을 읽는 분들 중에는 필자보다 건강검진에 대하여 박식한 분들이 많이 계실 것입니다. 그래도 읽어보시라는 것입니다. 필자는 말씀과 성령으로 거듭난 영성을 추가하여 건강에 대하여 논리를 정립하는 것이니, 세상적인 건강검진에 대한 논리보다 더 깊고 강하게 역사하실 것이라고 자부하기 때문입니다.

성도들의 건강은 말씀과 성령으로 거듭난 영성이 없이는 강건한 삶은 불가능하기 때문입니다. 성령의 인도를 받아야 영-혼-육이 균형을 잡히는 건강을 유지 할 수 있기 때문입니다. 건강은 균형 잡힌 영성에서 나오는 것입니다. 어느 한쪽이 불균형을 이루면 건강한 삶을 살기란 어려운 것입니다. 육체의 건강은 예수 안에서 성령으로 충만할 때 유지할 수가 있는 것입니다.

아무튼 이 책을 통하여 영육의 건강 상태를 검진하여 건강한 몸과 마음으로 하나님의 영광을 드러내는 계기가 되시기를 바랍니다.

주후 2017년 08월 20일
충만한 교회 성전에서
저자 강요셉목사

세부적인목차

1부 영혼의 건강은 하나님의 깊은 뜻

1장 건강을 최우선으로 관심두신 하나님

(마 14:23) "무리를 보내신 후에 기도하러 따로 산에
올라가시니라 저물매 거기 혼자 계시더니"

하나님께서 건강이 어떠하셨는지 알아보려면 예수님의 공생
애의 건강을 생각하면 됩니다. 예수님의 체력과 건강은 어떠했
을까요? 그분은 한 번도 앓아누운 적이 없습니다. 우리가 우리
주님, 우리 하나님으로 믿고 의지하는 예수 그리스도, 그분은 얼
마나 건강하였을까요? 오늘날 누구나 건강과 웰빙을 추구하는
시대에 우리는 살고 있습니다. 그러면서 정작 예수 그리스도, 우
리 주님은 얼마나 건강하게 사셨을까 묻지도 않고 그냥 하나님
의 아들이시니 막강한 체력으로 살았을 것으로 여깁니다.

우리가 4복음서를 읽어보면, 예수님은 한 번도 앓아누우셨다
는 기록이 없습니다. 인간으로 말하면, 대단한 체력의 소유자입
니다. 그분은 많은 병든 자들을 일으키시고, 수많은 귀신 들린
자들에게서 귀신을 몰아내고, 가시는 곳마다 거룩한 하나님의
영광을 드러내셨습니다.

어디 그뿐인가요. 그분은 밥 먹을 사이도 없이 분주하게 복음
을 전하셨고, 때로는 사역 후 밤 기도를 하셨습니다. 사도들을
세우는 일과 같은 중대한 일을 앞두고 철야기도를 하셨습니다.

그리고 아침마다 새벽기도를 하셨습니다. 그분은 이것을 습관으로 삼았다고 성경에 기록되어 있습니다.

제자들은 예수님이 곁에 안 계실 때, 그들은 곧 그분을 찾을 수 있었습니다. 그분이 가는 곳은 빤했기 때문입니다. 기도하러 한적한 곳에 가셨던 것입니다. 하나님의 아들, 예수 그리스도, 그분은 세상에 계실 때, 심한 통곡과 눈물로 전능하신 하나님께 나아가서 호소하셨다고 기록되어 있습니다.

그분이 그처럼 왕성한 체력을 가지고 전도활동을 하신 힘과 지혜는 어디에서 얻었을까요. 그분은 정규적인 학교도 제대로 다니지 않은 무학자로 알려져 있습니다. 그러나 하늘과 땅의 이치를 다 통달하고 전능하신 하나님의 아들로 인정을 받았습니다. 그분은 하늘과 땅의 모든 권세를 받고 우리에게 세계복음화의 사명을 주셨습니다. 그분의 체력과 한없는 생명력은 어디에서 왔을까요. 그분도 우리와 똑같이 육체로 세상에 계셨기에 배고프고 목마른 시간을 보냈음이 틀림없습니다. 그러나 그분에게 무엇이 그렇게 강력한 힘과 능력을 갖고 살게 하셨을까요.

그분은 특별히 영양이 많은 음식을 먹었다는 기록이 없습니다. 잠을 충분히 주무셨다는 기록도 없습니다. 건강을 위해 규칙적으로 운동을 했다는 기록도 없습니다. 그러나 그분은 늘 병들지 않고 건강한 몸으로 하나님의 나라를 선포하셨습니다.

예수님께서는 사람들에게 건강과 평안과 완전한 품성과 영원한 생명을 회복시켜주시고자 이 땅에 오셨습니다. 그분께서는 인간의 모든 필요를 채워주기 위하여 지칠 줄 모르는 종으로 봉사의 생애를 사셨습니다. 한사람, 한사람을 내면세계를 안정시켜서 하늘나라를 증명하시는 삶을 사셨습니다. "여우도 굴이 있고 공중의 나는 새도 집이 있으되 인자는 머리 둘 곳이 없다"라고 할 정도로 주님은 자신을 아주 빈털터리로 묘사하셨습니다.

이렇게 가난한 중에 지칠 줄 모르는 봉사의 생애를 사신 예수님이시지만 성경 어느 곳을 찾아보아도 예수님이 과로로 병드셨다 거나 예수님이 너무 가난하고 스트레스를 많이 받아서 우울증이나 신경쇠약증에 걸리셨다는 기록이 아무데도 없습니다. 참으로 예수님은 영적으로는 물론이요, 육체적, 정신적으로도 흠 없는 하나님의 어린양으로 건강한 삶을 사셨습니다. 그렇다면 과연 예수님의 건강 비결은 무엇일까요? 우리도 어떻게 하면 예수님처럼 건강하게 살 수 있을까요?

첫째, 예수님의 건강 관리 원칙: 예수님께서 건강하게 지내신 것은 하나님께서 건강하시기 때문입니다. 하나님께서 정한 건강 법칙을 준수하셨다는 것입니다. 예수님은 항상 하나님께 집중하면서 사셨기 때문에 강건한 삶을 사신 것입니다.

첫째로 하나님께 집중하는 삶을 사셨다. 하나님께 집중하고 뜻을 알기 위하여 기도하셨습니다. 성령으로 충만하여 세상이 침입을 하지 못하도록 관리를 하셨습니다. 성령으로 기도하면서 내면세계를 하나님으로 채우셨습니다. 전인격이 성령의 지배와 장악이 되고 성령의 이끌림을 받는 삶을 살아가려고 하셨습니다. 세상을 살아가는 우리들에게 본이 되도록 전인격을 관리하셨습니다. 예수님은 아버지 하나님을 전적으로 신뢰하고 아버지의 뜻을 이루는 삶을 사심으로 마음에 하늘의 평강을 누리셨습니다.

둘째로 음식물을 구별하여 드셨다. 예수님께서는 아름다운 에덴동산에 아담, 해와를 창조하시고 "내가 온 지면의 씨맺는 모든 채소와 씨가진 열매 맺는 모든 나무를 너희에게 주노니 너희 식물이 되리라"(창 1:29)고 말씀하셨습니다. 그러므로 인간에게 가장 이상적인 음식물은 육식이 아니라 채식입니다.

예수님께서 제자들과 함께 생선을 잡수셨다는 기록이 나옵니다만, 그 당시 갈릴리 호수는 오염이 없이 깨끗하였고, 그 생선은 비늘 있는 깨끗한 생선이었을 것임에 틀림없습니다. 일생을 가난하게 사신 예수님께서는 주로 채식을 하셨을 것이고, 부정하고 가증하다고 선언하신 돼지고기나 비늘 없는 생선은 일체 입에 대지 않으셨을 것임을 확신합니다. 예수님은 언행일치 하는 삶을 사신 분이시기 때문입니다. 예수님께서 선지자들을 통해 부정하고 가증하다고 선언하신 고기들은 콜레스테롤이 높고 알레르기를 일으키고 불결하고 인체에 해로운 것들임이 의학적으로 증명되고 있습니다.

셋째로 운동하는 것을 즐기셨다. 예수님은 보행건강학의 표본이십니다. 갈릴리와 유대와 사마리아를 두루 걸어 다니시며 복음을 전파하셨습니다. 우리가 매일 1시간씩 이상 걷는다면 혈액순환이 왕성해지고, 뼈와 근육도 튼튼해지고 소화도 잘 되며, 당뇨병 고혈압, 우울증, 비만증, 불면증에 놀라운 치료 효과를 볼 것이며 암을 예방하는 데도 도움이 될 것입니다.

캘리포니아 샌프란시스코에 살았던 '래리'라는 할아버지는 100세가 넘도록 30분가량 걸리는 직장에 매일 걸어서 출퇴근하였는데 건강이 양호하였고, 103세 생일날 자녀, 손 자녀, 증손, 고손들 앞에서 100미터를 17초 3에 달리고, "다음 해 생일에는 이 기록을 깨겠노라"고 말했다고 합니다. 우리도 예수님의 모본 따라 날마다 즐겁게 걸으며 건강하게 사십시다.

넷째로 생수(물)를 마셨다. 요한복음 4장에 보면 예수님이 사마리아 우물가에서 만난 여인에게 "물 좀 달라"고 요청하시는 장면이 나옵니다. 예수님은 커피나 콜라를 마시지 않으시고 생수를 충분히 마시셨습니다. 충분한 생수를 마실 때 노폐물을 신속히 배출해 냄으로 피가 깨끗해지고 콩팥도 튼튼해집니다. 우리도 하루 8컵 생수를 마셔 피를 깨끗하게 하십시다.

다섯째로 햇볕을 쪼이셨다. 예수님은 자신의 봉사 생애 동안 대부분의 시간을 옥외에서 전도하시고 환자들을 치료하시며 충분한 일광욕을 하셨습니다. 햇빛에는 살균 작용이 있고, 피부를 튼튼하게 하며, 비타민 D를 생성하고, 혈압과 혈당을 내려주며, 엔도르핀을 분비하여 기분을 상쾌하게 하는 놀라운 치료 효과가 있습니다.

여섯째로 절제의 삶을 사셨다. 예수님께서는 "이기기를 다투는 자마다 모든 일에 절제하나니 저희는 썩을 면류관을 얻고자 하되 우리는 썩지 아니할 것을 얻고자 하노라"(고전 9:25)고 말씀하셨습니다. 예수님은 술이나 담배나 마약은 물로 어떤 종류의 약이라도 남용하지 않으셨습니다. 술은 간경화증을 일으키

고, 뇌세포를 파괴하며, 담배는 구강암, 후두암, 폐암, 방광암의
원인이 됩니다.

일곱째로 신선한 공기를 마셨다. 예수님은 새벽 미명에 맑은
공기를 호흡하시며 기도하시려고 산으로 올라가셨고, 맑은 공기
를 호흡하시며 걸으셨습니다. 깨끗한 공기를 깊이 들이마시면
폐가 충분한 산소로 가득 채워지고 피는 깨끗해집니다. 신선한
공기는 신경을 안정시키고, 식욕을 증진시키며, 소화를 원활하
게 해주며, 잠을 잘 자도록 도와줍니다.

여덟째로 휴식시간을 갖았다. 몸을 무리하지 않았다는 것입니
다. 예수님은 인류 역사상 가장 할 일이 많으신 분이셨지만, 아
무리 할 일이 많아도 기도와 휴식 시간은 반드시 확보한다는 원
칙을 철두철미하게 지키신 분이셨습니다. 예수님은 한적한 곳을
찾아 대자연 속에서 명상하고 기도하며 하나님 아버지와 교통하
심으로 스트레스를 해소하고, 안식일마다 회당에 나가(눅 4:16)
하나님 아버지를 만나 뵙고 새로운 활력을 얻으셨습니다.

오늘날 주말을 지나고 나면 휴식은 커녕 심신이 더욱 피곤해지
는 월요병에 시달리는 현대인들을 향하여 사랑의 주님께서는 "수
고하고 무거운 짐진자들아 다 내게로 오라 내가 너희를 쉬게 하리
라"(마 11:28)고 초청하십니다. 오늘날 현대인들이 앓고 있는 질
병의 70% 이상이 마음에서 온다고들 합니다. 마음에 스트레스가
쌓이고 분노와 낙심과 불안과 공포와 근심, 걱정이 쌓일 때, 신경
성 위장병, 신경성 고혈압이 생기고, 당뇨병, 관절염, 천식, 알레르
기 등이 악화되며, 심지어 암도 발병하게 된다는 것입니다.

그러나 우리의 마음에 하나님께서 주시는 믿음과 소망과 기쁨과 감사와 찬양이 가득할 때, 치유의 엔도르핀이 넘쳐흐르고, 우리의 육체와 정신은 새롭게 소생되며, 여러 가지 병들도 신속히 치유됩니다. 하나님 아버지를 완전히 신뢰하고, 믿음, 소망, 사랑의 삶, 감사와 찬양과 순종의 생애를 살아가신 것이야말로 예수님의 최대의 건강비결이었습니다.

둘째, 믿음의 조상 아브라함의 건강법이다. 성경에서 아브라함은 믿음의 조상이요, 복의 근원으로 말하고 있습니다. 아브라함은 지금부터 4,000여 년 전 사람으로 하나님의 택하심을 입고 하나님의 연단을 받고 히브리 민족의 조상이 된 아브라함을 생각하면서 우리는 그의 건강 장수 법도 연구해 볼만한 과제입니다. 아브라함은 첫째로 믿음의 조상으로 모든 일에서 믿음의 본을 보여 주고 있습니다. 지금부터 4,000년 전의 삶과 현대의 사람의 생활과 환경이 다른 것이었지만, 아브라함은 우리와 비교할 때 장수한 사람인 것입니다. 오늘날 공식적으로 확인된 세계 최장수의 노인이 120살 정도의 노인으로 끝이 나지만, 아브라함은 175세를 살은 장수 노인입니다.

당시에는 노인들이 공해가 없어서인지 장수는 하였지만, 평균 수명은 지금보다 짧았습니다. 요사이 근래에 들어서야 평균 수명이 70을 넘기는 나라가 생기게 되고 있는 것 같이 어쩌다가 몇 사람이 장수를 하는 경우가 있었지만, 아브라함을 표본으로 놓고 연구하여 볼 때 그 사람은 보통 사람과는 다른 무엇이 있었습니다. 이 다른 무엇은 하나님을 향한 믿음이었습니다. 믿음을 가지면 건강 장수하고 있던 병도 고침을 받는 것을 오늘날 우리도 많이 경험하고 있는 것이 아닙니까? 아브라함은 75세의 나이에 하나님의 부름을 받아 하란 땅을 떠났습니다.

우리는 75세정도 되면 묻힐 땅을 정하고 묏자리를 사놓고 정해 두는 나이인데 아브라함은 고향을 떠나는 믿음이 있었던 것입니다. 믿음에는 나이를 돌아보지 않는 능력과 행동이 있어야 믿음이 있는 것입니다. 그 후 100년 동안 하나님의 인도와 보호와 연단을 받으며 100년을 믿음의 조상으로 살아가다가 175세에 나이가 많고 기운이 진하여 죽어 영원한 하나님 나라로 돌아갔습니다(창25:7).

우리가 한번은 모두 죽는 것은 사실이지만 수한이 차고 인생을 만족하게 보낸 후에 하나님 앞에 나아가야 한이 없는 것입니다. 영어 성경에는 아브라함이 175세에 이렇게 죽었다고 기록하였습니다. "And Abraham breathed his last and died in a ripe old age, an old man and satisfied with life." 나이가 많고 늙어서 그 생애를 만족하게 살다가 죽었다는 글로 표현하고 있습니다. 우리도 아브라함같이 하나님이 정하여 주신 수한 동안 만족한 생애를 보내다가 하나님 앞으로 가는 것이 좋은 길인 줄 아는 것입니다.

아브라함은 자식이 늙도록 없었지만 85세 때에 하갈을 첩으로 취하여 이스마엘을 얻었습니다. 그리고 99세대에 할례를 하였습니다. 할례라는 것은 오늘날의 포경 수술 비슷한 것으로 남자의 양피를 베어 내는 것을 말합니다. 성령이 역사하는 교회시대인 지금은 마음에 할례를 해야 합니다. "오직 이면적 유대인이 유대인이며 할례는 마음에 할지니, 영에 있고 율법 조문에 있지 아니한 것이라……"(롬 2:29上). 99살 할아버지가 포경 수술을 한다는 것도 대단한 믿음의 결단이고 순종입니다. 할례를 받은 후에 사라와 성교를 하여 이삭을 낳게 되었습니다. 이삭이 성령으로 잉태된 아이가 아닌 이상 부부 관계를 함으로 100세 먹은 노인과 90세 먹은 노인이 성관계를 가짐으로 아들을 얻게 된 것입니다.

더 나아가서 사라가 127세 때에 사라의 수한이 차서 사라의 향년, 하나님이 정해 주신 세상의 사는 날수를 다 채우고 127세에 죽었습니다. 이때의 아브라함의 나이가 137세 입니다. 137세 난 노인 할아버지 아브라함이 혼자 살기 적적하여 그두라 라는 젊은 여성을 후처로 취하였습니다. 후처를 취한 후 그두라와 깨가 쏟아지는 신혼 재미로 살다가 보니 아들들이 계속 연년생인지, 두 살 터울 이인지, 몇 살 터울이 인지는 몰라도 시므란이란 아들을 낳고, 욕산이란 아들도 낳고, 므단이란 아들도 낳고, 미디안, 이스박, 수아라는 여섯 아들을 계속 낳은 것을 보면 아마 10년 이상을 아브라함과 아브라함의 후처 그두라가 아들들을 낳은 것을 보니 적어도 아브라함이 150세 까지는 정력과 부부 관계가 좋았던 것으로 증명할 수 있는 것입니다.

하나님의 복이나 동양의 오복이나 모두 자녀를 많이 낳는 것이 복중의 복으로 말하고 있습니다. 요사이는 산아 제한을 하여서 하나를 낳고서도 힘들어서 한집 건너서 하나씩만 낳자는 말을 하기도 하지만 기독교인의 자녀관은 사무엘의 어머니 한나에게 하나님이 주신 출산의 복과 같이 3남 2녀는 되어야 정상적인 것입니다.

물론 인구가 많은 중국이나 땅이 좁은 한국에서 이런 말을 하면 역적이 되지만, 미국에서 사는 사람들은 먹을 것 많고 교육비 걱정 없고 모든 면에 풍요한 나라에서는 3남 2녀는 낳아야 자녀끼리 외롭지 않고 하나님의 정하신 복에 순응하는 것이 된다고 말합니다. 필자는 2녀인데 지금 후회스러운 것은 더 낳을 수 있을 때 기회를 놓친 것이 우리 부부간의 후회이기도 합니다. 아브라함은 건강하였기 때문에 150세 정도가 될 때까지 자식을 낳을 수 있었고 정력이 있은 것입니다.

아브라함은 재산도 많아서 부요한 삶을 산 것도 하나님이 주신 복입니다. 아니 하나님의 뜻이라고 믿어야 합니다. 이러한 아브라함의 육체적인 건강과 부요는 아브라함의 믿음으로 오게 된 것입니다. 오늘날도 믿음을 가지면 우리도 아브라함과 같은 건강과 부요의 복을 누릴 수가 있는 것입니다. 그러나 우리가 잘못 생각하는 것은 믿음으로 오는 건강의 축복이 너무 쉽게 이루어지는 줄을 잘못 알고 있는 것입니다. 아브라함도 이러한 복을 받기까지는 큰 믿음의 시련과 시험이 있었고 이것을 이긴 다음에야 나타난 것입니다.

오늘날 잘못된 생각으로는 그저 기도 몇 번하고 교역자를 청하여 대접하고 기도 몇 번 받으므로 아브라함과 같은 믿음으로 오는 복을 받으려고 쉽게 생각하는 사람이 많은 것입니다. 필자는 난치병 불치병 환자들이 너무 쉽게 믿음으로 인한 기적을 바라다가 주님의 능력의 손길을 보지 못하고 실패하는 것을 볼 때 안타까운 것입니다. 필자가 볼 때 어떤 사람은 교회에 헌금을 조금 많게 하고서 병이 낫기를 바라는 사람이 있는 것을 볼 때 믿음의 기적은 그렇게 쉽게 오는 것이 아님을 알지 못함이 심히 안타까운 것입니다.

누구든지 이러한 믿음을 가지고 이 믿음을 하나님께 모이면 여호와라파 되신 하나님의 능력의 손길은 누구에게나 나타나는 것입니다. 이 같은 믿음 없이 쉽게 안일하게 기적을 바라려는 마음들은 하나님의 능력의 손길을 받아 내지 못하는 것입니다.

아브라함이 175세까지 장수하고 능력 있게 살아온 것은 하나님께 믿음을 보였기 때문인 것입니다. 독자 이삭을 바치는 믿음을 보이고 순종의 믿음을 보일 때 믿음의 조상과 복의 근원으로 삼으신 것입니다. 우리도 아브라함같이 믿음을 보일 때 무슨 특별한 건강법을 따르지 않아도 믿음으로 말미암은 건강과 정력과 장수의 복, 부요의 복이 넘치는 것입니다.

단 한 가지 다시 강조하는 것은 이러한 복을 끌어오는 믿음은 대단한 시련과 연단을 이겨야 한다는 것입니다. 하나님을 감동시키는 믿음을 보이는 자는 어떠한 난치, 불치병이 걸렸더라도 치유가 되는 것을 확실히 필자는 보았기 때문에 담대히 말할 수 있는 것입니다. 이러한 방법으로 건강과 복을 누리는 것이 아브라함의 건강법인 것입니다.

2장 성도들이 건강 장수해야 하는 이유

(요삼1:2)"사랑하는 자여 네 영혼이 잘됨 같이 네가 범
사에 잘되고 강건하기를 내가 간구하노라"

우리 그리스도인은 건강하고 또한 건강해야 합니다. 이는 하
나님의 섭리이자 주님의 뜻이기 때문입니다. "하나님은 우리 인
간을 하나님의 형상대로 지으셨다(창1:27)"고 했습니다. 또한
"하나님이 보시기에 참 좋았더라(창1:31)"고 하셨습니다. 이것
으로 보아 하나님은 우리 인간을 허약하고 병든 몸이 아닌, 건강
하고 튼튼하게 창조하신 것을 알 수 있습니다.

예수님께서도 우리의 생명을 귀히 여겨 "사람이 만일 천하를
얻고도 네 생명을 잃으면 무엇이 유익하리오. 사람이 무엇을 주
고 제 목숨을 바꾸겠는가(마가 7:36)"라고 하셨습니다. 또한 예
수님의 이적 중에 대부분이 바로 아프고 병든 자를 고치시고, 죽
은 자를 살리신 것입니다. 이와 같이 예수님께서도 우리 인간의
건강을 중히 여기신 것을 알 수 있습니다.

그런데 우리 기독교인 중에는 육체를 천시하는 경향을 가끔
볼 수 있는데, 이것은 잘못된 생각이며, 하나님의 뜻에 어긋나는
것입니다. 이 세상에 살 동안 육을 떠난 영과 혼은 존재할 수 없
는 것입니다. 예수님께서 육을 천시 했다면 육으로 나시지 않았
을 것이고, 병자를 고치시지도 않았을 것이며, 하나님께서 자기
의 형상대로 우리 인간을 창조하지도 않았을 것입니다.

영과 육의 싸움에서 육을 쳐서 복종해야 한다는 것은 육신의 정욕, 안목의 정욕, 이생의 자랑인 이 육신의 죄성을 과감히 버리고 육신을 깨끗하고 정결하게 하여 주님을 닮는 생활을 하라는 뜻이지, 육신을 천시하라는 의미는 결코 아닐 것입니다. 만약에 이 세상에 사는 동안에 육을 천시하고 관리하지 않는다면 주님께서 건강을 빼앗아 가실 것입니다. 나의 재물도 하나님의 것이고, 나의 지혜도 하나님의 것이며, 나의 건강도 또한 하나님의 것입니다. 우리는 관리자에 불과합니다. 하나님께서 우리에게 주신 건강을 잘 관리하는 것은 우리 믿는 자들이 꼭 지켜야 할 의무라고 생각합니다. 우리가 건강을 잘 관리하게 되면 하나님께서 건강한 모습으로 장수하도록 하실 것은 분명한 일입니다.

필자는, 건강을 위해서도 가장 중요한 것은 신앙생활이라고 생각합니다. 우선 하나님께서 사랑하시는 자녀인 우리 모두가 영육이 강건하게 살기를 원하시기 때문입니다. 어느 부모가, 자식들이 병고(病苦) 속에 살기를 바라겠습니까? 아버지 하나님께서도 그 자녀들이 건강하게 살기를 바라시고 건강의 복 주시기를 원하십니다. 예수님께서 말씀으로 각종 병자들을 고치시고 귀신들을 쫓아내신 것은, 주님이 오시기 7백 년 전에 선지자 이사야를 통해 "그는 참으로 우리의 질고(疾苦)를 지고 우리의 슬픔을 담당하신다(사53:4)."는 예언을 이루신 것입니다(마8:11). 또 지금도 당신의 사람들을 통해 놀라운 치료의 역사를 계속하시는 것은 그 자녀들이 건강하게 살기를 원하시기 때문입니다.

성경은, "여호와를 경외하면 장수한다. 그러나 악인의 나이는 짧아진다(잠10:27)." "자녀들아 주님 안에서 너희 부모에게 순종하여라. …네가 땅에서 잘되고 장수하게 하려는 것이다.(엡 6:2~3)." 약속하셨습니다. 많은 신앙인들이 무병장수하는 걸 보면 이런 말씀에 공감할 것입니다. 또 신앙인들은 병이 나면 기도부터 합니다. 하나님께서 치료하실 병이면 의사의 손을 사용하지 않고 직접 고쳐주시기 때문입니다. 또 의사의 손을 이용하여 고치실 병은 병원에 가도록 하시기 때문입니다.

하나님께서 주신 육체를 잘 사용해야합니다. 달란트 비유를 아시지요, 1달란트 받은 자는 관리를 잘못했기 때문에 주인에게 책망을 받았을 뿐 아니라, 1달란트 마저 빼앗기지 않았습니까. 입시생이 공부는 게을리 하면서 주님께 일류대학에 합격하기를 간구한다면 이보다 어리석은 것이 어디 있겠습니까? 열심히 공부하면서 주님께 지혜와 총명을 간구할 때 주님께서 어여삐 여기사 지혜를 더해 주실 것입니다.

마찬가지로 자기의 건강은 전혀 돌보지 않고 건강하기를 기대한다면 이 이상 둔한 사람은 없을 것입니다. 우리는 건강관리를 잘 하면서 주님께 건강을 간구해야 할 것입니다. 따라서 그리스도인은 평소에 건강관리를 잘 하셔서 질병에 걸리지 않도록 해야겠고, 이미 질환으로 고생하는 분은 건강관리에 최선을 다해야 하겠습니다. 하나님이 주신 건강을 잘 관리하셔서 건강하기를 원하시는 하나님의 뜻을 이루어 드리는 우리가 되어야겠습니다. 건강해야 하나님께서 원하시는 사명을 감당할 수 있습니다. 우리 그리스도인이 건강한 삶을 살기 위해서는 먼저 길이요, 진리요, 생명이신 예수께서 병든 자를 고치시고 죽은 자를 살리신 이적을 살펴봄으로써 주 안에서 건강하게 사는 바른 길을 찾을 것으로 믿습니다. 전인적인 건강은 예수 안에서 성령으로 이뤄지기 때문입니다.

분명하게 건강은 건강할 때 건강을 지켜야 합니다. 건강에 문제가 생긴 다음에 건강의 중요성을 느낀다면 늦을 수도 있습니다. 아무개 목사님이 생전에 건강에 대하여 큐티 노트에서 말씀하신 것을 여기에 옮깁니다. 요점은 "우리가 이 세상에 살아 있는 동안에 건강해야 하는 이유는 오로지 나를 아끼고 사랑하는 사람들을 위해서 입니다." 이것입니다. "이번 수술에서 세 가지를 깨달았습니다. 첫째로, 사는 것이나 죽는 것이나 모두가 하나님의 은혜라는 것입니다. 내가 더 살고 싶어서 사는 것이 아니고 일찍 죽고 싶어서 죽는 것도 아닙니다. 살게 하시는 이도 하나님이요 죽게 하시는 분도 하나님이십니다. 그래서 살아도 주를 위해서 살아야 하고 죽어도 주를 위해서 죽어야 합니다. 쾌유는 전적으로 하나님의 은혜일뿐입니다.

둘째로, 참된 신앙은 수동태입니다. 수술 받으러 들어가는 환자는 오직 의사의 손에 자신을 맡길 수밖에 없습니다. 믿음은 우리를 온전히 하나님께 맡기는 것입니다. 참된 신앙의 힘은 피동적인 데서 옵니다. 성령에 의해 움직이는 것만이 참된 힘이요 영원한 것입니다. 피동적인 것에서 능동적인 삶이 잉태합니다. 그리고 그 능동적인 삶에서 참된 힘이 나옵니다.

셋째로, 나의 육신이란 내 것이 아니라, 나를 사랑하는 사람의 것이라는 점입니다. 내가 아프니까 나의 가족과 아무개교회 교인들이 너무 힘들어했습니다. 더 깊이 들어가 보면 자신의 삶이란 없는 것입니다. "우리가 이 세상에 살아 있는 동안에 건강해야 하는 이유는 오로지 나를 아끼고 사랑하는 사람들을 위해서입니다." 성도들을 위해서 건강해야 하고, 나의 가족들을 위해서 건강해야 하고, 나를 아끼는 사람들을 위해 건강해야 합니다. 이것이 이번에 깨닫게 된 교훈입니다." 마음에 감동이 저려오지 않습니까? 자신을 사랑하는 사람들을 위하여 건강해야 합니다.

우리가 바르게 알아야 할 것은 인간이 행복한 삶을 영위하는 것은 하나님의 뜻입니다. 하나님의 창조 사역의 과정에서 보여주듯 인간이 창조되기 전에 이미 모든 것이 지어졌습니다. 삶의 조건들이 완벽하게 갖추어 졌습니다. 인간이 살기에 더 없이 좋은 환경이 조성된 것입니다. 여기에 사람이 채워지면서 세계는 더욱 완벽한 삶의 무대가 되었습니다.

하나님께서 심히 기뻐하실 정도로 창조된 세계로 행복하게 살수 있는 모든 조건이 갖추어진 것입니다. 그러나 어느 때 조화가 깨지면서 행복한 삶이 무너지고 말았습니다. 삶 자체가 질곡이고 고역이 된 세상으로 바뀐 것입니다. 그러므로 인간은 늘 현실에서 시온의 행복을 꿈꾸며 살아갑니다. 이러한 행복에 대한 염원은 인간들로 하여금 행복의 조건들을 만들도록 독려하게 됩니다. 그러나 인간들은 조화를 상실했기 때문에 모든 의도와 계획은 이기적인 산물만 쌓아올릴 뿐입니다. 행복한 삶이란 실현하기 어려운 소망일 수밖에 없습니다. 따라서 낙원을 이루는 것은 영원한 과제로 남을 뿐입니다. 인간의 어쩔 수 없는 운명인 셈입니다. 그러나 가능성의 여지는 남아 있습니다. 하나님의 은혜가 바로 여기에 있는 것입니다. 시온의 그 행복, 아름다운 관계를 찾을 수 있는 길을 제시하신 것입니다.

우리들이 사는 현실의 공간에서 그 꿈을 이룰 수 있는 방법을 가르쳐 주셨습니다. 그것은 바로 그리스도를 통한 창조 질서의 회복뿐입니다. 하나님께서 건강한 관계를 회복하기 위한 사명을 주신 것입니다. 오직 그리스도 안에 삶으로 그의 군사가 되어 세상을 변화시키는 사명자가 되도록 격려하십니다. 사명자는 건강한 삶의 소유자라야 합니다. 우리가 알아야 할 것은 예수를 믿고 성령으로 거듭난 모든 성도는 사명자라는 것입니다. 예수님이 공생애에 하셨던 이 땅에 하나님의 나라를 건설하는 사명자입니다.

참 자유를 간직하며 선한 양심과 맑은 영혼을 지닌 자만이 행복한 삶의 조건들을 회복할 수 있는 능력을 소유합니다. 개인적 행복이든, 사회적 범주의 행복이든, 그것을 일구는 자는 온전한 삶을 사는 자, 즉 건강한 삶의 소유자인 것입니다.

하나님의 자녀인 성도들은 건강해야 할 책임이 있습니다. 세상을 변화하는 능력은 그리스도 안에서 사는 건강한 삶에서 비롯되기 때문입니다. 성도는 사명자입니다. 사명 자는 하나님의 뜻을 향해 가는 자입니다. 영-혼-육의 건강은 사명 자의 무기입니다. 건강해야 사명을 감당할 수가 있기 때문입니다.

스펜서라는 사람은 '건강의 유지는 우리들의 의무다. 생리학적 도덕이라고 해야 할 것이 존재하는 것을 아는 사람은 극히 드물다'고 했습니다. 건강은 단순한 행운이 아니라 힘써 지켜야 할 도덕적인 의무라는 것입니다. 왜냐하면 건강이란 자신뿐만 아니라 온 사회의 행복과 발전에 지대한 영향을 주는 힘이기 때문입니다. 성도에게 있어서 건강은 하나님께서 주시는 특권을 담는 그릇이요, 의무를 감당할 무기요, 축복을 그 삶에 적용시키는 수단이 됩니다. 이제 그와 같은 내용을 함께 살펴보도록 하겠습니다.

첫째, 하나님의 영광을 나타내기 위하여 건강해야 한다(고전10:31).

1)병약한 심신은 뭇사람의 오해를 받게 됩니다. 사람들은 어떤 내막보다는 현상적인 것을 더 중시하고, 어떤 원인보다도 그 결과를 중요하게 여깁니다. 우선 눈에 보기 좋고 마음에 선한 영향을 주며 자신들에게 이익이 되는 일을 인정합니다. 욥이 하나님의 깊은 섭리에 의해 사단에게 큰 시련을 당하고 병이 들었을 때 그 절친한 친구들조차 욥의 당한 일과 처지를 이해하지 못했음을 우리는 압니다. 아니 한 걸음 더 나가 "생각하여 보라 죄 없이 망한 자가 누구인가?"(욥4:7)라고 하며 욥의 병이 죄로 인한 것이라고 오해합니다. 이처럼 병약한 성도는 뭇사람에게 부정적인 선입관을 주고 오해를 하게 하는 예가 많습니다. 하나님의 영광보다는 하나님의 저주와 징계를 떠올리게 합니다. 성도가 건강하지 못하면 전도의 문이 막힐 수도 있습니다. 세상 사람들은 모두 보이는 면을 가지고 판단하기 때문입니다. 건강하지 못하면 하나님께 누를 끼치게 되는 것입니다.

2)병약한 자는 이웃의 수고를 요구합니다. 성도가 이 세상에서 하나님의 영광을 나타내려면 이웃과 사회에 무언가를 '주는

자'가 되어야 합니다. 즉 받는 자가 되어서는 곤란한 것입니다. 받을 때도 있지만 받는 것보다 더 많은 것을 이웃에게 베풀어야 이웃이 그를 하나님의 복 받은 백성으로 인정하고 가까이 하게 됩니다. 물질을 베풀고, 사랑과 관심을 쏟고, 몸과 마음으로 수고해 주고 봉사해야 이웃은 환영하고 그를 통해 하나님께 감사하며 영광을 돌리는 것입니다. 그런데 만일 성도가 극히 병약하다면, 그 사람은 주는 자가 아니라 받는 자가 될 것입니다. 눅 5:18,19의 중풍병자를 보십시오. 그를 주님께 데려오기 위해 수많은 이웃의 수고와 봉사가 요구되지 않았습니까? 그러므로 이웃에게 폐를 끼치고 수고를 요구하는 입장으로는 하나님의 영광을 드러낼 수가 없는 것입니다. 건강한 심신의 성도들이 되어야 하는 이유가 거기에 있음을 기억합시다.

둘째, 사명을 감당키 위해서 건강해야 한다(수14:11).

1)유용한 그릇이 되기 위함입니다. 병약한 성도일지라도 하나님께서 사명의 그릇으로 쓰신 경우가 있습니다. 바울 사도, 칼빈 선생, 헬렌켈러 등 위대한 사역자들도 많습니다. 몰로카이섬의 다미안 신부는 문둥병에 걸린 뒤 더 효과적으로 사명을 감당했습니다. 하지만 그와 같은 믿음의 영웅들은 특별한 예입니다. 성도가 다 그와 같은 초인적인 영웅이 될 수 없으며, 그와 같은 예도 드뭅니다. 대개, 병들면 하나님이 주신 사명 감당은 고사하고 자기 몸 하나 유지하기에도 버거워 하는 사람이 됩니다. 힘과 의지와 정열이 끓는 사람을 하나님께서 사용하시기를 기뻐하십니다. "그러므로 누구든지 이런 것에서 자기를 깨끗하게 하면 귀히 쓰

는 그릇이 되어…주인의 쓰심에 합당케 되리라"(딤후2:21)고 했습니다. 건강한 심신, 그것은 주님의 일꾼들의 기본 요건입니다.

2)마귀를 대적키 위함입니다. 성도의 삶은 영적인 전쟁의 연속입니다. 그 영혼과 생활에는 늘 사단의 시험과 유혹이 가해집니다. 또 사명을 감당한다는 것은 사단의 영역을 파괴하고 그곳에 하나님의 복음 진리와 의와 사랑의 깃발을 꽂는다는 의미를 지녔습니다. 이와 같은 일은 그 영혼과 육체가 강건한 사람만이 순탄하게 행할 수 있는 것입니다. 필자가 매주 특별 개별집중치유를 하면서 생각하는 것이 건강하지 못하면 이 사명을 감당할수가 없다는 것입니다. 출1:10에 보면 애굽의 바로 왕이 히브리인을 멸절하려고 했을 때 히브리 여인은 애굽 여인과 같지 아니하고 건장하여 산파들이 오기도 전에 아기들을 순산함으로써 이스라엘 남아들이 보전되었으며 그로 인해 출애굽 구원의 기반을마련했던 것입니다. 강건한 성도는 이처럼 사단의 공격과 유혹을 쉽게 이길 수가 있는 것입니다(엡6:10,11).

셋째, 행복한 삶을 살기 위함이다(잠4:22).

1)질병은 온갖 불행의 온상입니다. 건강을 잃고 극심한 질병에 시달린다면 그것은 온갖 불행의 요인이 됩니다. 가정의 즐거움도 깨지게 되고, 경제적으로도 큰 손실을 가져오며 명예도 부귀도 소용없는 것이 되고 맙니다. "일평생을 어두운 데서 먹으며 번뇌와 병과 분노가 저에게 있으리라"(전5:17)고 한 것처럼, 건강을 상실한 사람이 한 사람이라도 그 가정에 있으면 가정의 평화와 희망도 더불어 상실되고 맙니다. 물론 하나님의 복음 진리

와 그 권능 안에서 그와 같은 상황을 극복한 사람들도 많습니다. 그래도 그 과정 중에 수많은 사람들의 시간과 마음과 물질이 허비되었음을 유의해야 합니다. 그러므로 성도들은 평소 건강할 때 더욱 그 건강을 유지키 위해 노력해야 하는 것입니다.

2)건강은 삶의 고난을 이기는 힘이기 때문입니다. 기싱이라는 사람은 건강의 가치에 대해 아주 좋은 말을 했습니다. "건강한 신체와 맑은 정신을 가진 자에게는 악천후처럼 좋은 것도 없다. 변화무쌍한 하늘, 폭풍우도 아름답고 짜릿함을 느끼게 해준다"고 한 것입니다. 건강한 사람들은 삶의 고난 적 상황도 별 문제없이 극복해 나갑니다. 오히려 그 고난 적 상황을 극복해 나가는 과정 속에서 인생의 보람과 지혜를 터득합니다. 중국 북간도의 연변 자치구 조선족들을 보십시오. 그들은 나라도, 돈도, 명예도 없었지만 볍씨 한줌과 건강한 심신 하나로 오늘 중국 땅에서 가장 잘 사는 종족 중 하나가 되지 않았습니까? 건강은 최고의 '부'입니다.

정리합니다. 이 세상에서 예방이 최선인 것 몇 가지가 있습니다. 화재, 범죄, 전쟁, 그리고 병입니다. 그중 질병을 예방하고 건강을 유지하는 것이 성도에게 가장 귀한 인생의 지혜로운 행위가 될 것이며, 하나님의 축복과 뜻 안에서 인생을 살아가는 기반이 될 것입니다. 건강은 건강할 때 지켜야 합니다. 그런데 대체적으로 건강할 때는 건강의 중요성을 느끼지 못합니다. 질병이 생겨서 고통을 당해보아야 건강의 중요성을 느끼고 그때서야 건강에 관심을 가지는 분들이 있습니다. 그러나 이미 늦었는지도 모릅니다. 예방이 최고라는 것을 가슴에 새기시기를 바랍니다.

3장 영적인 기초 작업을 잘해야 건강

(살전 5:23)"평강의 하나님이 친히 너희를 온전히 거룩
하게 하시고 또 너희의 온 영과 혼과 몸이 우리 주 예수 그
리스도께서 강림하실 때에 흠 없게 보전되기를 원하노라"

하나님은 영육의 무기력이나 탈진을 통하여 영적인 기초 작업
을 든든하게 하십니다. 하나님은 전인격이 성령의 지배를 받으면
서 살아가기를 소원하십니다. 성령께서 전인격을 지배하면 영적
인 무기력이나 "번아웃: Burn out"(탈진)하고 상관이 없기 때문
입니다. 크리스천들이 무기력해지고 탈진에 빠지는 근본적인 원
인은 실제적이고 체험적인 신앙이 되지 못하고 관념적인 신앙생
활을 하기 때문입니다. 처음 예수를 믿고 교회에 출석하면서부
터 하나님을 만나는 체험적인 신앙이 되면 영적인 기초가 든든하
여 웬만한 세파에도 흔들리지 않기 때문입니다. 실제적인 신앙으
로 영-혼-육의 균형을 유지하면서 환경을 장악하면서 살아갈 수
가 있습니다. 자신 안에서 올라오는 성령의 권능으로 살아가기
때문입니다. 영적인 무기력과 탈진에 빠지는 것은 내면세계가 부
실하기 때문입니다. 내면세계를 강하게 하는 것은 생명의 말씀과
성령으로 충만해지는 것입니다. 내면을 강하게 하는 다른 방법이
없습니다. 오로지 생명의 말씀과 성령으로 충만 받는 것입니다.
성령 충만은 성령으로 기도하는 것입니다. 크리스천이 영적인 기
초를 든든하게 하기 위하여 이렇게 하시기를 바랍니다.

첫째, 성령으로 세례를 받아야 한다. 성도들은 물세례 받는 것으로 만족하면 안 됩니다. 반드시 성령으로 세례를 받아야 합니다. 그래야 잠재의식이 정리되기 때문에 무기력이나 탈진을 예방할 수가 있습니다. 교회는 성도들을 성령으로 세례를 받게 하는 곳입니다. 성령세례는 성령세례 받은 사람(담임목사)을 통하여 전이 됩니다. 필자는 성령세례에는 관념적인 성령세례와 체험적이고 실제적인 성령세례가 있다고 생각합니다. 예수를 믿을 때에 성령님께서 믿게 하셨기 때문에 믿을 때 성령세례를 받았다고 하는 것은 관념적인 성령세례입니다. 우리는 체험적이고 실제적인 성령세례를 받아야 합니다. 예수님을 믿을 때 우리 안에 오신 성령께서 전인격을 장악하시는 것을 실제적 체험적인 성령세례라고 하는 것입니다. 성령세례를 받은 사람은 자기가 성령세례를 받았다는 것을 압니다. 다른 사람도 자신이 성령으로 세례를 받는 것을 볼 수가 있습니다. 성령세례는 우리가 의식할 수 있는 의식적 체험입니다.

오순절 성령강림이 있을 때 성령이 제자들 각 사람 위에 임하였습니다. 그리고 제자들은 나가서 복음을 증언하기 시작했습니다. 제자들에게 '여러분들은 언제 성령세례를 받았습니까?' 라고 물으면 '오순절입니다' 라고 분명히 대답할 것입니다. 사도바울이 갈라디아교회에 편지를 씁니다. "너희가 성령을 받은 것이 율법의 행위로냐 혹은 듣고 믿음으로냐?"(갈 3:2). 사도 바울이 이 질문을 하는 것은 갈라디아교회가 성령 받은 것을 알고 있었다는 것입니다.

성경은 성령 받은 것에 대해서 많은 기록을 남기고 있습니다. 빌립이 전도했던 사마리아교회, 고넬료의 가정, 에베소교회 등 성령 받은 교회나 가정들은 성령을 받은 것을 정확히 알고 있습니다. 성령세례는 우리가 알 수 있는 분명한 체험입니다. "당신은 성령을 받았습니까?"라는 질문에 대해서 딱 부러지게 "예" "아니오"로 대답할 수 있는 체험입니다. 아울러 성령세례는 하나님과 그리스도에 대한 감사와 사랑을 불러일으킵니다.

성령세례는 예수를 믿을 때 영 안에 임재하신 성령께서 순간 전인격을 장악하는 것입니다. 성령으로 세례를 받을 때 하나님의 영광과 그분의 존재의 실상을 전인격이 자각하는 것을 의미합니다. 살아계신 성령의 역사를 몸으로 느끼고 눈으로 볼 수 있는 현상이 일어나는 것입니다. 물론 다른 사람도 자신이 성령으로 세례를 받는 것을 눈으로 볼 수가 있는 것입니다. 그래서 성령세례 받은 사람들은 이렇게 말합니다. "(벧전 1:8)예수를 너희가 보지 못하였으나 사랑하는 도다. 이제도 보지 못하나 믿고 말할 수 없는 영광스러운 즐거움으로 기뻐하니" 교회는 성도들이 성령으로 세례 받아 권능 있는 삶을 살게 하는 곳입니다. 성령으로 세례를 받아야 성도가 진정한 하늘의 사람으로 변화되기 시작합니다. 성령세례는 참으로 중요한 체험입니다.

둘째, 기도를 바르게 해야 한다. 일부 크리스천들이 기도를 대수롭지 않게 여깁니다. 자신은 기도하고 있다고 생각하기 때문입니다. 그러나 기도는 바르게 해야 합니다. 기도가 바르지 못하니 내면이 정화되지 않는 것입니다. 기도는 영혼의 호흡이요, 하나님과의 대화라 합니다. 이것은 가장 깊숙한 곳에 거하는 영의 흐름이 외부적으로 흘러나오는 것입니다. 영력이 흘러나오고 영적 생명이 흘러나옴으로 영에 몰입됨으로 인하여 성령 안에서 기도할 수 있게 되는 것입니다. 영력은 우리 몸의 지성소인 영속에 임재 하여 계시는 하나님의 능력입니다. 우리가 지성소에 계시는 하나님을 만나기 위해서는 성령의 인도를 받는 깊은 영의 기도가 되어야합니다. 이 기도를 통하여 하나님으로부터 주어지는 각종 은혜와 능력과 응답을 받게 됩니다. 이러한 기도를 통하여 하나님으로부터 주어지는 생명이 우리의 심령을 거룩하게 만들어가고, 영적인 생명과 능력을 키워 나가는 것입니다. 열매가 맺어지고 영적인 지각이 예민해지고 영성이 개발되어집니다.

그러므로 성령 안에서 기도하는 훈련이 필요합니다. 우리의 간구는 마음의 소원이나 원하는 바를 구함으로 성령 안에서 기도하기가 심히 어렵습니다. 그러나 영으로 기도하고 마음으로 기도하면 성령 안에서 기도하기가 쉬워집니다. 성령에 몰입되어 아무런 자신의 생각이나 욕심도 없이 오로지 하나님으로부터 주어지는 것을 받게 되는 기회가 되기 때문에 영으로부터 주어지는 각종 은혜와 능력과 은사가 넘치게 됩니다.

영적인 기능과 지각이 발달됨으로 성령의 인도함을 따르는 성도가 됩니다. 성령 안에서 기도하기 위하여 성전 뜰에서 먼저 육신의 생각으로 기도하지만, 시간이 흐르고 마음이 안정이 되고, 생각이 주님의 사랑과 말씀을 묵상하면서 진지하고 순전한 마음으로 하나님의 성소에서 깊어지는 영의기도를 하게 됩니다.

그리고, 영으로 사는 삶을 통하여 성령의 인도를 받아야 합니다. 하나님은 데살로니가 전서 5장 17-18절에서 "항상 기뻐하라. 쉬지 말고 기도하라. 범사에 감사하라 이는 그리스도 예수 안에서 너희를 향하신 하나님의 뜻이니라." 고 말씀하십니다. 항상 영의 상태가 되게 하라는 것입니다. 영의 상태가 되어야 영이신 하나님과 동행하며, 교통하기 때문입니다. 기도에 대하여는 "기도 쉽게 바르게 하는 방법"과 "응답받는 기도 습관 20가지"을 참고하시기를 바랍니다.

셋째, 예배에 빠짐없이 참석해야 한다. 크리스천에게 예배는 참으로 중요합니다. 예배를 어떻게 드려야 하는지를 밝히 알고 행해야 합니다. 예수를 믿고 교회에 나가는 크리스천이 영혼의 만족을 누리지 못하고 영육에 변화가 없다면 건물교회에도 문제가 있고, 자신의 성전에도 문제가 있는 것입니다. 빠른 시간 내에 원인을 찾아 해결해야 할 것입니다. 건물교회는 하나님께 영과 진리로 예배드리면서 자신의 몸과 마음에 있는 성전이 잘되기 위해서 나가는 것입니다. 자신의 몸과 마음에 있는 성전이 잘되어 영혼의 만족을 누릴 수 있는 교회를 찾아야 할 것입니다. 자신의 영혼이 잘되게 하는 건물교회를 찾는 것은 정말로 중요한 일입니다.

하나님은 이렇게 말씀을 하십니다. "아버지께 참되게 예배하는 자들은 영과 진리로 예배할 때가 오나니 곧 이 때라 아버지께서는 자기에게 이렇게 예배하는 자들을 찾으시느니라. 하나님은 영이시니 예배하는 자가 영과 진리로 예배할지니라"(요 4:23-24). 온 몸과 마음이 하나님만을 주목하는 예배, 하나님께 참되게 예배하는 것은 무엇을 의미합니까? 어떻게 드리는 예배를 가리켜 아버지께 참되게 예배하는 것입니까?

하나님께 참되게 예배하는 자는 영으로 예배합니다. 영으로 드리는 예배가 무엇입니까? 우리가 이를 바르게 알기 위해서는 먼저 성경말씀을 바르게 알아야 합니다. 원래 헬라어 성경을 보면 24절에서 "하나님은 영이시니… 영으로 예배하라." 하는 구절의 '영'을 가리켜 '성령'(pneuma)으로 표기했습니다. 복잡하게 설명하지 않겠습니다. "하나님은 영이시니." 즉 하나님은 성령 하나님이십니다. 그러므로 "영으로 예배할지니라." 즉 성령 하나님으로 예배하라는 말씀입니다. 더 쉽게 설명을 드리면 '성령의 인도함 가운데, 성령님 안에서 예배하라.'는 것입니다.

하나님은 자신 안에 계십니다. 하나님은 고린도전서 3장 16절에서 "너희는 너희가 하나님의 성전인 것과 하나님의 성령이 너희 안에 계시는 것을 알지 못하느냐" 하나님은 영이시기 때문에 보이는 성전(건물교회)에 거하시는 것이 아니고, 성도의 마음과 몸의 성전에 임재 하여 계십니다. 영이신 하나님은 특정한 장소(건물교회)에 거하기 않으시고, 예수를 주인으로 영접한 사람의 심령에 좌정하고 계신다는 말입니다. 그래서 자신 안에 임재하여 계신 하나님과 교통해야 합니다. 그래야 하나님과 항상 동행할 수 있습니다.

그렇다고 보이는 성전(교회)이 필요가 없다는 것이 아닙니다. 자신 안에 있는 성전을 깨끗하게 하려면 건물교회에 나와서 생명의 말씀을 들어야 합니다. 성령의 역사가 심령에서 일어나게 해야 합니다. 이렇게 자신의 심령이 생명의 말씀을 듣고 깨어나게 하려면 건물교회에 가서 예배를 드리면서 목사님으로부터 진리의 말씀을 들어야 합니다. 성령으로 기도하여 성령 충만을 받아야 합니다. 이렇게 자신의 영을 깨우고 성령으로 충만 받으려면 자신의 능력으로는 한계가 있습니다. 한계를 극복하기 위하여 건물교회가 있는 것입니다. 성도 간에 친교를 하고 모여서 말씀을 배우고 영성훈련을 하기 위하여 건물교회가 필요한 것입니다. 깊은 영성을 유지하고 영적으로 자라야 하나님과 동행하며 친밀하게 지낼 수가 있습니다. 자신이 영적으로 자라는 만큼씩 하나님의 복이 따르는 것입니다.

자신의 믿음이 자라게 하기 위하여 보이는 건물교회가 필요한 것입니다. 건물교회에서 깊이 있는 생명의 말씀을 듣고, 성령으로 기도하며 성령 충만 받아 세상에서 살아가면서 자신 안에 계신 하나님과 끊임없이 교통하며 친밀하게 지내야 합니다. 그렇기 때문에 건물교회와 성도의 몸과 마음의 성전 모두가 잘되어야 하는 것입니다. 건물교회에 가서 목회자로부터 체험적인 진리의 말씀을 듣고 성령으로 기도하여 자신의 믿음이 자라기 위하여 보이는 교회가 잘 되어야 합니다. 그런데 하나님을 섬기기 위하여 신앙생활을 하는 신자들은 하나님을 섬기기 위하여 보이는 교회만을 생각하고, 보이는 교회 중심으로 믿음 생활을 하게 됩니다. 보이는 건물교회중심으로 믿음 생활을 하다가 보면 자신에게 중요한 자신의 몸과 마음의 성전에 관심을 갖지를 못합니다. 자연스럽게 중요한 자신의 몸과 마음의 성전관리에 등한하게 됩니다. 이런 이유로 인하여 예수를 십년을 믿어도 믿음이 자라지 않고, 전인격이 변하지 않는 것입니다. 성도는 심령이 거하신 성령님이 자신을 완전하게 장악할 때에 예수님의 인격으로 변화되는 것입니다. 그런데 보이는 성전에만 관심을 가지고 자신의 몸과 마음의 성전에 관심을 등한히 합니다. 자연스럽게 자신 안에 성령하나님과 관계가 막혀서 예수를 믿어도 오만가지 문제로 고통을 당하면서 세상을 살아가는 것입니다.

넷째, 말씀 안에서 살아야 한다. 우리가 성경말씀을 배우는 목적이 무엇일까요? 머리에 저장하여 자랑하려고 하는 것은 아닐 것입니다. 성경말씀을 배우는 목적은 하나님의 뜻을 깨달아서 삶에 적용하여 풍성한 열매를 맺게 하기 위함입니다. 그러나 성경지식이 해박한 사람들도 하나님의 뜻을 삶에 적용하며 살아가는 이들은 보는 게 어렵습니다. 그 이유는 성경지식을 그냥 머리에 저장하는 데 그치기 때문입니다. 성경지식을 적지 않게 알고 있지만, 정작 삶에서 어떻게 적용할지 모릅니다.

건물교회에서는 적용하는 것 같은데 세상에 나가서는 다른 방식으로 살아갑니다. 예를 들어, 학교나 직업, 직장의 선택, 사업이나 투자에 대한 성경의 원칙, 성경적인 배우자의 선택, 자녀교육, 자녀의 인생이나 학업진로의 조언, 친구의 사귐, 돈의 사용

등 삶에 적용하는 하나님의 뜻에 대해 무지합니다. 그래서 일상의 삶에서 다양한 선택을 하고 결정을 할 때, 하나님의 뜻이 아니라, 세상풍조나 세상의 지혜에 따라 결정하며 살아갑니다. 말하자면 성경지식은 적지 않은 데, 하나님의 뜻에 무지한 채 살아가고 있는 현상입니다. 그래서 삶에서 아무런 열매가 없는 이들이 허다합니다. 사업과 투자와 직장에서 형통하지 못하고, 자녀들도 세속적인 사람들이 되고, 가정생활이나 가족관계도 평안하지 못하고 기쁨이 없습니다. 성경은 많이 배우고 알아서 비밀이 열리는 것이 아니라, 말씀을 삶에 적용함으로 깨달음을 통해서 비밀이 열리는 것입니다. 하나님의 뜻을 깨달아서 삶에 적용하려면 성령이 주시는 지혜가 있어야 가능합니다. 말하자면 성경을 읽거나 배울 때, 성령이 내주하는 기도의 습관을 들여서 성령께서 지혜를 주셔야 합니다. 성령이 주시는 지혜가 없다면 아무런 열매도 없으며 형통한 삶도 내 것이 아닙니다.

지혜가 있다는 것은 하는 일에 풍성한 열매가 있어 사람들이 칭찬해야 증명이 되는 것입니다. 또한 예수님도 종을 선택하는 조건으로 충성과 지혜를 들고 있습니다. 충성이란 하나님의 뜻에 순종하는 믿음직스러운 성품을 말하며, 지혜란 성령이 주시는 분별력, 통찰력, 이해력, 리더십 등으로 하는 일마다 풍성한 열매를 맺어야 합니다.

그러므로 성경말씀을 삶에 적용하려면 성령이 주시는 지혜가 있어야 하고, 지혜가 탁월한 성경교사로부터 삶에 적용하는 하나님의 원칙을 배워야 할 것입니다. 교회에서 하나님의 원칙을 알려주지 않으니 교회를 오래 다녔지만 삶에 힘이 없고 하는 일마다 형통한 열매가 없는 이유입니다. 삶에 적용하지 못하는 성경지식은 아무짝에도 쓸모없는 쓰레기일 뿐입니다. 성경말씀이 곧 하나님이라는 말을 곱씹어 보시기를 바랍니다. 하나님은 전지전능한 능력으로 자신의 존재감을 드러내시는 분이십니다. 그러므로 자신의 머리에 성경지식을 많이 쌓아두고 있지만, 삶에서 살아계신 하나님을 증명하지 못하는 이유를 찬찬히 생각해보기 바랍니다.

다섯째, 혈통을 정리해야 한다. 영의 세계는 육적인 눈으로 볼 수가 없고, 영의 눈으로만 볼 수 있는 세계입니다. 보이지는 않지만 **빼앗고 빼앗기는** 실제적인 역사가 일어나는 세계입니다. 물론 혈통의 문제가 아무런 문제를 일으키지 않는다면 들추어내서 해결하려고 할 필요가 없습니다. 무엇 때문에 아무런 문제를 일으키지 않는데 잠재의식을 터치하면서 해결하려고 하겠습니까? 그런데 분명하게 문제를 일으키고 영적인 성장을 하지 못하도록 방해하기 때문에 성령으로 혈통을 정리하는 사역을 하는 것입니다.

우리가 마땅히 '세대적 악령'에게 관심을 가져야 하는 이유는 그 악령으로 인해서 사람들이 당하는 고통이 너무도 크기 때문입니다. 세대적 악령이 일으키는 많은 문제들은 겉으로 보아서 우리의 기질과 연관이 있거나 부모로부터 유전된 것처럼 보이기 때문에 영의 문제를 소홀히 하고, 오로지 의학적으로 또는 심리학적으로 접근하고 다루는 실수를 할 위험이 많기 때문입니다. 영의세계를 보이는 방법으로 해결하려고 합니다. 실제로 영의 일에 관심이나 지식이 전혀 없는 세상 사람들은 물론이고, 대부분의 그리스도인조차도 세대적인 악령에 대해서 그 이름조차 들어보지 못하고 신앙생활을 하는 것이 일반입니다. 그러니 영적인 눌림이나 탈진의 어려움을 겪으면서도 적절한 대응을 하지 못할 뿐만 아니라 예방을 위해서 악령을 추방하는 일은 더욱 하지 않습니다.

악령이 병을 일으키는 능력은 우리의 신체구조 뿐만 아니라 유전인자에도 영향을 줄 수 있다고 보아야 할 것입니다. 악령이 우리의 죄를 틈타서 들어온 후에 우리를 괴롭게 할 권리를 확보한 후에 우리의 신체의 어떤 부분을 공격하면 질병이 생기며, 정신에 지속적으로 영향을 주면 생각이 바뀌게 되고, 죄의 충동을 받아서 그 행동을 하게 되는 것입니다. 세대적인 악령은 한 번 침투하면 영적치유를 할 때까지 대를 이어서 계속 그 사람을 괴롭게 하게 됩니다. 부모 가운데 한 사람이 무당이 되면 그 자녀는 끊임없는 악령의 괴롭힘을 받아서 결국에는 무당이 되고 말 듯이 악령이 계속 충동함으로써 그 유혹이나 충동을 이기지 못하고 행동에 옮겨 마침내 불행한 결과를 만들어냅니다.

세대적인 악령이 저지르게 하는 비행은 '간음' '폭행' '이혼' '낙태' '사기' '절도' '불륜' '성추행' '집착' '게으름' '가난' 등과 같이 많은 종류의 비행과 연관이 있습니다. 이런 죄얼들은 세대를 이어서 계속 이어지기 때문에 유전적인 것으로 오해하기 쉽습니다. 혈통의 문제에 대하여 바르게 알고 해결하실 분은 "가계가 축복받는 선포기도문"과 "가계의 고통을 끊고 축복받는 비결", 그리고 "가계저주와 영원히 이별하는 길"를 참고하시기를 바랍니다.

여섯째, 성령의 지배와 인도를 받아야 한다. 하나님은 모든 성도들이 성령의 지배를 받기를 소원하십니다. 영적인 무기력과 탈진을 예방하려면 영혼에 만족을 누려야 합니다. 영혼의 만족은 성령의 지배를 받아야 가능합니다. 왜 예수를 믿으면서 영혼의 만족을 누리지 못하는가? 자신의 전인격이 성령의 지배를 받지 못하기 때문입니다. 한마디로 세상 것이 섞여있기 때문입니다. 세상 것이 섞여서 방해함으로 영혼의 만족을 누릴 수가 없는 것입니다. 이것은 아주 심각하게 받아드려야 합니다. 그래야 성령의 역사에 관심을 가져서 성령의 지배를 받는 성도가 될 수 있기 때문입니다. 전인격이 성령의 지배를 받지 않고는 영혼이 만족을 누릴 수가 없기 때문입니다. 우리 예수 믿는 사람들의, 삶의 특징이 있다면, 그것이 무엇이라고 생각하십니까? 입으로만 예수를 믿는다고 시인하는 그런 보통의 신앙의 삶이 아니라, 예수를 믿고 난 다음에 변화된 삶을 살아가는 성도들의 특징을 말하는 것입니다. 이러한 성도들의 삶의 특징이 무엇이겠습니까? 그것은, "영-혼-육 전인격이 성령의 지배를 받는 삶"이라, 그렇게 말 할 수 있습니다.

그러면, 성령의 지배를 받는 삶이란, 또 무엇을 말하는 것입니까? 전인격이 성령께 사로잡혀 사는 것을 말하는 것입니다. 성령을 주인으로 모시고 세상을 살아가는 것입니다. 매사를 성령님과 의논하고 성령의 뜻을 따라 사는 것을 성령의 지배를 받는 삶이라고 말할 수 있습니다. 성령의 인도함을 받아, 성령의 능력에 의해서 살아가는 삶을 말하는 것인 줄로 믿습니다. 성령님이 나를 지배하고 다스리는 삶, 이전에 우리의 삶이, 육체의 본능이 지배하는 삶이었고, 죄가 지배하는 삶이었다면, 이제 예수를 믿고, 변화를 받고 난 다음에 나타나는 삶은, 성령에 의해서 지배를 받는 삶이 되어야 합니다.

성령님의 인도를 받아야 합니다. 성령님은 우리를 가르치면서 함께 하십니다. 아무리 함께 하셔도 지식이 없는 동행은 의미가 없습니다. 서로를 알고, 서로의 필요를 알고, 그 가르침이 따르는 것은 말할 수 없는 도움인 것입니다. 성령님은 결코 우리가 무지 속에 있기를 원하시지 않는 분이십니다. 성령님은 가르쳐 주시면서 우리와 함께 하시는 것입니다. 성령님은 지혜와 지식 그리고 모략의 신이신 것입니다. 성령님이 가르쳐 주시는 대로 나아가는 사람은 초자연적인 위대한 삶을 살아가게 됩니다. 이런 사람을 기뻐하시기에 하나님은 세상 끝날 까지 영원히 함께 하시는 것입니다. 성령의 인도를 받으시기 바랍니다.

4장 자신의 관리에 관심을 두어야 건강

(출34:7)"인자를 천대까지 베풀며 악과 과실과 죄를 용서하리라 그러나 벌을 면제하지는 아니하고 아버지의 악행을 자손 삼사 대까지 보응하리라"

필자는 가끔 이런 전화를 받습니다. "목사님! 여기 지방인데요. 하루 동안 가서 치유 받으면 되지 않습니까?" 저는 이렇게 대답을 합니다. "하루 가지고 무엇을 한다는 말입니까? 경비만 들어가니까, 오시지 마세요. 적어도 3일은 성령으로 치유를 받아야 효과가 있습니다. 그렇지 않으면 토요일 날 개별집중정밀치유를 예약하여 몇 번 받으세요." 영적인 생활과 상처치유를 이렇게 쉽게 생각하는 것이 문제입니다. 학교 공부를 생각하시면 쉬울 것입니다. 하루 공부해가지고 무엇을 하겠단 말입니까? 성령으로 장악되고 지배를 받아야 상처에서 해방된 의인으로 살아갈 수가 있습니다. 영적인 중요성과 상처에 대하여 바르게 알고 있으면 그렇게 쉽게 생각하지 않을 것입니다.

첫째, 자신 안에 계신 주님께 집중하라. 하나님께 집중하며 레마를 구하는데 자신의 삶을 만족하기 위해 구한다면 잘못 구하는 것입니다. 자신을 실현하기를 원하는 욕망에서 구하기 때문입니다. 하나님의 뜻을 알아 순종하기 위하여 집중하고 구해야 합니다. 자신은 온 맘을 다해 하나님을 찾습니까? 아니면 고통을 느낄 때야 하나님을 찾습니까? 마음을 다해 자신의 관심을 하나님께로 집중하십시오. 자신 안에 계신 하나님께 집중해야 하나님으로부터 오는 것들을 자신의 것으로 만들 수가 있습니다. 하나님을 닮아갈 수가 있습니다. 하나님은 영이십니다. 살아계십니다. 찾고 집중하는 자에게 나타내시는 분입니다. 찾고 집중하여 하나님께서 자신에게 나타내게 하십시오. "너희 목마른 자들아 물로 나아오라"(사55:1). 목이 마릅니까? 아니면 신앙체험에 만족하여 하나님께로부터 원하는 것이 없는 것처럼 안일합니까? 신앙체험은 시작입니다. 체험으로 만족하지 마십시오. 주님의 형상으로 온전하게 바뀌어야 합니다. 믿음을 신앙의 체험 위에 세우지 않도록 주의하십시오. 그렇지 않으면 차가운 잔소리와 비판의 소리만 하게 될 것입니다. "문을 두드리라 그러면 너희에게 열릴 것이니"(눅11:9). 문을 두드리십시오. 잠겨 있는 문을 두드릴 때 가슴이 두근거릴 것입니다. 더 시끄럽게 두드려 보십시오. 자신이 더럽다는 것을 발견하기 시작합니다. 자신을 바르게 보는 눈이 열릴 것입니다. 그러면 하나님께서 자신을 통하여 나타나시기 시작할 것입니다. 전인격을 하나님의 속성으로 닮아가라는 것입니다. 하나님을 닮아야 합니다. "마음을 성결케 하라"는 말씀이 마음에 다가옵니다. "울지어다."(약4:9). 자신 안에 계신 하나님 앞에서 자신의 내면 상태 때문에 울어본 적이 있습니까? 이런 슬픔은 자신이 어떤 사람인가를 깨닫고 가슴이 찢어지는 고통을 당하는 것입니다. 그러면서 하나님의 형상으로 바뀌는 것입니다. 하나님께 집중하면서 문을 두드리는 것은 자기를 낮추는 일입니다. 십자가에 달린 도둑과 함께 주님의 문을 두드려야 합니다. "두드리는 자에게 열릴 것이니라"(눅11:10).

둘째, 항상 마음으로 주님을 찾아라. 마음 안에 계신 주님께 집중할 뿐만 아니라, 마음으로 항상 주님을 찾아야 합니다. 길을 걸어가면서도 찾고 물어야 합니다. 화장실에서 볼일을 볼 때에도 집중하고 찾아야 합니다. 습관이 되어야 합니다. 기도는 하나님께 집중하는 것이라고 생각합니다. 세상에 나가서 관광을 하더라도 하나님께 감사하고 집중해야 합니다. 하나님! 정말 신묘막측 하십니다. 하나님께 감사하면서 자연을 즐기시기 바랍니다. 그래야 하나님과 관계가 열립니다. 하나님과 관계가 열려있으면 절대로 영육의 무기력이나 눌림이나 탈진으로 고통당하지 않습니다. 하나님께 집중하면서 기도하는 것을 쉬지 마십시오.

셋째, 마음의 상처가 쌓이지 않게 하라. 영육의 무기력이나 탈진은 전적으로 스트레스와 마음의 상처로 발생합니다. 스트레스와 상처는 우리의 모든 부분에 영향을 미치면서 잠재의식 밑에 가라앉아서 계속 우리에게 나쁜 영향을 끼치게 됩니다. 상처를 모르면 영혼의 만족을 누릴 수가 없습니다. 스트레스와 상처가 해결되지 않으면 영육의 무기력이나 눌림이나 탈진에서 해방될 수가 없습니다. 외부의 상처는 쉽게 치유되나 마음에 받은 상처는 쉽게 치유되지 않습니다. 사라지지 않고 깊은 곳에 남아서 계속 나에게 영향을 주며, 나의 삶을 좋지 못한 쪽으로, 파괴적인 쪽으로 이끌어갑니다. 나이가 들어도 사라지는 것이 아니라, 오히려 절제력이 약해짐으로 더욱 강하게 자신의 삶에 역사 합니다. 그래서 노인들이 더 섭섭해 하고 고집을 부리는 것입니다.

잠재의식의 상처는 잠복기간이 지나면 꼬리를 들고 일어납니다. 상처는 상처를 주는 상대방보다, 쉽게 상처를 받는 자신에게 문제가 있는 것입니다. 이 사실을 인정해야 자신을 치유할 수 있습니다. 평안과 행복은 환경이 이를 주거나, 느끼는 것이 아니라, 내가 그렇게 느끼는 것입니다. 주체는 나입니다. 자신의 마음입니다. 자신의 마음이 치유되어 있으면 늘 평안과 행복을 느낄 수 있게 됩니다.

그리고 더 나가서 남에게 상처주지 않도록 주의하고, 또 다른 상처받은 이들을 치유할 수 있게 됩니다. 이것이 복음의 화평케 하는 의미입니다. "우리에게 화목하게 하는 직책을 주셨으니. 화목하게 하는 말씀을 우리에게 부탁하셨느니라(고후18-19)" 우리는 누구나 무한하게 발전할 수 있는 가능성을 가지고 있습니다. 우리의 삶이 모든 면에서 풍성해 지기를 하나님은 원하십니다. 우리는 내적치유를 통하여 풍성한 삶을 누릴 수 있습니다. 예수님을 누려야 합니다. 이것이 우리를 향한 주님의 뜻입니다.

우리가 예수를 믿고 신앙생활을 할 수 있음은 우리의 영혼이 하나님의 은혜로 치유를 받았기 때문입니다. 예수를 영접함으로 병들고 상처받은 우리의 영혼이 하나님과 관계를 회복함으로 치유 받게 된 것입니다. 대부분의 크리스천들은 영적인 분야만의 치유, 즉 구원만을 받고 다음 단계인 마음, 성품, 상한 감정, 육체적 치유에 관해서는 무지하며, 필요성을 느끼지 못합니다. 그리고 육신의 어느 부분이 병들면 고통을 받기에 그 부분의 치유에 대해서만 관심을 가집니다.

구원은 순간적인 사건이나, 성화는 평생을 두고 내면의 치유를 통하여 일어납니다. 예수를 믿고 구주로 영접하는 순간에 우리의 영이 거듭납니다. 순간적입니다. 그러나 그 후의 성화는 평생을 두고 이루어가야 합니다. 마음이 치유를 받아야 성령 충만을 받으며, 상한 마음이 치유 받지 못하기 때문에 신앙인은 되었으나 삶의 본질이 변화 받지 못한 종교인으로 머물게 됩니다.

상처를 받으면 제일 먼저 마음이 감정이 상처를 입습니다. 그리고 감정의 상처는 마음을 굳게 합니다. 유아기의 부드러운 마음이 성장하면서 상처를 받으므로 점점 굳게 됩니다. 점점 강퍅해집니다. 그러면서 자기도 모르게 다른 사람에게 상처를 주면서 삽니다. 이런 상태에서 찾아오신 주님이 믿음으로 우리의 마음속에 들어오시는 것이 구원입니다. 그러나 아직 마음은 굳어진 그대로입니다. 굳어진 상태로는 하나님-자신-이웃과의 관계가 제대로 되지 않습니다. 그리고 이러한 상태를 바꿀 생각이나, 필요성을 느끼지 못하고 있습니다. 그냥 현실을 그대로 받아들이며 세월이 약인 줄 알고 그냥 세월을 보냅니다. 그럴수록 마음속의 상처는 더욱 굳어지고 치유가 어렵게 됩니다.

우리 마음은 눈으로 볼 수 없으며, 만져지지도 않습니다. 그러나 우리의 삶을 총체적으로 지휘하는 마음은 우리의 삶에 있어서 가장 중요한 존재입니다. 특히 신앙생활의 영역에 있어서는 절대적입니다. 하나님은 이렇게 말씀하십니다. "너는 마음을 다하고 성품을 다하고 힘을 다하여 여호와를 사랑하라(신6:5)" 사랑은 마음에서 우러나와야 진정한 사랑입니다. 하나님은 그러한 사랑을 요구하시는 것입니다. 마음과 성품은 긴밀한 관계가 있습니다. 마음이 굳어지면 성품이 굳을 수밖에 없습니다. 그리고 돌같이 굳어진 마음, 굳어진 성품으로는 하나님이 요구하시는 사랑을 할 수 없습니다. "무릇 지킬만한 것보다 더욱 네 마음을 지키라. 생명의 근원이 이에서 남이니라(잠4:23)" 그러므로 하나님은 '마음을 지키라.' '마음을 새롭게 하라.'(롬12:2)고 하시는 것입니다. 그런데 마음을 지키지 못함으로 굳어지게 되면 사람들은 위로와 기쁨을 얻기 위해서 밖으로 나갑니다. 그리고 이렇게 밖으로 나간 마음은 다시 상처를 입고 더 굳어지게 됩니다.

마음을 지키지 못하면 스트레스가 쌓입니다. 모든 질병의 원인이 마음에 쌓이게 됩니다. 사고의 원인이 마음에 쌓이게 됩니다. 가정과 육신이 건강과 모든 것에 대한 강건함이 마음에서 시작됩니다. 하나님의 축복도 마음에서 시작됩니다. 마음이 굳어지면 하늘과 막히고, 사람과도 막히고, 자신과도 막힙니다. 그러면서 서서히 죽어갑니다. 자기도 모르게 마귀의 밥이 되어갑니다.

그래서 하나님은 우리에게 새 마음을 주시기를 원하십니다. 새 마음을 주시려고 우리 속에, 우리 마음속에 임마누엘의 하나님으로 들어 오셨습니다. 우리를 떠나지 않고 영원히 거기에 거하시면서 우리의 마음을 새롭게, 부드럽게 변화시키려고 하십니다. 마음을 부드럽게 함으로 우리 속에서 역사하시는 이 하나님을 느껴야 합니다. 육신은 날로 후패해져가지만 마음은 늘 새로워져야합니다. 육은 내려가고 쇠해지지만, 마음은 늘 새로워지고, 늘 위로 올라가야 합니다.

넷째, 하늘의 사람으로 바뀌려고 하라. 달인의식을 가지라는 것입니다. 하나님께서 원하시는 사역에 집중하라는 것입니다. 최고가 되려고 해야 합니다. 요즈음 성도들이 자신의 육적이나 정신적으로 편안하게 이성적으로 은혜 받으면서 믿음생활을 하려고 합니다. 마음의 상처로 고통을 당하는 분들도 쉽게 편안하게 해결하려고 합니다. 다시 말해서 다른 능력자의 힘을 빌려서 마음의 상처에서 해방을 받으려고 합니다. 자칭 능력이 있다는 분들이 자신이 기도하면 마음의 상처에서 해방된다고 감언이설로 속입니다. 순진한 성도들과 목회자들이 이런 사람의 말에 현혹이 되어서 자신의 상처 뒤에 역사하는 귀신의 저주를 다른 사람의 힘을 빌려서 해결하려고 합니다. 그리고 내적치유의 이론을 많이 알고 내적치유 기도문을 줄줄 외우면 상처에서 해방되는 줄로 착각하고, 주문을 외우는 것과 같이 기도문을 외웁니다. 죄송합니다만 이렇게 기도문을 외운다고 가계에 저주하는 귀신이 물러가지 않습니다. 이렇게 세상에서 삶을 마감하고 죽을 때까지 떠나가라. 떠나가라. 해도 상처에서 해방이 안 됩니다. 인간적인 차원에서는 마음의 상처에서 역사하는 살아있는 존재들이 꿈적하지도 물러가지도 않기 때문입니다. 마음의 상처 뒤에서 문제를 일으키는 존재들은 살아있는 존재이면서 무의식과 잠재의식에 숨어서 역사합니다. 이들은 사람보다 강한 존재들입니다. 기도문을 외운다고 자신보다 강한 존재가 꿈적이나 하겠습니까? 오히려 더 악랄하게 역사할 지도 모릅니다. 보이지 않기 때문에 더 강하게 역사해도 알아낼 도리가 없는 것입니다. 자꾸 보이는 면만 가지고 문제를 해결하려고 합니다.

다른 사람을 이용해서 마음의 상처를 치유 받으려는 것도 마찬가지입니다. 자기 안에서 성령의 권능이 나오지 않기 때문에 설령 떠나갔다고 하더라도 다시 들어옵니다. 자신이 하나님의 나라가 되지 않아 여전하게 땅의 사람이기 때문입니다. 그럼 어찌해야 할까요? 자신이 성령으로 세례를 받고 마음 안에 계신 하나님께서 자신의 영-혼-육을 지배하게 해야 합니다. 자신의 마음 안에 계신 하나님을 주인으로 인정해야 합니다. 관심을 가지고 자신 안에 성령님께서 전인격을 지배 받기 위하여 노력을 해야 합니다. 특별한 사람에게 의지하여 상처에서 해방을 받으려고 하지 말고 자신이 특별한 사람, 성령의 지배를 받는 사람이 되려고 해야 합니다.

예수를 믿은 성도는 모두 특별한 사람들입니다. 자신 안에 하나님이 임재 하여 계시기 때문입니다. 자신의 마음이 하나님께서 계시는 성전이기 때문입니다. 자신 안에 계신 하나님께서 혼과 육체를 점령하여 밖으로 나오시기 해야 합니다. 일반적으로 성도들에게 임재하신 성령님께서 주무시는 경우가 많습니다. 자신 안에 임재하신 성령님이 주무시기 때문에 종교인이 되는 것입니다. 자신 안에 계신 성령님께 관심을 가지고 부르짖고 찾아서 성령님이 잠에서 깨어나시게 해야 합니다. 마치 예수님이 거라사인의 지방에 군대 귀신들린 자를 구원하시려고 갈릴리 호수를 지날 때에 제자들이 예수님께 관심을 두지 아니하고 자기들끼리 세상이야기를 할 때 주님이 주무신 것과 같은 이치입니다.

성경은 이렇게 말하고 있습니다. "그 날 저물 때에 제자들에게 이르시되 우리가 저편으로 건너가자 하시니, 그들이 무리를 떠나 예수를 배에 계신 그대로 모시고 가매 다른 배들도 함께 하더니, 큰 광풍이 일어나며 물결이 배에 부딪쳐 들어와 배에 가득하게 되었더라. 예수께서는 고물에서 베개를 베고 주무시더니 제자들이 깨우며 이르되 선생님이여 우리가 죽게 된 것을 돌보지 아니하시나이까 하니, 예수께서 깨어 바람을 꾸짖으시며 바다더러 이르시되 잠잠 하라! 고요 하라! 하시니 바람이 그치고 아주 잔잔하여지더라. 이에 제자들에게 이르시되 어찌하여 이렇게 무서워하느냐 너희가 어찌 믿음이 없느냐 하시니, 그들이 심히 두려워하여 서로 말하되 그가 누구이기에 바람과 바다도 순종하는가 하였더라(막4:35-41)" 성도들도 마찬가지입니다. 예수님이 자신 안에 주인으로 임재 하여 계셔도 찾지 아니하고 관심을 두지 아니하면 자신의 삶에 일진광풍이 일어날 수도 있는 것입니다. 그렇기 때문에 자신 안에 예수님이 주무시지 못하도록 관심을 가지고 찾아야 합니다. 자신 안에 계신 주님과 관계를 열어야 합니다. 자신 안에 계신 예수님을 찾고 찾아야 합니다.

많은 성도들이 영의통로를 열겠다고 능력자에게 안수를 받습니다. 사람을 의지하여 영의통로를 열겠다는 것입니다. 그러나 하나님은 자신과 직접적인 관계를 열기를 소원하십니다. 다른 사람을 이용해서 어느 정도까지는 될 수가 있습니다. 분명하게 다른 사람을 의지해서 하나님께서 원하시는 수준에 도달할 수가 없습니다. 하나님은 직접 관계를 열리기를 원하십니다. 그래서 하나님과 대면할 수 있는 영적인 사람으로 변화되기를 원하십니다. 그렇기 때문에 자신이 생명의 말씀과 성령으로 변화를 받아 성령의 지배와 인도와 동행하는 사람이 되어야 마음의 상처에서 영원히 해방이 될 수가 있습니다. 일부 성도들의 의식이 하루에 10분 기도하고, 쉽게 성령체험 한번하고 영적인 사람이 되려고 합니다. 그러나 하나님은 온전히 지배를 받기를 원하십니다.

　필자는 TV에서 나오는 달인을 아주 좋아합니다. 이분들은 자신이 추구하는 분야에 10년 이상을 집중하고 몰입하여 눈을 감고도 할 수 있는 수준에 이른 것입니다. 밤잠을 설 쳐가면서 오로지 한 분야에 집중한 결과 달인이 된 것입니다. 하나님께서도 이렇게 집중하기를 원하십니다. 이렇게 되어야 가계저주에서 해방이 될 수가 있는 것입니다. 그래서 아브라함은 25년, 야곱은 20년, 요셉은 13년, 모세는 40년, 다윗은 13년이 걸린 것입니다. 우리가 생각하는 것과 같이 쉽게 하나님의 사람으로 변화되지 못합니다. 자신의 온몸과 마음과 정신과 영이 하나님 화 되려고 관심을 가져야 합니다. 어렵다고 생각하면 어려운 것이고, 쉽다고 생각하면 쉬운 것입니다. 달인을 생각하고 자신이 온전하게 하나님의 형상으로 변화되는 것을 목적으로 마음의 상처에서 해방되려고 하시기를 바랍니다.

　성경에 보면 이런 말씀이 있습니다. 하나님께서는 "오직 내 종 갈렙은 그 마음이 그들과 달라서 나를 온전히 좇았은즉 그의 갔던 땅으로 내가 그를 인도하여 들이리니 그 자손이 그 땅을 차지하리라(민14:24)"고 말씀하셨습니다. 하나님은 갈렙의 마음이 멸망했던 다른 사람과 완전히 달랐다고 말씀하신 것입니다. 온전하게 하나님을 쫓았다는 것입니다. 온전하다는 것은 인간적인 것이 전혀 섞이지 않고, 하나님의 수족 같이 하나님을 쫓는 성도는 마음의 상처에서 영원히 해방이 되는 것은 물론이고, 인생살이의 만사가 형통하다는 것입니다. 하나님은 온전하게 변화되기를 원하십니다. 마음의 상처에서 해방만 받으려고 노력하지 말고 자신의 전인격이 하나님의 형상으로 변화되려고 노력하시기를 바랍니다.

다섯째, 자신의 관리에 힘쓰라. 자신은 자신이 관리해야 합니다. 일부 목회자가 자신의 건강을 하나님께서 책임져 주실 것이라고 하면서 관리를 등한히 하다가 영육의 무기력이나 눌림이나 탈진이 찾아오면 하나님을 원망하기도 합니다. 바르게 알아야 할 것은 자신의 몸은 자신이 관리해야 합니다. 우리는 청지기입니다. 몸도 하나님께서 맡겨주셨으니 자신이 관리를 해야 합니다. 사역을 하시는 목회자라면 자신의 영성을 위하여 일주일 중에 하루는 투자해야 합니다. 자신이 자신의 영성을 관리할 수가 없다면 다른 전문적인 목회자가 사역하는 장소에 가서서 영적 충전을 받아야 합니다. 그것이 겸손한 것입니다. 일부 목회자분들이 자신보다 목사 안수를 늦게 받은 목회자에게 안수 받는 것을 꺼려합니다. 이는 교만한 것입니다. 후배 목회자가 안수하는 것이 아니라, 예수님이 안수하는 것입니다. 이렇게 열려있어야 자기를 관리할 수가 있다는 것을 알고 순종해야 합니다. 그래야 목회사역을 하면서 영육의 눌림이나 무기력이나 탈진의 고통을 당하지 않습니다.

여섯째, 멘토를 잘 만나라. 하나님은 사람을 통하여 역사하십니다. 자신이 추구하는 분야의 일인자를 만나라는 것입니다. 관심을 가지면 만날 수가 있습니다. 목회자의 관심이 중요합니다. 목회자가 종교적이면 성도들도 종교적이 되기 쉽습니다. 종교적이라는 것은 행위와 열심과 말씀을 인간적인 수준에서 해석하는 것입니다. 말씀은 분명하게 성령의 임재가운데 성령으로 해석을 해야 합니다. 그래야 정확합니다. 영적인 믿음 생활은 성령의 인도와 지배를 받으면서 하나님의 자녀로서 동행하는 믿음 생활을 말합니다. 목회자가 성령의 인도를 받으면서 하나님의 자녀로서 살아있는 믿음 생활을 하면 성도들도 성령의 인도를 받으면서 살아있는 크리스천이 되는 것입니다. 필자는 항상 이렇게 생각을 하고 실천하려고 노력을 하고 있습니다. 담임목사는 한 성도를 살릴 수도 있고 죽일 수도 있다는 것입니다. 성도들은 담임목회자의 영성을 넘어설 수가 없다는 것입니다. 담임목사의 성령 충만이 성도들의 성령의 충만의 수준이 동일하게 되는 것입니다.

필자가 그동안 나름대로 체험한 바로는 담임목사의 영적인 깊이만큼 성도들이 되어 진다는 것입니다. 그래서 일부성도들이 영적인 깊이가 있는 목사가 집회하는 곳에 가서 영을 깨우고 성령 충만을 받으려고 하는 것입니다. 이와 같이 담임목사가 중요합니다. 담임목사가 예수만 믿으면 새사람이니까, 마음의 상처에서 해방되는 것이다. 하면 성도들이 그대로 믿는 것입니다. 마음의 상처는 신앙생활 열심히 하면 해결이 된다고 말하면 상처의 문제에 관심을 두지 않습니다. 관심을 두지 않으니 고통을 당하는 것입니다. 그러면서 이유를 모르는 것입니다.

5장 내면세계가 안정되어야 영육건강

(왕상 19:11-13)"여호와께서 이르시되 너는 나가서 여호와 앞에서 산에 서라 하시더니 여호와께서 지나가시는데 여호와 앞에 크고 강한 바람이 산을 가르고 바위를 부수나 바람 가운데에 여호와께서 계시지 아니하며 바람 후에 지진이 있으나 지진 가운데에도 여호와께서 계시지 아니하며, 또 지진 후에 불이 있으나 불 가운데에도 여호와께서 계시지 아니하더니 불후에 세미한 소리가 있는지라. 엘리야가 듣고 겉옷으로 얼굴을 가리고 나가 굴 어귀에 서매 소리가 그에게 임하여 이르시되 엘리야야 네가 어찌하여 여기 있느냐"

하나님은 우리의 마음 안에 임재 하여 계십니다. 자신의 주인이 마음 안에 계신 것입니다. 그래서 사람은 내면세계가 건강해야 합니다. 우리는 실체보다는 상징을 더 숭배하는 사회에 살고 있습니다. 많은 사람들이 내적인 것보다는 외적인 것에 더 이끌립니다. 그러나 우리는 외적인 것을 너무 좋아하면 안 됩니다. 그러면 뿌리 깊은 나무가 될 수 없습니다. 외적인 것은 재미를 주지만 내적인 것은 깊이를 줍니다.

세상은 깊이보다 재미를 중시하지만 하나님은 재미보다 깊이를 중시합니다. 세상은 겉이 큰 것을 좋아하지만 하나님은 속이 큰 것을 좋아합니다. 옛말에 "못 생긴 나무가 산을 지킨다."는 말이 있습니다. 긴 시간을 두고 보면 교계도 못 생긴 목회자들이 지키고, 교회도 못 생긴 성도들이 지키는 것을 봅니다. 그런 의미에서 우리 교인들이 다 잘생겼지만 그래도 "나는 하나님 앞에 서만은 잘 생긴 존재가 아니다."라는 겸손한 인식과 태도를 가져야 합니다.

외적인 화려함이나 인기에 이끌려 발 빠른 존재가 되기보다는 내면을 잘 가꾸고, 내면을 잘 살펴서 어떤 바람에도 흔들리지 않는 뿌리 깊은 나무가 되기를 힘써야 합니다. 우리가 "성도답게 산다."는 것은 "내적인 삶을 중시하면서 산다."는 것입니다. 사실 우리의 외적인 삶을 준비하는 것은 내적인 삶입니다. 그러므로 내면이 건강해야 합니다. 삶에서 중요한 것은 "우리에게 어떤 일이 일어나고 있는가?"하는 것이 아니라. "우리 안에 어떤 일이 일어나고 있는가?"하는 것입니다. 그것이 바로 우리들에게 고독과 침묵의 시간이 필요한 이유입니다. 고독과 침묵의 시간은 우리의 내면세계를 건강하게 만듭니다.

고독과 침묵은 잘 활용하면 우리에게 큰 유익이 됩니다. 그러므로 고독과 침묵을 잘 훈련해야 합니다. 그러나 이 훈련은 어렵습니다. 왜냐하면 우리 사회는 고독이나 침묵과는 전혀 반대되는 방향으로 가기 때문입니다. 요즈음 인기 있는 음악을 보십시오. 고독과 침묵의 소리는 거의 들을 수 없습니다.

사람들이 고독과 침묵의 유익을 너무 모르고 있고, 그것들을 싫어합니다. 침묵이 들려주는 소리는 듣기 싫어하고 시끌벅적한 곳에 가야 만족감을 느끼는 분들이 많습니다. 그러나 우리가 보다 깊은 삶을 살려면 고독과 침묵의 세계로 들어갈 수 있어야 합니다. 왜 우리에게 고독과 침묵이 필요합니까? 지금 세상은 우리의 영혼에 도움이 되지 않는 여러 자극적이고 감성적인 소리로 우리를 유혹해서 혼란하게 만들기 때문입니다.

그러므로 우리는 그런 소리들을 물리치고 고독과 침묵 속에서 실체와 진실에 더욱 접근해야 합니다. 그래서 우리 자신을 더 생각하도록 만들고, 하나님께서 우리에게 더 말씀하시도록 만들어야 합니다. 바로 거기에서 환경을 이길 힘과 자신을 이길 힘이 생기게 됩니다. 성경 복음서를 보면 놀라운 사실을 발견합니다. 그것은 "예수님이 홀로 있는 시간을 아주 많이 가졌다"는 사실입니다. 예수님 때는 지금처럼 그렇게 난잡한 때는 아니었습니다. 그래도 예수님은 군중들로부터 떨어져 혼자 있는 시간을 많이 가졌습니다. 그러나 오늘날 어떤 영적 지도자들은 텔레비전에 나오기를 좋아하고, 무대 체질이고, 대중성을 좋아합니다. 사람들의 시선을 끌려고 "나는 다르다."는 것을 증명하려고 하다가 결국 "나는 틀리다."는 것을 증명한 분들이 얼마나 많습니까? 진짜 진리의 99%는 평범한 것에 숨어 있습니다. 특이한 것에는 대중성은 많아도 건강성은 적습니다. 하나님이 우주를 이끌어가는 손길은 99% 자연적인 것을 통해 이끌어 가십니다. 어느 누구도 "해가 서쪽에서 뜨겠네!"라는 말을 듣고 "특이하다. 기적이다."고 하며 좋게 생각하지 않습니다. 신앙생활에서도 초자연적인 것, 기적적인 것, 대중적인 것, 화려한 것, 특별한 것을 열심히 쫓아다니면 실패할 가능성이 많습니다.

때로는 조용한 곳에서 혼자 떨어져 살아 계신 하나님과 직접 대화를 하며, 평범한 것에서 진리를 발견하고 평범한 것에서 감사거리를 발견하는 삶이 진정 복된 삶입니다. 그렇게 '무대 앞'에 서기보다 '하나님 앞'에 서기를 힘쓸 때 내 영혼이 풍성하게 되고, 나를 한 맺히게 했던 말도 교훈과 위로와 축복을 주는 말로 신기하게 번역되어 들리고, 내 육신을 공격하는 바이러스와 암 덩어리의 공격력도 급속히 약화되어 병도 낫게 될 것입니다. "자기 혼자 하나님 앞에 서서 나의 부족함을 고백하고, 마음과 마음을 터놓는 대화를 하고, 하나님의 음성을 듣는 시간"이 별로 없다면 얼마나 허무한 일입니까?

예수님은 대중을 사랑했지만 대중성과는 거리가 멀었습니다. 사람들이 예수님을 이스라엘의 왕으로 모시려고 할 때 예수님은 뒤로 물러나 숨으셨고, 병자들을 치료하신 후에는 그들의 입에 마이크를 갖다 대고 간증을 유도하기보다는 그 기적을 아무에게도 알리지 말라고 하셨습니다. 그처럼 대중성 대신에 고독을 추구하셨던 예수님은 우리도 조용하고 비밀스럽게 드리고, 금식하고, 기도하기를 원하십니다.

마태복음 6장 6절에서 예수님은 말씀하셨습니다. "너는 기도할 때에 네 골방에 들어가 문을 닫고 은밀한 중에 계신 네 아버지께 기도하라 은밀한 중에 보시는 네 아버지께서 갚으시리라." 예수님은 중요한 순간에는 항상 혼자 따로 가셔서 기도하셨습니다. 예수님은 공적인 사역을 시작하시기 전에도 혼자 광야에 가셔서 40일간 금식하며 기도하셨습니다. 그 40일 금식 기도를 통해서 예수님은 온갖 유혹을 이길 수 있는 힘을 얻으셨습니다. 고독한 광야는 예수님을 약하게 한 장소가 아니었고 인간으로 오신 예수님을 강하게 한 장소였습니다. 그리고 예수님은 자주 고독과 침묵을 추구하셨습니다. 12제자를 선택하실 때에도 따로 가서 기도하셨고(눅 6:12-13), 사촌인 세례 요한이 죽었다는 소식을 들었을 때에도 따로 가서 기도하셨습니다(마 14:13).

누가복음 5장에서 예수님은 문둥병자를 고친 후 아무에게도 알리지 말라고 했는데 어느새 사람들이 그 사실을 알고 몰려오니까 예수님은 물러가셨고(눅 5:16), 5천 명을 먹이신 후에도 따로 산에 올라가셨고(마 14:23), 십자가에 달리시기 전에도 혼자 기도하셨습니다(마 26:36-48).

예수님에게도 그처럼 고독한 시간이 필요했다면 우리에게는 그런 시간이 얼마나 더 필요하겠습니까? 예수님은 대개 인생의 중요한 변화가 있기 전에 고독하게 되셨습니다. 공생애를 시작하기 전에 고독하게 되셨고, 사랑하는 동역자 세례 요한을 잃은 것에 대해 슬퍼하기 위해서 고독하게 되셨습니다. 또한 기적을 일으킨 위대한 사역 후에 오히려 고독하게 되셨고, 인생의 가장 극심한 어려움과 죽음에 처하시기 전에 고독하게 되셨습니다. 우리에게 고독과 침묵이 필요한 상황도 똑같습니다. 지금 인생의 중요한 결정을 앞두고 있습니까? 무엇인가 중요한 사건이 다가옵니까? 혹시 슬픔과 실망에 빠져 있습니까?

어떤 일의 성공을 위해 엄청난 에너지를 소모하셨습니까? 그렇다면 하나님의 음성을 듣고 자신의 영적인 배터리를 충전하기 위해서 고독과 침묵의 시간을 가져야 합니다. 그래서 다가올 날들을 준비해야 합니다. 고독과 침묵의 유익이 무엇입니까? 새벽에 하나님과 홀로 대면하는 느낌을 가지면서 내적인 평화가 생기고, 조용한 가운데 성경을 보면서 지혜를 얻게 됩니다.

또한 매일 당하는 상황과 기도를 필요로 하는 사람들을 위해 기도하면서 현실을 극복할 수 있는 힘을 얻고, 자신의 생업과 하나님의 뜻을 알기 위하여 성령으로 기도하면서 미래를 희망과 소중한 예감으로 보게 하는 신비한 시야를 얻게 됩니다. 때때로 극도로 어려운 상황에서 조용히 기도하면 생각보다 훨씬 가볍게 그 상황이 넘어가는 것을 보게 됩니다. 저도 가끔 지친 마음이 들 때가 있고, 드라이한 느낌이 들 때가 있고, 속이 상할 때가 있습니다.

그런 마음을 대략 4시간의 잠이 한번 풀어주고, 새벽에 교회에서 말씀과 기도 가운데 지내는 시간이 다시 한 번 그 마음을 풀어줍니다. 그러면 아침 해가 떠오르면서 울적했던 마음이 사라지게 됩니다. 그처럼 새벽 시간이 얼마나 중요한지 모릅니다. 어떤 분들은 밤 시간에 그런 역사를 경험할 수 있습니다.

우리가 사람들로부터 떨어져 조용한 곳에서 하나님의 세미한 음성을 들을 때 우리는 낙심과 좌절을 날려버릴 수 있는 힘을 얻게 됩니다. 엘리야의 이야기가 그것을 잘 말해줍니다. 약 2800년 전 어느 날, 엘리야가 바알 선지자와 대결을 청했습니다. 제단에 제물을 올려놓고 각자 자기 신에게 기도해서 그 제물을 태우는 신이 진짜 신임을 인정하자고 했습니다.

먼저 바알 선지자들이 기도하는데 기도가 먹히지 않자 그들은 춤까지 추고 자기 몸에 상처까지 내며 난리를 쳤습니다. 그러나 아무 반응도 없었습니다. 그 다음에 엘리야가 제단에 들어서서 "여호와여 응답하소서!" 하고 단순히 기도했습니다.

그러자 하늘에서 불이 내려 제물과 돌과 흙과 제단 옆 도랑의 물까지 태웠습니다. 엄청난 승리였습니다. 그러나 곧 왕비 이세벨이 엘리야를 죽이겠다고 위협하자 엘리야는 두려움과 낙심에 사로잡혀 도망쳐서 호렙산 굴에 숨었습니다.

그때 하나님께서 그에게 나타나셔서 말씀하시는 장면이 오늘 본문입니다. 본문 11-12절을 보십시오. "여호와께서 가라사대 너는 나가서 여호와의 앞의 산에 섰으라 하시더니 여호와께서 지나가시는데 여호와의 앞에 크고 강한 바람이 산을 가르고 바위를 부수나 바람 가운데 여호와께서 계시지 아니하며 바람 후에 지진이 있으나 지진 가운데도 여호와께서 계시지 아니하며, 또 지진 후에 불이 있으나 불 가운데도 여호와께서 계시지 아니하더니 불후에 세미한 소리가 있는지라." 이 말씀을 보면 하나님은 크고 강한 바람 속에도 계시지 않았고, 지진 가운데도 계시지 않았고, 불 가운데서도 계시지 않았습니다.

하나님은 그런 것들이 다 지나고 나서야 세미한 소리를 들려주셨습니다. 그 세미한 소리가 낙심한 엘리야를 일으켰습니다. 진실한 성도는 그 세미한 음성을 통해 자신의 영혼이 채워지는 것을 경험할 것입니다. 오늘날 신앙생활의 가장 큰 위기는 이 세미한 음성을 못 듣는 것이 위기입니다. 하나님의 우주를 운행하시는 손길은 대개 조용하게 진행됩니다. 지금 우주는 하나님의 손길에 움직이고 있습니다. 우주의 일부분인 태양계도 하나님의 손길에 의해 움직이고 있습니다. 하나님의 손길은 대개 조용하게 움직입니다. 그처럼 하나님의 음성도 세미한 음성으로 올 때가 많습니다.

그런데 만약 혼자 있는 시간이 없으면 어떻게 그 소리를 듣겠습니까? 하나님은 조용히 성경으로 말씀하시기를 즐겨하십니다. 왜냐하면 그러한 세미한 음성이 진정으로 우리의 영혼을 살찌우는 음성이 되기 때문입니다. 우리는 지금도 수많은 소음 중에 있습니다. 우리의 감각은 끊임없이 보는 것과 듣는 것에 의해 압도되고 있습니다. 그렇게 때문에 우리의 영이 새로워지고 신선하게 될 조용한 장소가 우리에게는 더욱 절실하게 필요합니다. 그래야 우리가 매일 당하는 스트레스를 극복할 수 있는 힘을 얻게 되고, 하나님의 선한 통제 아래에 놓여서 미래를 잘 준비하게 될 것입니다.

그러면 우리는 어떻게 고독과 침묵의 시간을 가질 수 있습니까? 새벽이나 낮이나 매일 일정 시간을 그런 시간으로 확보하는 것이 좋습니다. 그 시간은 전혀 방해받지 않도록 해야 합니다. 또한 집에서도 조용히 성경을 보고 기도할 수 있는 공간을 확보하는 것이 좋고, 시간이 될 때마다 교회에 나와 기도하는 것도 좋은 방법입니다. 그리고 가까운 산에 올라가는 것도 참 좋습니다. 새로운 환경이 얼마나 많은 메시지를 주는지 모릅니다. 조용한 숲에 들어가면 나무들이 말하는 것 같고, 자연으로부터 배우는 것이 참 많습니다. 얼마나 유익하고 중요한 시간인지 모릅니다. 사역의 현장에서 물러나 쉴 때 오히려 하나님이 가까이 하심과 하나님의 손길을 더 느낄 때가 많습니다.

우리에게 쉼의 의미는 무엇입니까? 하나님 중심적인 삶으로 다시 우리를 조율하는 것이 바로 쉼의 의미입니다. 그래서 주일이 중요하고, 예배가 중요하고, 쉴 때는 쉬는 삶이 중요합니다. 여가 생활에 돈을 쓰는 것을 낭비라고만 생각하지 마십시오. 여가가 없어서 건강을 망치면 5배, 10배의 돈이 들게 됩니다.

왜 여가생활을 합니까? 하나님 중심적인 삶을 회복하기 위해서입니다. 그처럼 여가생활을 통해서 하나님 안에서의 내 삶의 목적이 뚜렷해지고, 목적을 향해 달려가는 추진력을 얻는 재충전이 이루어진다면 우리는 여가생활을 잘 가진 셈이 됩니다. 결국 여가생활이 필요한 가장 큰 이유는 삶의 현장에서 물러나 고독과 침묵의 시간을 가지기 위해서입니다. 이렇게 고독과 침묵의 시간을 통하여 내면세계가 건강하니 덩달아서 영-혼-육이 건강해지는 것입니다.

기도원이나 수도원에 가서 금식 기도할 때 가장 큰 유익이 무엇입니까? 기도원에 있는 전 시간 동안 아무 말도 하지 않는 것이 큰 유익입니다. 또한 아무 소리도 듣지 않는 것이 큰 유익입니다. 그곳에는 텔레비전도 없고, 라디오도 없고, 정신을 분산시키는 어떤 소리도 없습니다. 그렇게 며칠 있다 보면 하나님의 뜻이 보이고, 하나님의 소리가 들리고, 내적인 평화와 힘이 생깁니다. 또한 믿는 교인에게는 모든 것이 합력하여 선을 이루고, 현재의 고난은 내일의 축복이 되고, 나의 고난은 자녀의 축복으로 변하여 나타나게 된다는 사실이 확실히 믿어지게 됩니다.

그러므로 우리에게 고독과 침묵이 없으면 영적으로 자랄 수 없습니다. 하나님은 때때로 혼잡하고 소음 중에서도 만나 주시지만 대개 조용한 장소에서 만나주시고 그분의 말씀을 들려주십니다. 그러므로 우리는 고독과 잠잠한 침묵의 시간을 가져야 합니다. 이사야 30장 15절은 말합니다. "주 여호와 이스라엘의 거룩하신 자가 말씀하시되 너희가 돌이켜 안연히 처하여야 구원을 얻을 것이요 잠잠하고 신뢰하여야 힘을 얻을 것이거늘 너희가 원치 아니하고." 오늘날 많은 믿는 사람들이 잠잠하게 신뢰하지 않습니다.

그러나 하나님은 분명히 우리가 잠잠하고 신뢰하여야 힘을 얻게 된다고 말씀하십니다. 어리석은 사람과 현명한 사람의 차이는 현명한 사람이 10분이라도 더 침묵할 줄 아는 사람이라는 것입니다. 항상 잠잠히 신뢰함으로 뿌리 깊은 나무처럼 뿌리 깊은 영혼과 내면의 깊이를 소유하기를 바랍니다.

6장 영육건강 검진을 소원하시는 하나님

(요삼 1:2)"사랑하는 자여 네 영혼이 잘됨 같이 네가 범
사에 잘되고 강건하기를 내가 간구하노라"

하나님은 예수를 믿고 성령으로 거듭난 크리스천들이 영육으
로 건강한 삶을 살아가기를 소원하십니다. 건강하게 살기 위해서
주기적으로 건강진단을 받아야 하는 것처럼, 건강한 영적 삶을 살
기 위해서는 주기적으로 영적 진단을 받을 필요가 있습니다. 필자
는 주기적인 영적진단을 아주 많이 강조합니다. 예방신앙이 되어
야 하기 때문입니다. 몸속의 독소가 쌓이지 않게 하기 위해서입니
다. 성령의 역사가 강한 장소에 가서 자신의 영적인 상태를 주기
적으로 진단하는 것입니다.

암은 조기에 진단하면 100% 치유가 되지만, 검진을 하지 않으면
말기가 될 때까지 우리 몸은 암을 느끼지 못합니다. 그래서 의사들
이 하는 말이 암을 발견하는 것은 주기적인 검진 밖에 없습니다. 라
고 합니다. 영적인 병도 이렇습니다. 병의 바이러스인 마귀나 귀신
이 들어왔는데도 우리의 몸이 느끼지 못하는 경우가 많습니다. 영
은 신호를 보내는데도 무지해서 그 신호를 놓치는 경우가 많습니
다. 그러므로 주기적으로 자신의 영적인 상태를 점검할 필요가 있
습니다. 주기적인 영적 상태 점검은 무엇보다 중요합니다. 세대에
역사하는 영적인 존재들은 태중에서 들어옵니다. 이것들이 평소에
는 잠복하여 있다가 스트레스를 받고 몸속에 독소가 쌓여서 취약

한 시기가 되면 고개를 들고 일어나 문제를 일으키는 것입니다. 이를 예방하기 위하여 주기적인 영적 검진이 필요한 것입니다.

저는 평소에 이렇게 말합니다. 예수를 믿고 교회에 들어오면 먼저 성령으로 세례를 받아야 합니다. 성령으로 세례를 받은 다음에 말씀과 성령으로 내면의 상처를 치유하는 것입니다. 상처를 치유 받으면서 병행하여 자아를 십자가에 매다는 것입니다. 몸속의 독소를 녹여서 배출하는 것입니다. 성령의 역사가 자신 안에서 일어나면 성령께서 몸속의 독소를 배출하십니다. 어려울 것이 없습니다. 문제는 자신이 다니는 교회에 성령의 역사가 일어나느냐 일어나지 않느냐가 문제입니다. 성령의 역사가 일어나면 성령께서 몸속의 독소를 배출하십니다. 성령님은 우리 개인의 심령의사로 오셔서 주인으로 계시기 때문입니다. 자신의 마음 안에서 성령의 역사만 일어나면 몸속의 독소는 녹아지고 배출이 됩니다. 성령께서 성도들의 몸속에 독소가 쌓이는 것을 불허하기 때문입니다.

교회에 나와서 예배드리면서 자신의 영적 상태를 진단받는 것입니다. 자신이 마음만 열면 성령께서 하십니다. 물로 처음 성령을 체험하는 분은 거북스러울 수가 있습니다. 초자연적인 성령님이 자신을 지배하고 장악할 때 일시적으로 일어나는 현상입니다. 이는 누구나 필연적으로 체험하는 것입니다. 자신이 영이시고 권능이신 하나님께서 지배하고 다스리게 됨으로 일어나는 현상입니다. 이런 살아계신 초자연적인 성령의 역사가 일어나야 몸속의 독소가 녹아지고 배출되는 것입니다.

교회에 나와서 졸기나 하고 예배드리지 않으면 문제가 생길 지도 모르기 때문에 의무로 생각하고 예배에 참석하면 안 됩니다. 교회에 나와서 예배를 드리는 것은 담임목회자에게 얼굴 도장 찍기 위해서 교회에 나오면 안 됩니다. 이런 의식을 가지고 있으면 예배시간에 졸음이 오고 졸다가 예배 끝내는 것입니다. 예배는 자신을 살리는 것입니다. 자신을 위하여 드리는 것입니다. 예배를 통하여 모든 것이 이루어집니다. 마음을 열고 영과 진리로 예배를 드리면서 잠자는 영혼을 깨우기도 합니다. 설교말씀을 들으면서 영이 자립니다. 기도하면서 몸속의 독소를 녹이기도 하고 배출하기도 합니다. 기도하면서 영적진단을 받는 것입니다. 예배는 참으로 중요한 시간입니다.

그래서 교회는 참으로 중요한 곳입니다. 교회를 잘 찾아가야 합니다. 교회마다 성령의 나타남이 각각 다르기 때문입니다. 이유는 무엇입니까? 그것은 한마디로 교회의 담임목회자가 추구하는 방향에 따라 성령의 역사가 다르게 나타나는 것입니다. 많은 성도들이 성령의 다양한 은사들을 사모함에도 불구하고 자신의 교회 안에서는 잘 일어나지 않는데, 기도원이나 치유센터나 부흥회와 같은 특별한 성격의 집회에서 잘 일어나는 까닭이 무엇인지 궁금해하는 분들이 많을 것입니다. 그토록 사모했고 기도도 많이 했는데 혼자 할 때나 교회 안의 집회에서는 전혀 받을 수 없던 은사가 특별한 모임에서는 흔히 나타나는 것을 누구나 알고 있을 것입니다.

그래서 은사를 사모하는 사람들은 그런 집회를 찾아가게 되는 것입니다. 오랜 신앙생활을 했음에도 불구하고 방언조차 하지 못하던 목회자들이 특별한 집회에 참석했다가 뜻하지 않게 방언을 받는 경우가 흔히 있습니다. 우리가 알아야 할 것은 혼자 기도하여 방언의 은사조차 받기가 쉽지 않습니다. 어쨌든 교회 안에서 열리는 모임에서는 그토록 사모하건만 잘 되지 않던 영적 경험이 영성집회에서는 쉽게 경험할 수 있는데, 은혜를 경험하고 다시 교회로 돌아오면 얼마 가지 못해서 다시 냉랭해지는 것입니다. 일종의 영적 '요요현상'인 것입니다. 이는 자기 교회에서는 영성집회와 같은 성령의 역사가 일어나지 않기 때문에 나타나는 현상입니다. 사람은 육이 있기 때문에 항상 성령으로 충만한 곳에서 말씀을 듣고 기도하지 않으면 육으로 돌아가기가 쉬운 것입니다. 목회자들도 자신의 교회 안에서 뜨거운 성령의 역사가 일어나기를 간절히 사모함에도 불구하고 좀처럼 역사가 일어나지 않기 때문에 갈등이 심합니다.

이런 영적 경험이 교회 안에서 나타나지 않는 이유는 개 교회마다 다를 수 있겠으나 원칙적으로 성령의 역사를 사모하느냐 아니냐에 따라서 성령께서 역사하시고 나타나는 것입니다. 현대교회는 보수성이 강한 편이고 다양한 영적 현상들을 적절히 다룰 수 있는 수준에 이르지 못한 것이 가장 큰 이유입니다. 그렇기에 성령께서 사모하지 않고 관심을 두지 않는 보수적인 교회 안에서 강력하게 역사할 수 없는 것입니다. 성령님은 인격이시기 때문에 관심을 가지고 사모하고 받아들일 때 역사하십니다. 앞에서도 말씀드렸지만 목회자의 영성과 추구하는 목회방향에 따라 성령의 역사가 다른 것입니다. 목회자가 성령의 역사를 사모하고 관심을 가지고 목회하면 나타나지 않을 수가 없는 것입니다. 성령은 성령의 사람을 통하여 나타나기 때문입니다.

목회자로부터 성도에 이르기까지 신령한 은사에 관한 이해가 부족한 현실에서 교회 안에서 성령의 역사가 광범위하게 일어나게 되면 고린도교회와 같은 오류를 범할 수 있습니다. 교회 안에는 성숙한 성도와 미숙한 성도가 섞여 있을 뿐만 아니라 다양한 형태의 믿음을 소유한 사람들이 모여 있습니다. 목회자가 성도들의 수준을 어느 정도 높여서 그 차이를 좁혀놓아야 할 뿐만 아니라 성향도 일정한 형태로 변화시켜주어야 합니다. 그런데 목회자가 성령의 역사와 은사에 대하여 박식하지 못해서 성령의 깊은 것까지 이해하지 못한 연고입니다. 그래서 목회자가 성령과 은사에 대하여 알고 체험하고 이해하는 수준에서 성령의 역사가 일어나는 것입니다.

목회자가 큰 은사가 있는 경우에 그 교회에 모이는 성도들은 그와 같은 은사를 사모하는 사람들이 대부분입니다. 우리 충만한 교회의 경우가 그러한데, 성령의 세례와 내적치유, 영육건강 검진하는 일, 몸속의 독소를 배출하는 일, 성령의 은사를 비롯해서 그 밖의 은사를 사모하는 사람들이 모입니다. 경건하고 거룩한 예배를 지향하는 사람들은 우리 충만한 교회에 오지 않습니다. 일정한 성향을 지닌 사람들이 모이는 교회에서는 성령은 역사할 수 있는 바탕이 마련되기 때문에 강하게 역사가 일어나는 것입니다. 우리 충만한 교회의 경우 주일 예배에도 성령의 강한 역사가 일어납니다. 충만한 교회에 오시는 분들이 성령의 역사를 사모하고 예배에 참석하기 때문입니다. 예배에 참석한 모든 사람들이 성령을 체험하고 영육을 치유하며, 귀신을 떠나보내고 몸속의 독소가 배출됩니다. 자신의 영육의 상태를 검진 받습니다. 정말 대단한 성령의 역사가 일어납니다.

성령의 은혜를 경험하게 되면 자신도 모르게 고린도 교인들과 같은 생각을 하게 됩니다. 대체로 감성적인 사람은 지성이 딸리는 법이기에 제 멋대로 생각하고 판단하는 경향이 강합니다. 즉 은혜를 받는 사람은 하나님이 더 사랑하고, 그렇지 못한 사람은 바리새인들처럼 형식적인 신앙생활을 하거나 아니면 죄가 있을 것이라는 생각을 하게 됩니다. 따라서 교회가 은혜 받은 사람들과 받지 못한 사람들로 나뉠 가능성이 많습니다. 이것은 바람직하지 못할 뿐만 아니라 위험하기까지 합니다. 이러한 현상을 담임 목회자가 하나로 만들어야 합니다. 하나를 만드는 제일 좋은 수단이 말씀과 성령의 역사입니다. 목회자가 성령의 강력한 역사가 모든 성도들을 장악하여 뜨겁게 기도하게 해야 합니다.

그 다음 이유는 교회 안의 영적 분위기에 기인합니다. 성령의 역사는 다양한 영적 주체들의 작용에 의해서 일어납니다. 즉 수많은 천사들이 주의 명령에 따라서 역사를 수행하게 되는데, 기도원이나 치유센터와 같은 장소는 그곳에 이미 성령으로부터 보내심을 받은 일정한 기능을 담당하는 천사들이 있습니다. 이들은 기도원이나 치유센터의 전임 사역자에게 부여된 직임과 연관되어 있기 때문에 보다 더 강력하게 역사하게 됩니다.

목회자들의 수준을 높여야 교회마다 강력한 성령의 역사가 일어날 것입니다. 성도들 역시 성령의 역사와 지배와 장악과 인도를 사모해야 합니다. 성령의 역사하심은 이미 설명한 것이지만 영적 분위기가 무척 중요합니다. 성령은 모성성이기 때문에 분위기를 무척 타는 분입니다. 즉 여성은 분위기를 좋아하는 것처럼, 성령의 역사는 반드시 영적 분위기가 되어야 합니다. 그런데 개인이나 교회는 남성적인 사고구조로 오랫동안 내려왔기 때문에 분위기에 어색합니다. 무뚝뚝한 남자들처럼 삭막한 것이 우리 교회 현실이 아닙니까? 분위기를 잘 타는 여성들에게 숨이 막힐 지경입니다. 그러니 성령 또한 숨이 막히는 것입니다. 그러니까 영적인 것을 아는 성도들은 이곳저곳을 돌아다니면서 부족한 영성을 채우려고 하는 것입니다.

청춘 남녀가 사랑을 고백하기 위해서는 분위가 좋은 장소로 가야 합니다. 그리고 그윽한 조명 아래에서 사랑을 고백한다면 성공할 것입니다. 그런데 이런 분위기를 모르고 시장 한 복판 분식점에서 고백한다면 뺨을 맞을 것입니다. 성경의 아가서가 무엇을 의미하는 줄 아시지 않습니까? 하나님과 사랑의 고백이 아닙니까? 우리는 그런 그윽한 분위기를 좋아하시는 성령님의 취향을 이해해야 합니다. 교회는 그윽한 분위기를 잡기에는 다소 모자라는 곳입니다. 그렇기 때문에 분위기를 바꿀 필요가 있습니다.

목회자부터 고답적이고 권위적인 분위기에서 벗어나야 합니다. 목회자가 성령으로 변화되어야 합니다. 그래야 교회 전체에 흐르는 영적 분위기가 바뀌게 됩니다. 목회자가 변하지 않으면 절대로 교회가 성령으로 충만 할 수가 없습니다. 교회는 목회자의 영적 성향으로 인해서 성도들이 자신도 모르게 솔타이(영의얽힘)

가 되어 있습니다. 이것이 성령의 역사를 가로막는 중요한 장애가 되기도 합니다.

자신이 다니는 교회 안에서는 부흥회 때 단회적으로 밖에 일어날 수 없는 성령의 역사가 교회 밖, 치유센터나 기도원 등 다른 곳에서는 흔히 일어나는 것을 조금 이해가 되었을 것입니다. 성령의 역사하심이 얼마나 신앙생활에 중요한 것인지는 말하지 않아도 잘 알 것입니다. 결혼한 사람은 정서적으로 안정을 갖는 까닭은 사랑하는 사람이 있기 때문입니다. 그 가족의 사랑이 힘들고 어려운 세상을 이기게 하고 인간다운 삶을 살게 해줍니다. 그러나 가족을 이루지 못한 사람은 자신들은 잘 몰라도 어딘가 부족함을 주변 사람들은 느낍니다. 주님의 사랑은 성령을 통해서 경험하게 됩니다. 그 사랑이 날마다 확인되고 넘쳐 난다면 영적 삶은 분명히 다르게 될 것입니다. 영적 경험은 혼자 하기란 쉽지 않습니다. 그래서 경건한 사람들이 여럿이 모여서 기도회를 한다면 보다 쉽게 경험하게 될 것입니다.

성령의 역사는 장작불의 원리입니다. 성령으로 충만한 성도들이 모인 장소에 성령의 역사가 강하게 나타나는 것입니다. 성령은 자신 안에 계십니다. 그리고 우리 안에 계십니다. 성령의 임재 하에 전하는 말씀 안에 성령님이 계십니다. 그러므로 성령으로 충만한 사람들이 모인 장소에 성령이 강하게 역사하는 것입니다. 일반 교회에서 영적현상이 나타나는 것이 미약한 것은 성령의 역사를 거부하는 사람들이 있기 때문에 영적 현상이 약하게 일어나는 것입니다. 이는 마가복음 6장 4-5절을 보면 알 수가 있습니다. "예수께서 그들에게 이르시되 선지자가 자기 고향과 자기 친척과 자기 집 외에서는 존경을 받지 못함이 없느니라 하시며, 거기서는 아무 권능도 행하실 수 없어 다만 소수의 병자에게 안수하여 고치실뿐이었고" 알고 대비하시어 항상 성령의 영적현상이 일어나는 교회가 되도록 하기를 바랍니다. 이를 위하여 담임 목회자부터 성령의 역사의 중요성을 깨닫고 성령의 지배와 장악이 되고 성령의 인도를 받는 사람으로 변해야 할 것입니다. 목회자가 변하지 않고는 절대로 교회에서 성령의 역사가 일어날 수가 없습니다. 그래서 담임 목회자의 추구하는 목회 방향과 영성이 중요한 것입니다. 성령의 역사를 예배마다 체험하고 싶은 분은 우리 교회에 성령의 역사가 일어나지 않는 다고 불평하지 말고, 그런 성향의 교회를 선택하여 믿음 생활을 하면 쉽게 해결이 될 것입니다.

교회에 나와서 예배를 드리면서 성령의 역사로 몸속에 쌓인 독소를 녹이고 배출하며 혈통에 대물림되는 악한 영을 축귀하는 것입니다. 그리하여 영적체질을 만드는 것입니다. 이는 어려서부터 적용해야 되는 것입니다. 세대에 역사하는 악한 영을 성령의 역사로 들어내어 미리 축귀하는 것입니다. 그래서 저는 우리 충만한 교회에 다니고 있는 성도들의 자녀를 매주 안수를 해서 영적으로 맑은 상태를 유지하게 합니다. 이렇게 주기적으로 안수를 받으니 영적으로 깨끗해지는 것은 물론이고 육적으로도 건강하게 지냅니다.

기존 성도들은 주일날 영적점검을 받는 것입니다. 성령의 역사가 강하게 나타나니 세대에 대물림 되던 악한 영이 더 이상 숨어 있지 못하고 정체를 폭로하는 것입니다. 폭로되어 떠나가게 하고 매 주일 성령의 역사를 체험하며 영적 상태를 유지하는 것입니다. 자신의 영육의 상태를 환하게 보면서 깨달을 수가 있습니다. 저는 항상 이렇게 말합니다. 성도들은 주일날이 아주 중요하다고 말입니다. 요즈음 세상 살아가는 것이 힘이 들어 주일 하루 밖에 교회를 나오지 못하는 분들이 많습니다. 이 중요한 주일을 성령으로 충만하게 예배를 드려서 영성을 유지하는 것입니다. 이렇게 신앙 생활을 하지 못하니 세대에 역사하던 악한 영들이 예수를 믿어도 꼼짝하지 않고 숨어 있다가 영육으로 취약한 시기에 고개를 들고 나와 문제를 일으키는 것입니다. 제가 지금까지 성령치유 사역을 하면서 체험한 바로는 세대에 역사하던 악한 영이 장로가 된 다음에도 영육으로 이해 못하는 고통을 가하는 것입니다.

우리 충만한 교회 성령치유 집회와 주일 예배에 참석하여 성령의 강한 역사를 체험하고 자신 안에 도사리고 있던 중풍의 영들이 정체를 폭로하여 떠나보낸 분들이 부지기수입니다. 또 무속의 영들이 숨어 있다가 정체를 폭로하여 떠나보낸 성도 목회자가 많습니다. 이는 현재 진행형입니다. 지금도 역사가 일어난다는 것입니다. 오늘도 일어날 것입니다. 이렇게 사전에 성령의 역사로 정체를 폭로하여 떠나보내지 않고 취약한 시기에 드러나서 고통을 당하다가 찾아오는 분들 또한 부지기수입니다.

고통을 당하다가 이렇게 해도 안 되고, 저렇게 해도 안 되니, 할 수 없이 저희 교회 같은 곳에 치유를 받는 것입니다. 그런데 때는 이미 늦은 것입니다. 이미 정체를 드러냈기 때문에 치유하려면 시간이 많이 걸리는 것입니다. 세대에 역사하는 악한 영은 태중에서 침입을 합니다. 침입하여 정체를 드러내는 시기는 두 가지가 있습니다. 첫째로 성령의 역사에 의하여 정체를 드러냅니다. 이것이 제일로 좋은 현상입니다. 두 번째는 여러 가지 상황이 좋지 못하여 스트레스를 당하여 영육으로 취약한 시기에 드러내는 것입니다. 이 상황이 제일로 나쁜 것입니다. 이런 취약한 시기에 드러나는 것을 방지하기 위하여 주기적인 영적 점검을 하여 악한 영들을 드러내는 것입니다. 그래서 성도는 교회를 잘 정해야 합니다. 그리고 주일을 효과적으로 보내면서 주기적인 영적 점감을 받아야 합니다. 많은 성도들이 이렇게 주기적인 영적 점검을 받지 않음으로 인하여 불필요한 고통을 당하고 있습니다.

어떤 분은 목사가 된 다음에 악한 영들이 드러나 고생을 합니다. 어떤 분은 안수 집사가 된 다음에 악한 영이 드러나 말로 표현 못하는 고통을 당하기도 합니다. 저는 하나님의 은혜로 성령치유 사역을 하고 있습니다. 사역을 하다가 보면 영적으로 무지하여 예수를 잘 믿으면서 불필요한 고통을 당하면서 사는 분들을 볼 때 참으로 안타깝기 짝이 없습니다.

참으로 안타까운 일입니다. 필자는 참으로 안타까운 전화를 많이 받습니다. 목사님! 저희 어머니는 젊었을 때 노방전도도 열심히 하셨고, 교회에서 기도도 봉사도 열심히 하셨습니다. 그런데 갱년기에 들어서니 점점 영적인 상태가 좋지 못하시다가 지금 치매가 와서 요양원에 계십니다. 목사님! 저의 어머니를 치유할 수 있을 까요? 다른 사정은 우리 딸이 어려서부터 믿음이 좋아서 교회를 그렇게 잘 다녔습니다. 그런데 고등학교에 들어가더니 시름시름 아프다가 지금 영적이고 정신적인 문제가 발생하여 학교를 다니지 못합니다. 어찌해야 하겠습니까? 모두가 정기적인 영적검진을 받지 않아생긴 일입니다. 영적검진을 받았으면 사전에 예방이 가능한 질병입니다. 예방신앙이 정말로 중요합니다.

기독교 신앙은 예방 신앙입니다. 주기적인 영적검진이 필요한 것입니다. 다시 한 번 강조합니다. 우상 숭배가 혈통에 대물림되는 성도는 반드시 들어납니다. 어떤 사람은 17세에 발생합니다. 어떤 사람은 20세에 발생합니다. 어떤 분은 26세에 발생하기도 합니다. 어떤 분은 34세에 발생할 수도 있습니다. 어떤 분은 43세에 발생할 수도 있습니다. 드러나는 시기는 스트레스를 받고, 충격을 받다가 독소로 변하여 혼이 감당하지 못할 때 정체를 드러냅니다. 거의 태중에서 들어온 존재들이 영혼육의 상태가 정상일 때는 숨어있다고 상황이 악화되면 정체를 폭로하는 것입니다. 대략 이런 증상이 발생하는 사람의 유형을 보니 집안에 우상의 숭배가 심한 집안의 내력이 있는 가문에서 발생을 합니다. 그리고 태중에서나 유아시절에 상처를 많이 발생한 분들이 많이 발생이 됩니다. 대개 심장이 약하여 잘 발생합니다. 그러므로 제가 강조하는 것과 같이 불같은 성령을 체험하고 내적치유를 미리 받아야 합니다. 그러면 성령의 임재로 사전에 상처가 드러나서 치유가 됩니다. 정기적인 영적 진단이 아주 중요합니다.

그리고 병이 들었을 때 주변에서 안다고 해서 그 사람이 고치지 못하듯이 영적 질환도 같은 이치입니다. 병이 들면 전문의의 도움이 필요하듯이 영적 질병 역시 전문 사역자의 도움이 필요한 것입니다. 목회자는 부분적으로 고칠 수는 있습니다. 그러나 전문가가 접근하는 방식과는 다릅니다. 전문가는 총체적으로 접근하며 병의 뿌리를 제거합니다. 그래서 전문가가 있는 것입니다. 영적 진단은 주기적으로 받아볼 필요가 있습니다. 병의 근원을 조기에 발견하면 치유가 쉽습니다. 그러나 그 시기를 잃게 되면 거의 치유가 되지 않습니다. 치유가 된다하더라도 시간과 노력이 많이 듭니다. 조기 검진 이것이야말로 효과적인 치유의 지름길입니다.

　주기적인 영적진단을 하여 영육의 문제가 발생하기 전에 치유를 받는 것입니다. 그러면 불필요한 고생을 방지 할 수가 있습니다. 저는 군에서 지휘관을 했습니다. 군대는 정말로 예방활동이 중요한 곳입니다. 그런데 목사가 되어 영적인 면을 깨닫고 보니 교회가 예방 신앙을 철저하게 해야 한다는 것입니다. 그런데 일부 성도들이나 성도들이 예방신앙을 잘 이해하지 못합니다. 그래서 방심하고 지내다가 영육의 문제가 발생한 다음에 해결을 하려고 하니 힘이 듭니다. 우리 주기적으로 영적인 진단을 받아 예방 신앙을 생활화 합시다. 그래서 귀중한 생명과 재산을 보호 합시다. 영육의 문제가 발생한 다음에 불 필요한 곳에 보물을 사용하지 말고 예방건강에 시간과 물질을 사용하여 하나님의 나라 천국을 누리기를 바랍니다.

　하나님은 "너희를 위하여 보물을 땅에 쌓아 두지 말라."하십니다. 예방건강과 영적검진에 물질을 사용하는 습관을 들이시기를 바랍니다. 그러면 지금 천국을 만끽하며 살아갈 수가 있습니다.

2부 성령임재시 나타나는 현상으로 영적검진

7장 마약작용 같은 황홀경 상태 영적검진

(고전 2:13)"우리가 이것을 말하거니와 사람의 지혜가 가르친 말로 아니하고 오직 성령께서 가르치신 것으로 하니 영적인 일은 영적인 것으로 분별하느니라"

우리 한국교회의 병폐는 성령체험을 단 회적사건으로 만 이해하는 것입니다. 그래서 언제 성령 체험했다고 말하고 한번 성령 체험을 했으면 다 된 것으로 인식하는 경향이 과합니다. 단회적인 성령체험을 주장하는 사람들이 즐겨 사용하는 사도행전 2장 1절 말씀에 "오순절 날이 이미 이르매 그들이 다 같이 한 곳에 모였더니"라고 말씀하셨습니다. 예수님의 제자 들은 마가의 다락방에서 한곳에 모였습니다. 그 이유는 예수께서 말씀하신대로 "예루살렘을 떠나지 말고 아버지께서 약속하신 것을 기다리라"는 명령에 순종하여 전심전력으로 기도를 한 것입니다.

마음을 같이, 오로지 전념하여 기도한 그 결과는 "홀연히 하늘로부터 급하고 강한 바람 같은 소리가 있어 그들이 앉은 온 집에 가득하며 마치 불의 혀와 같이 갈라지는 것들이 그들에게 보여 각 사람 위에 하나씩 임하여 있더니 그들이 다 성령의 충만함을 받고 성령이 말하게 하심을 따라 다른 방언들로 말하기를 시작함이라" 말씀하셨습니다. 바로 이 한 번의 단회적인 체험으로 제자들은 일생일대의 인생변화가 이루어졌다는 것입니다. 그런데 성경을 잘 보면 지속적으로 성령의 충만함을 입었습니다. 사도행전 4장 28-31절에 보면 "하나님의 권능과 뜻대로 이루려고 예정하신 그것을 행하려고 이 성에 모였나이다. (29) 주여! 이제도 그들의 위협함을 굽어보시옵고, 또 종들로 하여금 담대히 하나님의 말씀을 전하게 하여 주시오며, (30) 손을 내밀어 병을 낫게 하시옵고 표적과 기사가 거룩한 종 예수의 이름으로 이루어지게 하옵소서 하더라. (31) 빌기를 다하매 모인 곳이 진동하더니 무리가 다 성령이 충만하여 담대히 하나님의 말씀을 전하니라." 절대로 성령체험은 단 회적으로 끝나지 않고 지속적으로 성령체험을 하면서 성령으로 충만했다는 것입니다. "술 취하지 말라 이는 방탕한 것이니 오직 성령으로 충만함을 받으라"(엡 5:18). 세상에 취해서 살지 말고 성령으로 충만하게 지내라는 강조의 말씀입니다. 항상 하나님께서 자신을 통하여 나타나게 하려면 항상 성령으로 기도하여 성령으로 충만해야 가능합니다.

단회적인 성령체험 하나로 만족하고 믿음 생활을 하시려는 분들은 반드시 이제부터 날마다 살아서 생생히 역사하는 성령을 체험하여 성령의 지배와 장악과 인도를 받으시기를 바랍니다.

다른 문제는 성령체험을 초자연적인 현상(방언, 신유, 축귀, 떨림, 쓰러짐)등으로만 이해하는 사람들이 있습니다. 그렇게만 이해하기 때문에 그와 같은 외적인 표적, 현상만을 찾아다는 크리스천들을 봅니다. 그러나 성령은 그런 것이 아닙니다. 성령체험의 진정한 결과는 그러한 종류의 외적인 현상들만이 아닙니다. 성령체험은 곧 회심과 성결이며 성화입니다. 한 영혼의 회심만큼 크고 강한 초자연적인 것이 세상에 어디에 있겠습니까? 그런 의미에서 우리는 날마다 성령을 체험해야 합니다. 아니 예배 때마다 성령을 체험하면서 성화가 되어야 합니다. 성령체험은 부흥회 때만 체험하는 것이 아닙니다. 예배 때마다 체험해야 합니다. 성령체험은 몸을 떨며 쓰러지는 것만이 아닙니다. 내 삶이 주님의 말씀의 능력으로 성령의 권능으로 하늘나라로 변화하고 있는 것입니다. 하나님의 성전 된 삶으로 변화되는 것입니다. 그것이 진정한 주님이 원하시는 성령체험입니다.

성령체험을 초자연적인 현상(방언, 신유, 축귀, 떨림, 쓰러짐) 등으로만 이해하기 때문에 지금 일부 교회에서 트랜스현상과 성령의 역사를 구별하지 못하는 실정입니다. 트랜스현상이란 간단히 말하면…. 모호한 명료하지 않은 정신 상태를 의미합니다. 종교적인 경우에 이러한 현상이 많이 섞어있는데(개재(介在) 되는데), 예를 들어 신들림, 초자연적 존재와의 만남, 극도의 예민함 또는 안정감, 비정상적 운동 행태 등을 포괄적으로 의미하는 경우가 많습니다.

많은 종류의 신교들은 소위 황홀경(a state of ecstasy)를 강조합니다. 종교적으로 또는 명상 수련을 통해 사람들은 이런 황홀경을 겪기도 하는데, 우리는 황홀경을 이르는 단어가 이 외에도 a trance란 말도 있다는데 주목해야 합니다. 이 트랜스란 말은 병리학적으로도 사용되는 단어입니다. 즉 약물이나 자기 암시 타인 암시 등의 최면 상태에서 오거나. 정신적으로 문제가 있을 때 대뇌에서 잘못 반응하여 오는 경우를 말 합니다.

대표적인 '예'가 정신 착란이나 알 콜, 마약 중독 등에 의해 오는 환시, 환청 등일 것입니다. 실제로 고대 샤머니즘에서는 이러한 트랜스 상태를 유도하기 위해 약물 등을 사용했고, 현대의 굿이나 종교의식에서 반복되는 웅얼거림을 하거나 소리를 지르거나 하는 행위들도 이런 트랜스 상태를 유도하기 위한 하나의 암시 방법들입니다.

즉 무당이 굿을 하는 과정에서 지속적으로 춤을 추며 육체를 피로 상태로 만들고, 노래를 부르거나 주문을 외는 것은 이런 트랜스 상태를 유도하고 유지하는 방법입니다. 또 기독교에서 계속 할렐루야~ 아멘! 등을 외치거나, 통성기도, 빠른 찬송을 하는 것 등도 모두 종교적 트랜스를 유도하기 위해 하는 행동이라고 봐야 할 것입니다. 이런 암시를 통해 최면상태에 들어가고 의식에 눌려 있던 무의식이 표출 되는데, 이러한 트랜스 상태는 약물을 통해 오는 것과 별반 차이가 없어 보입니다. 성령의 인도 없이 인간의 열심으로 하는 깊은 기도나 명상 등을 통해 트랜스로 빠지는 경우가 많습니다.

위의 방법들이 외부적 자극에 의해 트랜스를 일으키는 것인데 반하여, 깊은 기도나 명상은 자신의 노력으로 내면으로 집중함으로써 의식과 무의식의 경계를 뚫는 것입니다. 이런 방법론의 차이는 표출방법에서도 사뭇 다르게 나타나는데, 전자의 경우가 소리 지르기 통곡등 강하고 자극적이며 외면적으로 나타난다면, 성령의 인도 없이 하는 깊은 기도나 명상은 자신 안에서 일종의 황홀한 상태처럼 나타나는 경우가 많다고 판단됩니다. 후자의 경우(깊은 기도나 명상), 성령의 이끌림으로 하는 경우는 전적으로 다릅니다. 성령의 인도로 무의식의 영역을 뚫어서 영 안에 성령님과 연결이 됨으로 영적으로 깊어지는 것은 물론이고 전인격이 성령의 지배와 장악과 인도를 받아 지금 하늘나라 천국을 만끽하며 누리게 됩니다. 이렇게 성령의 지배와 장악이 되고 성령의 이끌림을 받으면서 하나님의 성전으로 살아간다는 것을 체험적으로 느끼게 되는 것입니다.

사실 이런 종교적 트랜스는 대뇌의 작용으로 신과의 교감 따위와는 전혀 무관함에도 많은 신교들이 이것을 신비주의란 포장을 씌워 사람들을 현혹하는 건 심각한 문제입니다. 특히 성령체험 등을 강조하는 종교나 신비체험을 강조하는 종교들일 수록 강한데, 이런 트랜스는 하나의 과정이지, 그 자체는 아무런 의미도 가지지 못합니다. 즉, 트랜스현상을 느끼는 그때, 그 시간뿐이지 지속성이 없어 진정한 변화를 경험하지 못한다는 것입니다. 진정한 성령의 역사가 일어나 성령께서 지배와 장악이 되면 자신 스스로 변화를 느끼게 됩니다. 필자가 몇 번 말했지만 얼굴과 말소리가 달라지는 것을 본인도 느끼고 다른 사람도 알게 된다는 것입니다. 유순한 사람으로 변화된다는 것입니다.

필자는 자신이 천국이나 지옥을 보고 왔다고 주장하는 사람들의 글을 접하거나, 소위 계시를 받았다고 주장하는 사람들을 보면, 이런 종교적 트랜스 현상이 얼마나 사람을 망가트릴 수 있는가를 알게 하며, 잘못 된 종교 의식이나 명상 등이 주는 폐해가 얼마나 심각한가를 알 수 있다 봅니다.

도리어 예수님은 이런 신비스런 것들을 강력하게 금했고, 비판한 바가 있는데, 이는 이런 것들이 오히려 인간을 망칠 수 있다는 것을 잘 알았기 때문일 것입니다. 그럼에도 불구하고 그 제자를 자처하는 사람들이 이런 신비주의에 빠져 마치 그것이 진리인 냥 사람들을 호도하는 것은 잘못입니다. 우리 성도들은 바른 성령의 역사를 따라갈 수 있는 능력을 갖아야 합니다.

참고적으로 불교에서는 참선 중에 이러한 트랜스현상을 마장(魔障)이라고 하여 반드시 넘어야할 경계로 봅니다. 마장(魔障)이란 귀신의 장난이라는 뜻으로, 일이 진행되는 과정에 나타나는 뜻밖의 방해나 훼살을 이르는 말입니다. 이렇게 불교에서도 트랜스현상을 경계하고 통과하라고 합니다. 귀신의 장난이기 때문입니다. 트랜스현상은 진리와 성령의 사람으로 변화되는 것과 아무런 관계가 없기 때문입니다. 트랜스 현상에서 신비한 체험이나 혹은 약간의 능력이 생기는 경우도 가끔 있습니다. 보통 사람들은 여기에서 자기는 뭔가 이루었다는 착각에 빠지기 쉬운데, 이것은 위험한 것입니다. 트랜스 현상에 빠지면 귀신에게 속아서 마치 마약 중독자와 같이 빠져나오기가 힘들 것입니다.

꼭 진동을 하고 떨어야 성령으로 충만한 것이 아닙니다. 이는 잘못 이해하고 있는 것입니다. 저는 이렇게 진동이 심하게 일어나는 곳의 사람들을 영적으로 혼탁한 분들이라고 표현합니다. 한마디로 양신의 역사가 일어나는 것이지요. 성령이 장악을 하게 되면 당신이 알고 있는 대로 편안하게 심령이 안정이 되면서 기도가 깊어집니다. 물론 초기 성령세례를 받을 때는 강한 진동을 할 수가 있습니다. 그러나 매일 그렇게 진동을 한다는 것은 그 사람의 심령구조에 문제가 있기 때문입니다.

저는 이런 분들을 안수해서 심령의 상처를 배출하게 합니다. 그러면 진동이 서서히 약해지다가 안정이 되어 깊어지면서 상처가 치유되고 질병이 치유됩니다. 깊은 영의기도가 되어 영적으로 깊어집니다. 다음의 글을 일어보시면 이해가 되실 것입니다.

기도의 훈련을 정확하게 받지 못하여 기본을 알지 못함으로 일부 교회에서는 '성령 임재'와 '샤머니즘적 강신역사'를 분별하지 못합니다. 대략 샤머니즘적인 기도의 대표적인 현상들은 이렇습니다. 일부 기도원이나 나름대로 성령이 충만하다고 자부하는 교회의 기도회와 부흥회에서 이런 일이 종종 일어납니다.

"큰 소리로 기도하고, 누군가는 괴성을 지르며 발작 증세를 보이기도 합니다. 박수를 이상하게 치는 것은 기본이고 춤을 추거나 노래를 부르는 이도 있습니다. 각종 부흥회와 기도회 등에서 흔히 볼 수 있는 풍경입니다. 부흥회, 기도회라는 단서를 달지 않으면 여느 무속신앙의 신내림과 큰 차이점을 보이지 않습니다. 과연 기독교의 '성령 체험'과 샤머니즘의 '강신'은 어떻게 다를까요?" "한국 교회 일부에서는 부흥회를 통한 신비적인 체험만을 성령의 임재로 강조하는 경향이 있습니다. 즉 성령의 임재를 몸의 신비 체험을 통해 인식할 수 있다는 것이라면서 말씀이 없고 바르지 못한 체험을 강조합니다." 그래서 일부 기독교인들은 이러한 신비 현상을 체험하길 원하며, 일부 교회는 이를 성령운동이라 명명으로 근거 없이 주장하고 있습니다. 분명하게 말하자면 바른 성령운동은 예수님의 성품으로 변하여 삶에서 성령의 열매가 보이는 것입니다. 바르게 생명의 말씀을 전하고 성령을 체험하면 변하지 말라고 해도 변할 수밖에 없습니다. 성령으로 기도하여 변화되는 성령체험을 하도록 해야 합니다. 그러나 이러한 신비적 체험을 분석해 보면, 여러 가지 면에서 타종교의 신비 체험과 별로 다르지 않음을 발견하게 됩니다. "무당들의 강신 체험에서 일어나는 황홀경과 부흥회 등에서 강조하는 기독교 성령 체험의 현상들이 특별히 다른 점이 없기 때문입니다"

우리가 바르게 알아야 집고 넘어가야 할 것은 "기독교의 성령 체험이 종교 혼합주의적 신비의 현상 가운데 하나인지, 아니면 정말 기독교의 성령 임재의 현상인지를 성경의 증언에 기초해 분석해 볼 필요가 있다는 것입니다" "영적인 면에 무지한 일부 교회는 성령 임재 현상과 귀신의 강신(무당 신내림) 현상을 명백히 분별하지 못하고 그대로 수용하고 있는 것이 사실입니다" 반드시 분별하여 치유해야 합니다. 그래야 성도들이 바른 신앙으로 바른 기도하여 하나님과 친밀하게 지낼 수가 있습니다. '성경적 영성'은 "그 본질은 예수 안에서 성령으로 이루어지며 근본은 영에 있으며, 영의 인격적 기관인 마음을 통해 작용하는 것으로 사람들의 삶에 원동력을 부여해 주며, 전인격적인 행동을 행하도록 도와주는 모든 활동"입니다. "하나님의 말씀에 순종하며 그 분의 형상을 회복하는 그리스도인의 삶 자체가 성경적인 영성"입니다. 그리고 예수님과 같이 변화되는 것을 목적으로 합니다.

반면 샤머니즘에서의 영혼은 "살아있는 사람의 영혼이 아니라 죽은 사람의 영혼"이며 샤머니즘은 그런 영혼에 대해 "신에 대한 두려움을 갖고 신을 숭배하는 사상을 갖고 있습니다" "신에게 잘 보이기 위하여 열심을 내고, 자신의 문제를 신에게 해결해 달라고 손과 발이 닳도록 비는 것입니다" "더 나아가 자연을 숭배하는 정령사상을 가지고 있어 샤머니즘의 영성은 다신론적이며 범신론적입니다. 즉 초인적 존재에 의한 길흉화복의 욕구를 충족시키는 것이 샤머니즘적 영성"입니다. 결국 "샤머니즘적 영성은 전인격적 삶에 초점을 두는 성경적인 영상과는 완전히 다르다는 것을 알아야 합니다" 성경에 나타난 '성령 체험' 현상의 특징은 권능. 능력. 예언. 황홀경. 재능. 지혜. 방언. 환상. 음성. 장소의 진동. 급하고 강한 바람 같은 소리. 등으로 나타납니다. 오늘날 '신비적 성령운동'의 현상들로 넘어짐. 웃음. 짐승의 소리. 괴성. 불. 환영(幻影). 등을 들 수가 있습니다. '신비적 성령운동'의 이런 현상은 성경이 보여주는 '성령 체험'의 현상들과 분명하게 다릅니다.

그리고 이런 체험을 했어도 전인격이 변화되지 않는 것이 특징입니다. 제가 그동안 성령치유 사역을 하면서 성령으로 기도를 하게하고 안수사역을 한 결과 성령의 역사로 인하여 이런 현상을 일으키는 흉측한 것들이 모두 떠나가더라는 것입니다. 성도에게서 모두 떠나가니 이런 현상이 더 이상 일어나지 않았습니다. 그러므로 이런 현상을 일으키는 것은 귀신입니다. 그리고 짐승의 소리와 괴성 등으로 나타나는 '신비적 성령운동'의 현상들은 샤머니즘의 '강신 체험'에서 보이는 공포스러운 몸짓. 짐승의 소리. 목소리 변화. 광증적 발작. 등과도 유사합니다. 이는 많은 사역으로 말씀으로 무장도고 바른 체험을 한 사역자만이 구별해 낼 수가 있습니다. 상당히 신중한 분별이 필요합니다. 일부 목회자들이나 성도들이 성령으로 나타나는 현상인지 샤머니즘의 '강신 체험'에 일어나는 현상과 흡사한 것인지를 구별하지 못합니다. 그러기 때문에 성령이 충만으로 일어나는 현상으로 알고 묵인하고 지냅니다. 그러나 정확한 말씀과 체험한 성령이 역사하는 열린 영의 눈으로 보면 반드시 구별이 됩니다. "성령 임재의 체험을 강조하는 기독교 신비적인 성령운동은 성경적 성령 체험과 비교했을 때 많은 차이가 있습니다. 오히려 샤머니즘적 특성과 유사점이 많다는 것을 알 수 있습니다" 분별력을 길러야 합니다. "그러므로 신비주의적 성령운동의 체험을 강조하기보다는 체험 이후의 변화된 삶에 중점을 두는 성경적 영성을 가져야 할 것입니다" 반드시 바른 복음으로 성령을 체험하면 사람이 변하게 되어 있습니다.

　"사탄과 귀신들은 거짓의 영으로 임해 사람들을 미혹하며 그들의 속성대로 사람들에게 고통만 안겨 주고, 궁극적으로는 멸망의 길로 인도 하는 것이 있다는 것을 알고 경각심을 갖아야 합니다" "그 동안 한국의 일부 교회들이 황홀경이나 입신 및 성령 체험 등을 추구하며 샤머니즘적 신비주의와 혼합주의 영성에 빠져 성령의 임재를 무당의 강신(접신) 체험과 같은 현상으로 착각한 것이 사실입니다. 뿐만 아니라 성령의 임재와 악령의 위조된 임재를 구별하지 못하는 경우도 있었습니다. 그러므로 강신 체험과 유사한 신비적 체험을 철저히 분별하여 치유해야 할 것입니다" 우리는 이와 같은 오류를 범하지 않기 위하여 기도에 대하여 바르게 배우고 알고 해야 합니다. 바르게 성령사역을 해야 합니다.

성도님들은 바르게 분별하도록 분별력을 길러야 합니다. 그래야 귀중한 영을 지킬 수가 있습니다. 저는 목회자들이야 전문으로 영적인 일을 하니 문제가 안 되지만 성도님들은 세상일을 하면서 영적인 생활을 하니 더욱 영적인 진리를 알려고 노력해야 한다고 생각합니다. 영적인 면이 취약하기 때문입니다.

필자가 그동안 성령치유 사역을 하면서 성령으로 기도를 하게 하고 안수사역을 한 결과 성령의 역사로 인하여 이런 트랜스현상을 일으키는 흉측한 것들이 모두 떠나가더라는 것입니다. 성도에게서 모두 떠나가니 이런 현상이 더 이상 일어나지 않았습니다. 그러므로 이런 현상을 일으키는 것은 귀신입니다. 성령의 역사로 귀신이 떠나가니 더 이상 트랜스현상이 일어나지 않고 성도가 영적으로 변화되는 것입니다. 얼굴이 변하고 말소리가 변하고 성령의 지배와 장악과 성령의 인도받는 하나님이 기뻐하시는 성도로 변화됩니다.

8장 몸에 강한 진동이 일어난 현상의 영적검진

(고전 2:10)"오직 하나님이 성령으로 이것을 우리에게 보이셨으니 성령은 모든 것 곧 하나님의 깊은 것까지도 통달하시느니라"

지방에서 아무개 목사님이 필자에게 기도할 때 몸이 진동이 심하게 나타난다고 성령 충만한 상태인지 다른 현상인지 알려달라고 문의를 했습니다. 제가 그동안 사역하면서 체험한 바로는 기도할 때 진동이 심한 분들이 성령으로 장악이 되니 점점 안정을 찾았습니다. 목사님도 점점 성령으로 장악이 되고 성령의 역사로 몸 안에 있는 상처가 배출이 되면 점점 진동하는 것이 약해지면서 없어질 것입니다. 다음 이야기를 읽어보시면 이해가 될 것입니다. 그런데 알고 계셔야 할 것은 목사님은 치유 받아야할 상처가 많다는 것입니다. 얼마 전에 목회자 부부가 지방에서 올라와 저희 교회집회에 참석 했습니다. 저희 교회는 집회 시에 1시간 말씀을 전하고 40분 이상 개인 기도를 합니다. 개인 기도시간에 제가 일일이 안수를 해드립니다. 첫 시간 안수를 하면서 목사님을 보니 진동을 아주 심하게 했습니다. 더 자세히 보니 무당의 영이 정체를 폭로하고 흔들어대는 것이었습니다.

그래서 첫 시간에는 아무 말도 하지 않고 안수만 해드렸습니다. 둘째 시간이 되었습니다. 안수를 하면서 목사님에게 질문을 했습니다. 목사님 언제부터 이렇게 진동하며 기도를 하셨습니까? 상당히 오래되어 얼마나 되었는지 모르겠다는 것입니다. 목사님! 목사님은 이러한 진동을 하는 것이 성령 충만해서 나타나는 것이라고 알고 있으시지요. 예! 맞습니다. 저 아주 성령 충만합니다. 그런데 여기에 왜 오셨습니까? 사모가 아파서 치유 받으러 왔습니다. 그래요. 목사님 혹시 집안에 무당이 없으십니까? 목사님이 하시는 말씀이 이렇습니다. 예! 무당은 없고 고모가 점쟁이를 하고 있다고 아버지에게 들었습니다. 목사님 오해하지 마시고 들으세요. 지금 목사님은 무속의 영이 진동을 하고, 손을 흔들면서 기도를 따라 하고 있습니다. 목사님이 이를 인정하지 않고 성령의 역사라고 믿으니 떠나가지 않는 것입니다. 축사를 해드릴까요? 했더니 해달라는 것입니다.

그래서 이 더러운 무속의 영아! 정체를 밝혀라. 하니 아주 심하게 손을 흔들어 댑니다. 예수 이름으로 명하노니 더러운 무속의 영은 떠나갈지어다. 했더니 기침을 사정없이 하면서 오물을 토하면서 귀신들이 떠나갔습니다. 2일째 되는 날도 진동을 약하게 하며 손을 흔들고 기도를 하여 축사를 했습니다. 3일째 되는 날은 진동을 하지 않고 손도 흔들지 않고 아주 편안하게 기도를 하셨습니다. 무속의 영이 떠나간 것입니다.

그런데 문제가 하나 있었습니다. 사모님이 질병으로 시달려서 정상적인 생활을 못하시는 것입니다. 그래서 사모님을 치유하려고 지방에서 올라온 것입니다. 목사님 집안에 역사하던 무속의 영이 사모님을 괴롭히는 것입니다.

그래서 사모님을 앞으로 모시고 나와서 안수를 하니 귀신들이 말로 표현할 수 없을 정도로 많이 나갔습니다. 근육통과 관절염으로 아프지 않는 곳이 없었다고 합니다. 원래 무속의 영이 역사하면 근육통과 관절이 아플 수가 있습니다. 안수 받고 날아갈 것 같다고 하면서 내려가셨습니다.

허리에서부터 얼굴까지 반신불수가 되어 12월 20일부터 다음해 4월 25일 충만한 교회에 오기 전까지 반신불수가 되어 거동을 못하며 집안에서 지내던 목사님의 이야기 입니다. 친한 친구 목사님들이 충만한 교회에 가면 치유가 된다는 말을 듣고 차에 실려 우리 교회 성령치유 집회에 참석하여 은혜를 받았던 이야기 입니다. 그런데 참석한 첫날부터 강한 성령의 불을 받고 온몸이 불덩어리가 되더니 몸이 뒤틀리기 시작 했습니다. 악한 귀신들이 발작을 한 것입니다. 제가 "예수 이름으로 명하노니 허리를 잡고 있는 더러운 귀신은 떠나가라" 하고 안수 기도를 할 때마다 수많은 귀신들이 발작을 하면서 떠나고 소리를 지르면서 떠나갔습니다.

목사님의 이야기입니다. "저는 이때까지 내가 허리디스크와 좌골 신경통으로 이렇게 거동을 못하게 되었지, 악한 영의 역사로 이렇게 되었다고는 꿈에도 생각을 하지 않고 병원치료만 하였습니다. 한마디로 영적인 무지한이었습니다. 성령님의 인도로 충만한 교회에 와서 성령의 불을 받고 아~ 이것이 영적으로 문제가 되어 발생한 것이구나! 체험적으로 인정을 했습니다.

저는 충만한 교회에 오기 전에 영적인 집회에 참석을 많이 했습니다. 심지어는 미국에 가서 빈야드 집회도 참석을 했습니다.

그때도 몸이 뒤틀리고 발작을 했습니다. 거기 있는 사역자들이 성령의 불을 받은 것이라고 했습니다. 저는 성령의 불을 받았기 때문에 저에게 악한 영이 역사한다는 것은 꿈에도 생각을 못했습니다. 저의 허리를 아프게 하는 것은 악한 영의 역사라고 인정을 하니 귀신이 떠나가고 치유되기 시작하다가 며칠 지나니 저 혼자도 걸을 수가 있었습니다.

강 목사님이 안수 기도를 하면 할수록 몸이 편안해졌습니다. 허리 아픈 것이 점점 없어졌습니다. 몸이 뒤틀리고 발작하는 것도 없어졌습니다. 정말 신기할 정도로 안정을 찾았습니다. 치유되고 능력을 받으니 심령이 읽어지는 지식의 말씀의 은사가 나타나고 안수 기도하면 강요셉 목사님 같이 성령의 역사가 강하게 나타납니다.

그래서 다시 목회를 시작하니 교회가 점점 부흥이 되었습니다. 몇 개월 다니면서 치유를 받으니 이제 몸도 완치가 되었습니다. 저를 치유하신 하나님에게 영광을 돌립니다."

이렇게 안수를 받고 치유하면 진동하는 것이 현저하게 줄어듭니다. 이분도 몸이 뒤틀리고 발작하는 것이 없어졌습니다. 첫째 날과 둘째 날은 교회의 접의자를 다 차고 다닐 정도로 몸이 뒤틀리고 발작을 했습니다. 점차 치유되어 안정을 찾고 심령에서 성령의 불이 나오는 기도를 하니 목사님에게 역사하던 귀신들이 떠나간 것입니다. 이렇게 기도하고 안수하면 할수록 안정을 찾아야 바른 성령의 역사를 체험하는 것입니다. 우리 속지 맙시다.

이분도 외국 빈야드 집회에 까지 참석했다는데 누구하나 바로 알려줘서 치유해준 사역자가 없었다는 서글픈 사실입니다. 지금 외국이나 한국이나 성령의 역사에 대한 영적인 분별 수준들이 이렇습니다.

여기에서 한 가지 더 알아야 할 것은 일반적인 교회에서 열심히 신앙생활을 하면서 부흥회 때 성령을 체험한 분들입니다. 저에게 전화가 오는데 목사님 저는 3년 전 부흥회에서 성령체험을 했습니다. 그런데 기도가 안 됩니다. 왜 그런가요? 이런 분들은 모두 영이 막힌 것입니다. 한마디로 성령을 체험했을 때 심령을 정화시켜야 하는데 그렇지 못하여 상처와 악한 영의 역사가 심령에서 일어나 영이 막힌 것입니다. 이런 분들은 모두 성령의 임재가운데 내면의 상처를 치유하면서 악한영의 역사를 몰아내야 합니다. 그래야 영의 통로가 열려 기도가 됩니다. 심령의 문제를 해결하지 않으면 성령으로 기도가 되지 않습니다.

최초 성령을 체험하면 이런 현상이 나타날 수가 있습니다. 몸이 뻣뻣해집니다. 몸이 뜨겁거나 따뜻합니다. 몸이 시원해집니다. 바람이 느껴집니다. 몸에 전기가 감전된 것같이 찌릿찌릿합니다. 감동이 옵니다. 눈물이 납니다. 자꾸 뒤로 넘어지려고 합니다. 손에 힘이 주어집니다. 몸에 힘이 빠지기도 합니다. 기분 나쁘지 않는 소름이 끼칩니다. 향기가 납니다. 몸이 떨리거나 흔들립니다. 저리는 느낌을 받습니다. 몸이 떨리거나 흔들립니다. 근육이나 피부의 한 부위가 떨립니다. 호흡곤란을 느끼기도 합니다. 신체 부위가 커지는 느낌이 듭니다. 물을 먹는 것 같습니다.

잔잔하게 내려오는 것 같습니다. 기뻐집니다. 영적인 생각이 나면서 흥분됩니다. 소리가 질러집니다. 입으로 바람이 불어집니다. 자신은 낮아지고 하나님의 경외하심이 느껴집니다. 방언 찬양이 나오기도 합니다. 눈이 부셔 눈을 깜빡깜빡 거립니다. 배가 묵직해지면서 힘이 들어갑니다. 술에 취한 것 같이 어지러움을 느낍니다. 잠이 오는 것 같이 졸음이 옵니다.

성령을 초기에 체험하면 이와 같은 현상을 느끼고 체험합니다. 왜냐하면 성령께서 자신에게 역사하고 있다는 것을 알게 하기 위해서 일으키는 역사입니다. 성도가 체험과 믿음이 없어서 성령님이 자신에게 역사한다는 것을 잘 믿지 못하기 때문입니다. 성령님은 인격이시기 때문에 이렇게 알고 느끼게 역사하시는 것입니다. 그러나 차츰 성령의 깊은 임재에 장악이 되면 잔잔해지면서 몸으로 느끼는 가시적인 현상이 점차로 줄어듭니다. 점차로 줄어든다면 자신이 성령으로 장악이 되고 있는 증표입니다. 그러나 계속적으로 임재 체험 현상이 나타나면 문제가 있는 것입니다. 알고 대처하기를 바랍니다.

우리는 무슨 현상을 보고. 체험하는 것에 중점을 두지 말고, 자신이 예수님의 성품과 같이 변화되고 있는지에 관심을 두어야 합니다. 너무 나타나는 현상에 눈을 돌리면 영안이 열리지를 않습니다. 바른 성령의 역사가 일어나면 변화되지 말라고 해도 변화되게 되어 있습니다. 그리고 성령 사역을 하시는 분들은 영들을 분별하는 능력을 깊고 수준 높게 개발하여 성도들이 불필요한 고통을 당하지 않도록 지도할 수 있어야 합니다.

9장 사지가 오그라드는 현상의 영적검진

(고전 2:13)"우리가 이것을 말하거니와 사람의 지혜가
가르친 말로 아니하고 오직 성령께서 가르치신 것으로
하니 영적인 일은 영적인 것으로 분별하느니라"

필자가 자주 받는 질문이 목사님! 우리 교회에서는 성령의 불이 하늘에서 떨어진다는데, 왜 목사님은 성령 받은 성도의 심령에서 올라온다고 하십니까? 그래서 제가 잘 설명을 합니다. 지금 하나님은 예수를 영접한 성도의 마음 안에 계십니다. 예수님은 요한복음14장 20절에서 "그 날에는 내가 아버지 안에, 너희가 내 안에, 내가 너희 안에 있는 것을 너희가 알리라" 하셨습니다.

로마서8장 10-11절에서는 "또 그리스도께서 너희 안에 계시면 몸은 죄로 말미암아 죽은 것이나 영은 의로 말미암아 살아 있는 것이니라. 예수를 죽은 자 가운데서 살리신 이의 영이 너희 안에 거하시면 그리스도 예수를 죽은 자 가운데서 살리신 이가 너희 안에 거하시는 그의 영으로 말미암아 너희 죽을 몸도 살리시리라"하셨고, 고린도전서 3장 16절에서는 "너희는 너희가 하나님의 성전인 것과 하나님의 성령이 너희 안에 계시는 것을 알지 못하느냐"했습니다. 빌립보서 2장 13절에서는 "너희 안에서 행하시는 이는 하나님이시니 자기의 기쁘신 뜻을 위하여 너희에게 소원을 두고 행하게 하시나니"라고 하십니다.

이렇게 볼 때에 분명히 성령의 불은 내 안에서 나오는 것이 맞

습니다. 하나님이 성도의 마음 안에 계시기 때문입니다. 성령의 불이 자신 안에서 나오는 것을 인정하지 않으면 이런 현상이 나타납니다. 밖에서 역사하는 불만 받으려고 하기 때문에 영의통로가 뚫리지를 않습니다. 왜냐하면 밖에다가만 관심을 집중하기 때문입니다. 내 안에 관심을 가져야 자신이 보이는데 밖에다가 관심을 두니 자신이 보이지 않는 것입니다.

그래서 밖에다가 관심을 두니 영의통로가 열리지를 않습니다. 영의통로가 막혀있으니 항상 갈급합니다. 성도는 심령에서 은혜가 올라와야 영의 만족을 얻을 수가 있습니다. 밖에서 들리고 보이는 것을 가지고 은혜를 받으려고 하니 항상 심령이 갈급한 것입니다. 교회나 은혜의 장소에 가서 말씀을 듣고 예배를 드릴 때는 은혜를 받는 것 같습니다.

그러나 마치고 돌아서면 허전합니다. 기도를 할 때도 마찬가지입니다. 기도를 하면 마음이 편안해지는 것 같습니다. 조금 지나면 심령이 갑갑해집니다. 밖에서 역사하는 성령의 불을 받아서 몸은 뜨거운데 마음은 평안하지 못합니다. 마음이 평안하지 못하니 성품이 변하지 않습니다. 남이 하는 조그마한 소리에도 참아내지 못하여 혈기를 냅니다. 성령의 불이 마음에서 올라오지 않으니 육체에 역사하는 세상신이 역사하기 때문입니다.

좀처럼 심령이 변하지 않으니 그리스도인으로서 본을 보이지 못합니다. 세상의 믿지 않는 사람들보다 더 악하고 혈기를 잘 냅니다. 이런 성도가 기도하는 것을 보면 거의 목에서 나오는 소리로 기도를 합니다. 기도할 때 나름대로 생각하기는 성령으로 충만하다고 생각하는데 절대로 그렇지 못합니다.

이런 성도가 밖에서 역사하는 성령의 불을 잘 받습니다. 밖에서 역사하는 불로 인하여 육체가 훈련되어 있기 때문입니다. 성령이 역사하면 뜨거움도 강합니다. 그러니 성령의 불을 받았다고 믿어버리는 것입니다. 마음속에서 불이 나오게 하지 않으니 육체에 역사하던 세상신이 떠나가지를 않습니다. 기도를 해도 세상신이 적응을 하여 같이 기도하면서 꼼짝도 하지 않습니다. 이런 분들이 모두가 이구동성으로 하는 말이 얼마 전에 어디에서 성령의 강한 불을 받았다고 합니다.

예를 든다면 이런 경우입니다. 제가 어느 기도원에 간적이 있습니다. 기도 시간이 되었습니다. 강단에서 집회를 인도하시는 목사님이 성령의 불을 받아라! 불! 불! 불! 하니까? 어느 여성이 욱욱하는 것입니다. 제가 물었습니다. 왜~ 그렇게 몸을 움츠리면서 욱욱합니까? 그랬더니 이렇게 대답을 합니다. 강사 목사님의 성령의 불이 강하기 때문에 자기에게 그런 현상이 나타난다는 것입니다. 이는 잘못 이해한 것입니다. 우리 안에 역사하는 성령의 불은 밖에서 역사하여 나에게 와서 느끼게 할 수도 있습니다. 그렇다고 욱욱하는 것은 아닙니다.

제가 지금까지 성령치유 사역을 하면서 욱욱하는 분들을 안수하여 영의통로를 뚫으면 속에서 말로 표현하기 힘들 정도로 더러운 것들이 나옵니다. 이 더러운 것들이 나가고 나면 절대로 욱욱하지 않고, 조용하고 평안하게 영으로 기도를 합니다. 얼굴이 평안하게 보일 정도로 평안해집니다. 욱욱하게 하는 것은 상처

뒤에 역사하는 악한 영들입니다. 이들이 떠나가고 나면 잠잠해지면서 평안을 느끼고 영으로 깊은 기도를 합니다.

어떤 분들은 방언 기도할 때 계속해서 입이 벌어지고 소리를 지르게 되고 몸이 비틀어지는 현상이 일어나는데 절제하면 곧 그칩니다. 절제하지 말고 그냥 놔두어야 하는지 절제하고 다시 기도해야 하는지를 잘 모르겠다는 것입니다. 이와 같이 나타나는 현상은 성령을 체험하고 일어나는 초기 현상입니다. 지속적으로 깊은 영의기도를 하여 심령 안의 상처를 몰아내야 합니다. 반드시 상처를 현실로 드러나게 해서 밖으로 배출해야 합니다. 시간이 좀 걸릴 것입니다. 전문적인 성령치유를 하는 곳에 가서서 어느 정도 말씀과 성령으로 정화가 되면 그런 현상이 점차 없어질 것입니다.

추가해서 다시 설명하면 이렇습니다. 성령의 역사가 강한 장소에서 생명의 말씀을 듣고 기도를 하면서 안수를 받으면 자신의 두 팔이 슬슬 움직여지기 시작을 합니다. 조금 지나면 팔이 아주 빠르게 빙빙빙 돌려지면서, 몸이 좌우 양옆으로 흔들립니다. 꿇어앉은 자신의 무릎 앞쪽이 진동과 함께 들려지면서, 약 30센티미터 정도 몸이 붕붕 뜨면서 입으로는 주여! 주여! 감사! 감사 합니다. 감사합니다. 하기도 합니다. 한번만 하는 것이 아니고 수십 차례 뛰기도 합니다. 몸이 뒤틀리기도 합니다. 몸이 뒤틀리면서 괴성이 나오기도 합니다.

일부 성도들은 이러한 첫 경험에서 너무 놀라고, 기이해서 기절하는 줄 알기도 합니다. 자신과 함께 은혜 받는 다른 분들은 이러한 성령의 기이한 역사로 자신이 은혜 받았다고 하구요. 자신은 붕붕 뜨면서 뛰고 있는데 구경하는 옆에 분들이 더 은혜를 받는다고 하시고 이렇게 경험할 때 자신의 의지는 어찌할 수 없는 것이 보통입니다. 그럴 때 자신의 두 손은 양 옆으로 쫙 벌려져 있거나 위로 올려져있기도 합니다. 무릎은 꿇어 앉아있는 상태이구요. 상식적으로 생각할 때 도저히 이런 상태에서는 뛸 수 없는 일이지요. 나중에 집에서 문을 잠그고 찬양을 하고 기도를 하면서 그 상태로 뛰어 보려니 꼼짝도 안합니다.

이러한 현상이 나타나는 사람의 유형이 있습니다. 영적인 것을 사모하는 마음이 강하게 열려있는 사람입니다. 감성이 풍부하여 성령이 장악하기 쉬운 부드러운 심령입니다. 상처가 있고 영적으로 열려있는 사람입니다. 마음이 강하고 계산적인 사람은 이런 현상이 잘 나타나지 않습니다. 자신은 그렇지 않다고 할지라도 합리를 추구하고 영적인 현상을 논리적으로 이해하려고 하는 사람에게는 잘 나타나지 않습니다.

한번만이 아니고 간절히 찬양하고 기도하면 꼭 이러한 현상이 나타나는데 몇 회 정도 경험을 하기도 합니다. 계속 나타나는 것이 아니고 자신 안에 있는 상처들이 배출이 되면 될수록 이런 현상은 나타나지 않습니다. 성령이 자신을 완전하게 장악하면 점점 이런 현상이 나타나지 않습니다. 초기 성령이 장악할 때 자신 안에 있는 상처가 치유되면서 일어나는 현상이기 때문입니다. 이런 현상을 지극히 감사함으로 기쁨으로 이 모든 체험을 받아야 합니다. 자신의 나이 많은 것과는 아무 상관이 없는 것입니다. 하나님이 주시는 은혜에는 성별 나이 학력에 아무 제한이 없으십니다.

이러한 체험 이러한 상태는 초기 성령 충만함이요, 성령의 임재하심의 한 모습이랍니다. 이렇게 기도하다가 강렬한 성령의 임재로 붕붕 너무 자주 뛰는 것을 제한한다거나 절제해야 할 사안은 아닙니다. 성령이 역사하는 대로 따라가는 것이 좋습니다.

성령님이 자신의 전인격(영-혼-육)을 장악하기 위하여 임재하시면 그렇게 성령체험의 반응을 보이는 것이 당연한 것입니다. 많은 분들이 이야기하신 것처럼, 잘못된 것이라든지, 이단이라든지, 금해야할 사안이라든지, 그런 것과는 상관이 없는 아주 정상적인 오히려 권면할만한 성령의 초기 임재현상입니다(권면한다고 누구나 이처럼 그렇게 되는 것은 아니겠지만). 성령의 임하실 때의 몸의 영적 반응이니 염려하지 마시고 더욱 성령님이 이끄시는 대로 기도에 힘쓰시기를 바랍니다.

그러나 이런 현상이 일어나는 것만 관심을 가지면 안 됩니다. 성령의 역사가 자신을 장악하여 육에 역사하는 악한 기운을 기침이나 울음이나 토함을 통하여 배출해야 합니다. 자꾸 배출하면 할수록 상처가 치유되니 마음이 평안해지고, 기도가 깊어지고, 성경말씀의 비밀이 보이는 영안이 열리기도 합니다. 좌우지간 지속적으로 이런 현상이 일어나는 것은 권장할 만한 사안이 아닙니다. 초기에 일어나는 현상이기 때문입니다.

성령이 장악하여 치유되면 점점 빈도가 약해지다가 더 이상 나타나지 않는 것이 보통입니다. 성령의 역사를 체험하면 자신 안에 상처를 배출해야 합니다. 그래야 전인격이 성령으로 장악되어 영적인 성도로 변합니다. 몸의 진동이나 떨림은 그 자체는 은사가 아니지만, 초기 성령체험의 대표적인 한 현상이라 말할 수 있겠지요. 그리고 몸의 진동이나 떨림이 있는 성령체험 중 은사를 받기도 하고 특정한 은사가 나타나기도 할 수 있으나, 은사 자체는 아니지만, 은사의 전조(시작, 징후)현상이라 표현하는 것이 좋겠습니다. 손이 찌릿찌릿하면서 손가락이 게발 같이 오그라드는 경우도 있습니다. 이런 경우는 부모님이 중풍으로 고생하시다 돌아가신 후손들에게서 많이 나타납니다. 몇 번 깊은 치유를 하면 모두 빠져나가는 것이 보통입니다. 만약에 그냥 모르고 지날 경우 부모와 같이 중풍이 걸릴 수가 있습니다. 성령께서 미리 알게 하시어 중풍을 예방할 수 있게 하십니다. 성령의 역사는 예방 신앙에 아주 중요한 기여를 하십니다.

자신에게 나타나는 현상을 빨리 해결을 받으시려면 저희 교회에서 매주 토요일 실시되는 집중정밀치유에 예약하여 치유를 받으시면 나타나는 현상이 없어질 것입니다. 지금 상태를 그냥 두면 더욱 강하게 묶일 수가 있으니 주의해야 합니다.

지속적으로 성령의 충만을 받아 심령에서 평안이 올라오고 영안이 열려서 성경 말씀 속에서 비밀이 깨달아져야 합니다. 일어나는 현상만 가지고 너무나 예민하게 생각하지 마세요. 아직 영적으로 깨달아야할 시간이 필요합니다. 영적인 원리들을 많이 깨달아서 지금 자신에게 일어나는 현상을 스스로 깨달아 알 수 있는 수준이 되어야 합니다.

10장 훌짝 훌짝 뛰고 쓰러지는 현상의 영적검진

(고전 2:10)"오직 하나님이 성령으로 이것을 우리에게 보이셨으니 성령은 모든 것 곧 하나님의 깊은 것까지도 통달하시느니라"

성령세례란 우리의 일생에 한번 체험할 수 있는 사건이 될 수 있습니다. 성령의 세례를 체험하고 나면 성령에 강하게 사로잡힐 때마다 성령의 역사를 체험하게 된다는 뜻입니다. 이것을 저는 성령의 불세례라고 합니다. 성령의 세례는 단회적인 사건이고 성령의 불세례는 여러번 경험하게 되는 사건이라는 것입니다.

많은 목회자나 성도들이 성령세례와 성령의 불세례, 그리고 성령의 충만에 대한 견해를 세상 논리와 같이 선을 딱 그어서 이해를 하려고 합니다. 그러나 앞에서도 여러 가지로 견해들을 설명했지만, 선을 딱 그어서 설명이 곤란합니다. 여기에는 여러 신학적인 견해가 다르기 때문입니다. 그리고 성령님이 초자연적으로 역사하는 것을 사람이 명확하게 설명한다는 것에는 한계가 있기 마련입니다. 그래서 성령에 대한 여러 책들이 나오는데 명확하게 선을 그어서 설명한 책이 없습니다. 모두 두루뭉술하게 설명하고 지나가기 마련입니다.

때문에 자신이 성령을 체험하여 나름대로 신학적인 이론에 대입하여 정립하는 수밖에 도리가 없습니다. 지금 이글을 쓰는 제가 성령 사역을 하면서 나름대로 체험한 견해는 이렇습니다. 이것은 전적으로 본인의 견해이지 신학적으로 규정화된 논리가 아니라는 것을 밝혀둡니다. 세상에서 살아가던 사람이 어느 계기가 되어 성령의 인도로 예수를 영접합니다. 예수를 영접하면 성령이 그 사람의 영 안에 내주하게 됩니다. 이는 그 사람의 영 안에 내주하는 것이지 성령으로 장악된 것은 아닙니다.

쉽게 말하면 성령이 오시기는 했지만 아직 그 사람을 장악한 것이 아닙니다. 그러나 미약하지만 성령의 인도를 받게 됩니다. 한마디로 성령이 그 사람을 인도하며 성도 만들어가는 것입니다. "너희는 주께 받은바 기름 부음이 너희 안에 거하나니 아무도 너희를 가르칠 필요가 없고 오직 그의 기름 부음이 모든 것을 너희에게 가르치며 또 참되고 거짓이 없으니 너희를 가르치신 그대로 주 안에 거하라."(요일 2:27). 이렇게 성령의 인도를 받게 되면 여러 가지로 영적인 궁금증이 생기고 영적인 체험을 하고 싶게 됩니다.

궁금증을 해결하려고 이곳저곳에 은혜를 받으러 다니다가 성령의 세례를 받게 됩니다. 그러므로 영적인 궁금증이 생기면 이를 해결하려고 의지적인 노력을 해야 하는 것입니다. 이는 성령이 주시는 감동이기 때문입니다. 그렇지 않고 성령이 주시는 감동을 무시하면 영적으로 깊어지지를 못합니다. 이것이 바로 앉은뱅이 신앙입니다. 예수님이 요단강에서 세례요한에게 물세례를 받자 하늘이 열리고 성령이 비둘기 같은 형상으로 임했습니다. 그리고 성령의 인도로 광야에 가셔서 사십일을 금식하시면서 마귀의 시험을 받으셨습니다.

세 번의 시험을 성령이 주시는 하나님의 말씀으로 물리치자,

천사들이 수종을 들었습니다. 천사의 수종을 들으며 회당에 나가 말씀을 증거 할 때 성령의 역사가 강하게 나타났습니다. 이로보아 저는 이 말씀을 이렇게 이해를 합니다. 성도는 예수를 믿고 성령으로 세례를 받고 성령의 인도를 받으며 마귀와의 싸움을 해야 한다는 것입니다. 그래서 성령의 세례는 일회적인 것입니다. 성령으로 세례를 받을 때 자신이 체험적으로 압니다.

성령은 살아있는 하나님의 영이시기 때문에 자신을 장악할 때 사람마다 다른 현상이 나타납니다. 분명하게 성령이 자신에게 오셨다는 것을 본인이 알게 되는 것입니다. 예를 든다면 방언이 터진다든지, 진동을 심하게 한다든지, 땀을 흘린다든지, 힘이 쭉 빠지고 쓰러졌다는 등등 각각 사람의 형태에 따라 다르게 나타납니다. 성령의 세례를 받으면 하나님의 권능이 임하는 것입니다. 성령의 권능이 임하니 지금까지 자신에게 역사하던 마귀와 영적인 전쟁을 시작하게 됩니다. 하나님은 성도가 영적인 전쟁을 하도록 성령의 권능을 부어주십니다.

이것이 성령의 불세례입니다. 내가 지금까지 체험한 바로는 성령의 불세례를 강하게 받는 사람은 첫째로, 제거되어야 할 육성이 강한 사람입니다. 육성이 강하기 때문에 마귀의 역사도 강한 것입니다. 강한 마귀를 제압하기 위하여 성령의 강한 불세례가 나타나는 것입니다. 성령의 강한 불로 태워야 할 육성이 강하다는 것입니다. 또 마귀와의 보이지 않는 영적인 전쟁이 강하기 때문에 더 뜨거움을 느끼는 것입니다. 제가 지금까지 성령 사역을 하면서 경험한 바로는 영적으로 혼탁한 성도들이 성령의 불세례를 더 뜨겁게 받습니다.

둘째로, 앞으로 강한 영적인 군사로서 하나님에게 쓰임을 받을 사람입니다. 한마디로 엘리야와 같이 강한 영적인 전쟁을 할 하나님의 군사라는 말입니다. 강한 마귀의 역사를 몰아내려니 하나님이 강한 성령의 불세례를 주시는 것입니다. 그러므로 뜨거운 성령의 불세례를 받았다고 좋아할 필요도 없고, 성령의 불세례를 미약하게 받았다고 섭섭하게 생각할 필요가 없습니다. 성령은 인격이시기 때문에 각각 사람의 필요에 따라서 성령의 불세례를 주십니다. 그리고 받아들이는 성도의 인격에 맞게 성령의 불세례를 주시고, 느끼게 하는 것이기 때문입니다.

성도가 영적인 전쟁을 하는 기간이 길어지면 성령의 불세례를 오래 체험을 하게 됩니다. 또, 앞으로 자신이 감당해야 할 하나님의 사역이 크면 영적인 전쟁을 하는 기간이 길어지고 불세례도 강하고 길고 오래 받는 것입니다. 어느 정도 영적인 전쟁을 하여 성령님이 그 사람을 장악하게 되면 전에 받았던 성령의 불세례와 같은 뜨거운 불세례를 경험하지 못하는 것이 보통입니다. 그렇다고 자신이 완전하게 영적으로 변했다고 방심하면 안 됩니다. 어디까지나 사람은 육성을 가지고 있기 때문에 성령세례를 받고, 성령의 인도를 받으며, 성령님의 강한 불세례로 육성에 역사하던 마귀가 일시적으로 떠나기는 했습니다.

그러나 마귀가 세상 끝날 까지 떠난 것이 아닙니다. 이렇게 강한 영적 체험을 한 사람도 육성으로 돌아가면 가차 없이 마귀가 침입하게 됩니다. 그래서 사람은 약하다는 것입니다. 이렇게 성령의 불세례를 체험한 성도는 성령의 인도를 받으려고 의지적인 노력을 할 수 밖에 없습니다. 성령이 강하게 감동하기 때문입니다. 항상 기도하게 됩니다. 성령이 기도하도록 하기 때문입니다. 기도할 때 성령으로 충만하게 되는 것입니다. 그리고 세상을 멀리하는 것입니다. 성령께서 자연스럽게 세상이 싫어지게 하십니다. 기도할 때 성령의 레마도 듣게 됩니다.

레마를 듣고 행동에 옮길 때 보이는 역사가 나타나는 것입니다. 그래서 기도는 성령으로 깊은 영의기도를 해야 한다는 것입니다. 성령이 기도하게 하는 것입니다. 내가 지금까지 성경을 통해 깨달은 영적인 원리와 성령사역을 하면서 체험을 종합하면 성령세례와 성령의 불세례와 성령의 충만은 이렇게 요약하여 설명을 할 수가 있습니다. 그러므로 성도는 성령세례를 받았다고 다된 것이 아니리는 것입니다. 또 성령의 불세례를 받았다고 다된 것도 아닙니다. 항상 하나님에게 집중하며 살아야 합니다.

첫째, 홀짝 홀짝 뛰어다는 현상을 영적 검진하라. 성령 사역하는 곳에 가보면 성령 충만하다고 하면서 홀짝홀짝 뛰어다는 분들이 있습니다. 이러한 현상은 분별을 요하는 현상입니다. 성령은 인격적인 영입니다. 그러므로 사람들이 보기에 흉측하게 역사하시지 않습니다. 자신이 느끼기에도 마찬가지입니다. 처음 성령으로 세례를 받을 때는 이와 같은 같은 현상이 일어날 수가 있습니다. 어떤 성도는 홀짝 홀짝 뛰면서 한쪽 손을 흔들어대는 분들도 있습니다. 마치 무당이 굿을 할 때 하는 모양으로 말입니다. 이러한 현상은 성령의 역사에 의하여 무의식에 숨어있던 특정한 세력이 정체를 폭로한 것입니다. 특정한 세력 중에는 무당의 영도 있을 수 있다는 것입니다. 성령께서 처음 성도를 장악할 때는 비인격적으로 역사하십니다. 성령께서 땅의 사람을 하늘의 사람으로 바꾸기 위해서 사정없이 장악하여 몸과 마음을 점령해야 하기 때문입니다. 초기 성령세례를 받을 때는 별별 이상한 현상들이 다 나타나는 것입니다. 그러나 점점 성령께서 장악을 하면 모든 현상이 잠잠해지는 것이 보통이고 정상입니다. 물론 성령님이 성도를 완전하게 장악하여 성도가 순종하면 성령님도 인격적으로 역사하십니다. 이렇게 나타나는 현상은 무당의 영의 역사일 수가 있습니다. 무당이 굿을 할 때 훌쩍 훌쩍 뛰어다니는 것을 보셨지요. 그와 같은 현상입니다. 초기 성령체험을 할 때 완벽하게 치유를 받았으면 이런 현상이 나타나지 않았을 것인데 정확하게 몰라서 지나친 것입니다. 저와 같이 개별적으로 전문적인 사역을 하는 사람만이 알아낼 수 있는 현상입니다.

일반적으로 사역을 하시는 분들은 모두 이런 현상을 성령이 충만해서 일어나는 현상인 것으로 잘못알고 있는 분들이 많습니다. 그렇기 때문에 깊은 치유를 받지 못하는 것입니다. 이런 분들이 영적인 갈급함을 자주 느낍니다. 이런 분들이 영적으로 갈급해하는 이유가 여기에 있습니다. 자신에게 역사하는 무당의 영이 영의 활동을 압박하고 있기 때문입니다. 영을 압박하니 항상 갈급한 것입니다. 성령의 강한 역사가 있는 곳에 가서서 영의통로를 뚫고 역사하는 무당의 영을 축귀해야 합니다. 그러면 기도가 깊어지고 영의 만족을 누리게 될 것입니다.

둘째, 쓰러지는 현상을 영적 검진하라. 일부 성령 집회하는 곳에 가보면 사역자가 손만 대면 쓰러져서 꼼작도 하지 않는 분들이 있습니다. 이분들에게 필자가 물어보니 입신을 들어갔다고 대답을 했습니다. 그런데 입신을 들어간 것이 아니더라는 것입니다. 필자가 사역을 하면서 손만 대면 쓰러지는 분들을 유심히 관찰하면서 치유한 경험이 많이 있습니다. 필자가 이런 분들을 치유하면서 체험한 것은 귀신이 성령의 역사가 강하게 일어나면 떠나가야 하니 의식을 놓고 가만히 있게 하는 것이었습니다. 깜박깜박 정신 줄을 놓게 하는 귀신의 장난입니다. 이런 분들의 대다수가 영혼의 변화가 없고 상처나 질병이 치유되지 않아 변화되지 않는 분들입니다.

필자가 실제로 이런 분들을 집중적으로 안수를 하여 잠복해 있던 귀신들을 한동안 축사하니 더 이상 쓰러지지 않았고, 영혼의 상태가 변하여 얼굴이 바뀌고 목소리가 변했습니다. 안정을 찾고 상처가 치유되고 병이 고쳐졌습니다. 그러므로 쓰러지는 현상을 정확한 분별이 필요하고 영적검진이 필요합니다.

쓰러지기만 하고 영-혼-육에 변화가 일어나지 않으면 아무런 소용이 없는 것입니다. 성령의 역사로 쓰러지면 반드시 변화가 일어납니다. 얼굴이 환하게 변합니다. 말소리가 부드러운 소리로 바뀝니다. 마음의 참 평안이 임합니다. 혈기가 사라지고 기도가 깊어집니다. 그러나 쓰러지는 현상은 일어나는 데 아무런 변화가 일어나지 않는다면 분별해보아야 할 것입니다. 성령으로 쓰러지는 현상이 일어나면 깊은 곳은 상처와 혈통에 역사하던 귀신들이 떠나갑니다. 영안이 열리고 성령의 은사가 나타납니다.

11장 성령임재 할 때 일어나는 현상의 영적검진

(고전 2:13)"우리가 이것을 말하거니와 사람의 지혜가
가르친 말로 아니하고 오직 성령께서 가르치신 것으로 하
니 영적인 일은 영적인 것으로 분별하느니라"

영혼이 건강하려면 성령으로 세례를 받아야 합니다. 성령으로
세례를 받고 성령으로 기도하면서 영육이 성령의 지배를 받아야
합니다. 영육이 성령의 지배를 받게 되면 영-혼-육이 건강하게 되
는 것입니다. 그래서 예수를 믿는 성도들의 건강은 성령으로 시
작이 되는 것입니다. 성령이 아니고서는 아무것도 하지 못합니다.
이는 체험하지 못한 분들은 이해하지 못합니다. 체험해보면 그렇
다고 '아멘'으로 화답하게 됩니다.

성령의 세례는 건강뿐만이 아니고 성도에게 와있는 영육간의
문제를 치유하는데도 지대한 영향을 미치게 됩니다. 성령으로 세
례를 받지 않으면 치유가 되지 않습니다. 육체에 역사하는 세상신
의 힘이 강하기 때문에 좀처럼 치유가 되지 않습니다. 그러다가
성령으로 세례를 받고 뜨겁게 기도하기 시작을 하면 육체가 성령
의 지배를 받게 됨으로 치유가 되기 시작을 하는 것입니다.

그러므로 성도가 당하는 영육의 문제를 치유 받으려면 최우선
으로 체험해야하는 것이 성령의 세례입니다. 성령의 세례가 없이
는 아무리 능력이 강한 사역자라도 치유를 할 수가 없습니다. 치
유는 성령께서 하시기 때문입니다.

하나님은 영이십니다. 영육의 문제는 영이신 하나님이 치유하시는 것입니다. 하나님이 치유하시게 하려면 영적인 상태가 되어야 하는 것입니다. 영적인 상태가 되려니 성령으로 세례를 받고 성령의 깊은 임재에 들어가야 합니다. 그러면 하나님의 치유의 손길이 역사하기 시작을 합니다.

하나님의 음성을 들으려고 해도 성령으로 세례를 받아야 합니다. 상처를 치유 받으려고 해도 성령으로 세례를 받아야 합니다. 귀신을 쫓아내려고 해도 성령으로 세례를 받아야 합니다. 질병을 치유 받으려고 해도 성령으로 세례를 받아야 합니다. 재정의 문제를 해결하려고 해도 성령으로 세례를 받아야 합니다. 성령의 세례가 없이는 아무것도 이루어지지 않습니다. 그러므로 성령의 세례는 모든 성도가 꼭 받아야 합니다.

한번 성령으로 세례를 받았다고 다 되는 것이 아닙니다. 지속적으로 성령 충만해야 합니다. 많은 성도들이 성령으로 세례를 받고, 방언으로 기도하면 항상 성령 충만한 줄로 생각을 합니다. 그러나 잘못된 생각입니다. 항상 성령으로 충만 하려고 의지적인 노력을 해야 합니다. 사람은 육을 가지고 있기 때문입니다.

여기서 우리가 더 알아야 할 것이 있습니다. 첫째, 성령의 세례를 이론으로 알고 스스로 성령으로 세례를 받았다고 자처하는 성도들입니다. 이런 분들이 영육으로 문제가 생겨서 치유를 받으러 옵니다. 와서 본인이 기도를 하고, 안수를 해주어도 성령의 역사가 일어나지 않습니다. 몇 주를 다니면 그때에야 반응이 있기 시작합니다. 왜냐하면 자기만의 자아가 있어서 영적인 말씀이 귀에 들리지 않기 때문입니다.

두 번째는 몇 년 전에 성령을 체험했다고 자랑하는 성도들입니다. 얼마 전에 여 집사가 2년 전에 성령을 체험했다고 하면서 치유와 능력을 받으러 왔습니다. 2일을 기도하고 안수를 하니까, 성령의 역사가 일어나 몸이 뒤틀리고 괴성을 지르는 것입니다. 한참을 안수하니 성령이 장악을 했습니다. 귀신들이 소리를 지르면서 떠나갔습니다. 지금 교회에는 몇 년 전에 성령을 체험했다고 안심하고 지내는 성도들이 있습니다.

이런 분들이 열심히 믿음 생활을 하면서도 여러 가지 문제로 고통을 당합니다. 왜냐하면 자기에게 역사하는 상처와 악한 영의 역사로 일어나는 것입니다. 그러므로 한번 성령을 체험했다고 다 된 것이 아니라, 지속적으로 성령을 체험하며 깊은 영의기도를 하여 심령을 정화시켜야 합니다. 그래야 깊은 영성이 되어 하나님과 교통하는 기도를 할 수가 있습니다. 한번 성령을 체험했다고 자랑삼아 말하는 분들은 자기 관리에 신경을 써야 할 것입니다. 우리가 육체가 있기 때문에 영성에 꾸준하게 관심을 가져야 합니다. 한번 체험했다고 멈추면 얼마 있지 않아 육으로 돌아갑니다.

성령으로 세례가 임할 때 몸으로 체험하고 눈으로 볼 수 있는 현상은 이렇습니다. ① 호흡이 깊어지거나 빨라지고 손이 찌릿찌릿 하기도 합니다. ② 주체하지 못하게 울음이 터지거나. 웃음이 터지는 경우도 있습니다. ③ 가슴을 찌르고 무엇이 빠져나오는 아픔을 느낄 수 있습니다. ④ 위장이나 아랫배 부근에서 어떤 뭉치 같은 것이 움직일 수도 있습니다. ⑤ 큰소리가 속에서 터져 나오기도 하고 온 몸에 불이 붙은 것 같이 뜨겁습니다. ⑥ 가슴이 답답하고 기침이 나오고 손과 입에서 불이 나오는 체험을 하기도 합니다. ⑦ 기침, 하품, 트림이 나오고. 토하기도 하고 메스꺼움을 느끼기도 합니다. ⑧ 멀미하는 것처럼 속이 울렁거리며 아랫배가 심히 아프기도 합니다. ⑨ 머리가 아프고 어지럽고 몸을 감당하지 못하게 흔들리기도 합니다. ⑩ 때로는 얼굴이나 몸 전체가 뒤틀리다가 풀어져 평안해지기도 합니다. ⑪ 때로는 집에 돌아가서도 심신을 성령의 만지심의 현상이 일어날 수 있습니다. 이것은 일종의 성령의 치유의 현상이니 두려워말고 계속 다니면서 기도하면 없어집니다. 성령으로 장악이 되면 이와 같은 현상이 없어지면서 영-혼-육이 건강하게 됩니다. 말로 표현하기 힘들 정도로 평안과 강건함을 체험하게 됩니다. 분명하게 성령으로 세례를 받을 때 몸으로 느끼고 눈으로 볼 수 있는 가시적인 현상이 나타납니다.

필자가 그동안 사역하면서 체험한 바로는 기도할 때 진동이 심한 분들이 성령으로 장악이 되고 성령으로 역사로 배출이 되니 점점 안정을 찾았습니다. 만약에 자신이 기도할 때 진동이 심하다면 성령으로 장악이 되고 몸 안에 있는 상처가 배출이 되면 점점 진동하는 것이 약해지면서 없어질 것입니다. 이렇게 진동이나 이해하지 못하는 특별한 현상이 일어나는 것은 치유 받아야할 상처가 많다는 것입니다. 성령으로 장악이 되어 전인격이 치유가 되면 나타나는 현상은 점점 없어집니다. 그러면서 영-혼-육이 건강해집니다.

첫째, 성령의 임재 시에 머리를 흔드는 경우. 성령으로 기도를 하다가 보면 머리를 흔드는 분들이 종종 있습니다. 어떤 때는 아주 사정없이 흔들려서 머리가 어지러울 때도 있습니다. 이것이 무슨 현상인지 궁금해 하는 분들이 많습니다.

기도하여 성령이 충만하게 되면 무의식에 있는 것들이 현실로 드러납니다. 무의식에 머리를 흔드는 요소가 잠재하여 있다는 것입니다. 제가 지금까지 성령치유 사역을 하면서 체험한 결과 이것은 무당의 영의 역사입니다. 무의식에 이약하게 무당의 영의 영향이 있다는 것입니다. 아마 이런 분들의 가계를 더듬어 올라가 보면 반드시 무당이었던 분이 있을 것입니다.

그 영향으로 기도할 때 머리가 흔들리는 것입니다. 너무 걱정할 필요가 없습니다. 성령의 깊은 역사가 장악하면 없어집니다. 문제는 다니는 교회가 성령의 강력한 역사가 있느냐 없느냐가 문제입니다. 성령의 역사가 장악하면 떠나갑니다.

그런데 문제는 기도가 깊어지지 못한다는 것입니다. 조금 깊어지려면 머리가 흔들리기 때문입니다. 이를 해결하는 방법이 있습니다. 기도하시다가 머리가 흔들리면 거기에 관심을 두지 말고 계속 마음 안에 하나님을 찾으면서 기도를 하는 것입니다.

계속 호흡을 들이쉬면서 하나님! 내쉬면서 하나님 도와주세요. 호흡을 들이쉬면서 하나님! 내쉬면서 하나님 도와주세요. 호흡을 들이쉬면서 하나님! 내쉬면서 하나님 도와주세요. 호흡을 들이쉬면서 하나님! 내쉬면서 하나님 도와주세요. 깊은 임재에 들어갈 때까지 인내력을 가지고 기도해야 합니다. 그렇게 하여 깊은 임재 안에 들어가면 머리를 흔드는 것이 없어지기도 합니다. 좌우지간 성령의 역사가 일어나야 합니다.

더 빨리 해결은 받으려면 전문 성령치유 하는 곳에 가서서 치유를 받는 것입니다. 시간이 많이 소요될 것입니다. 순간 안수 한 번 받아서 치유되지 않습니다. 마음에 여유를 가지고 성령으로 기도하다가 보면 떠나갑니다. 너무 예민하게 행동하지 말아야 합니다. 자꾸 깊은 영의기도를 하려고 노력해야 합니다. 기도가 깊어지면 성령이 충만해지므로 머리가 흔들리는 현상이 점점 약해지면서 치유가 될 것입니다.

둘째, 일어서서 춤을 추고 싶은 경우. 찬양을 하거나 기도를 하여 어느 정도 성령이 충만해지면 일어서서 춤을 추고 싶은 분들이 있습니다. 정말 강한 충동이 온다고 합니다.   그런데 문제는 영적인 책을 읽고 기도를 많이 해도 마음이 항상 답답합니다. 영적인 갈급함이 저를 주장합니다. 가슴이 답답하여 아이고 답답해~ 아이고 답답해~ 소리가 저절로 나옵니다. 왜 이런 현상이 나타납니까?

원래 사람은 영적인 존재이기 때문입니다. 그래서 성도들은 영의 만족을 누려야 되는 것입니다. 영의 만족을 누리지 못하면 되는 것이 아무것도 없습니다. 영의 만족을 누리지 못하면 만사가 귀찮아 지기도 하지요. 이런 분들은 이 책을 읽고 충격을 받지 말고 조언을 듣고 치유해야 합니다. 제가 그동안 성령사역을 하면서 집사님 같은 분들을 상담하고 치유한 경험이 많습니다. 이런 분들은 무당의 영의 영향을 받고 있습니다. 이와 같은 같은 현상을 느끼는 거의 모든 분들이 세대에 역사하는 무당의 영의 영향을 받았습니다.

필자가 이런 분들을 만나면 물어보았습니다. 혹시 조상 중에 무당이 없었습니까? 물어보면 모두 무당이 있다고 대답을 했습니다. 그래서 무당의 영들을 축귀하니 그런 현상이 없어졌습니다. 가슴이 답답한 것도 무당의 영의 영향입니다. 저는 토요일 날 개별집중 정밀치유를 합니다. 집중 치유할 때 성령의 임재가 깊어지면 집사님과 같이 아이고 답답해~ 아이고 답답해~ 하는 분들이 있습니다. 그러면 제가 "예수님의 이름으로 명하노니 아이고 답답해~ 아이고 답답해~ 라고 말하는 귀신아 떠나가라." 명령하면 귀신들이 떠나갑니다. 그러면 모두 가슴이 시원하다고 합니다. 지방에서 치유 받을 곳이 없으면 할 수 없이 서울로 올라 오셔서 치유를 받아야 합니다. 시간이 흐르면 흐를수록 귀신의 영향은 강해집니다.

셋째, 훌짝 훌짝 뛰어다니는 경우. 필자가 영적인 것에 관심이 많으니 영성 치유하는 곳에 자주 갑니다. 기도하다가 성령으로 조금 충만해지면 일어서서 훌짝 훌짝 뛰어 다니는 분들이 있습니다. 거기 사역하시는 분이 말하기를 성령으로 충만할 때 이런 현상이 나타난다고 하는데 저는 그렇지 않다고 생각합니다. 이런 분들을 상담하면 항상 마음에 갈급함이 사라지지 않는다고 말합니다. 그래서 여기저기 돌아다니는 것입니다. 그래야 살 것 같아서 다니는 것입니다. 무엇라고 나무랄 수가 없는 것입니다. 살기위해서 돌아 다니는 것이기 때문입니다.

성령은 인격적인 영입니다. 그러므로 사람들이 보기에 흉측하게 역사하시지 않습니다. 자신이 느끼기에도 마찬가지입니다. 처음 성령으로 세례를 받을 때는 이런 분들과 같은 현상이 일어날 수가 있습니다. 어떤 성도는 훌짝 훌짝 튀면서 한쪽 손을 흔들어 대는 분들도 있습니다. 마치 무당이 굿을 할 때 하는 모양으로 말입니다. 이러한 현상은 성령의 역사에 의하여 무의식에 숨어있던 특정한 세력이 정체를 폭로한 것입니다. 특정한 세력 중에는 무당의 영도 있을 수 있다는 것입니다. 성령께서 처음 성도를 장악할 때는 비인격적으로 역사하십니다. 성령께서 땅의 사람을 하늘의 사람으로 바꾸기 위해서 사정없이 장악하여 혼과 육을 점령해야 하기 때문입니다.

초기 성령세례를 받을 때는 별별 이상한 현상들이 다 나타나는 것입니다. 그러나 점점 성령께서 장악을 하면 모든 현상이 잠잠해지는 것이 보통입니다. 물론 성령님이 성도들을 완전하게 장악하여 성도가 순종하면 성령님도 인격적으로 역사하십니다. 많은 분들이 성령님은 인격이시라 인격적으로 역사하신다고 말합니다. 그러나 처음에 마음을 열고 성령님을 받아들이면 강력하게 역사를 하십니다. 그래야 세상 신들이 정체를 폭로하고 떠나가기 때문입니다.

그러다가 어느 정도 지배되고 장악이 되면 인격적으로 역사하십니다. 참평안으로 역사하십니다. 하늘나라 천국으로 역사하십니다. 그러나 귀신들은 반대로 역사합니다. 처음에는 살랑살랑 건드려주다가 어느 정도 지배되고 장악이 되면 그 사람의 인격을 장악하여 그 사람을 통하여 자신을 나타냅니다. 목회자는 체험이 없으면 인간적으로 생각하여 성도들에게 말하지 말아야 합니다. 잘못하면 반대로 이야기를 할 수가 있기 때문입니다.

지금 이렇게 나타나는 현상은 무당의 영의 역사일 수가 있습니다. 무당이 굿을 할 때 홀짝 홀짝 뛰어다니는 것을 보셨을 것입니다. 그와 같은 현상입니다. 초기 성령체험을 할 때 완벽하게 치유를 받았으면 이런 현상이 나타나지 않았을 것인데 정확하게 몰라서 지나친 것입니다. 필자와 같이 개별적으로 전문적인 사역을 하는 사람만이 알아낼 수 있는 현상입니다.

일반적으로 사역을 하시는 분들은 모두 이런 현상을 성령이 충만해서 일어나는 현상인 것으로 알고 있는 분들이 많습니다. 그렇기 때문에 깊은 치유를 받지 못하는 것입니다. 이런 분들이 영적으로 갈급한 이유가 여기에 있습니다.

넷째, 아무런 현상도 일어나지 않는 성도가 있습니다. 제가 지금까지 성령사역을 하면서 임상적으로 체험한 결과 성령의 역사가 가시적으로 나타나지 않는 사람은 첫째, 성령의 역사가 잔잔하게 장악하는 경우입니다. 둘째, 자신이 둔하여 성령의 역사를 감지하지 못하는 경우입니다. 셋째, 모든 것을 합리로 이해하는 이성주의자입니다. 넷째, 상처가 강하여 악한 영의 역사가 강하게 묶인 경우입니다. 얼마 전에 여성도가 기도 시간에 아무리 안수를 해도 역사가 일어나지 않았습니다. 분명하게 상처와 악한 영의 역사가 있는데 역사가 나타나지 않는 것입니다. 그래서 토요일 집중 치유를 권했습니다. 집중정밀치유를 하는데 한 시간을 기도하고 안수하니 역사가 일어나기 시작하여 상처가 치유되고 귀신들이 떠나갔습니다. 그리고 우울증이 치유가 되기 시작을 했습니다. 아무런 현상이 일어나지 않는 경우 원인을 알고 조치해야 합니다.

3부 눈으로 보이는 현상을 통해 영적검진

12장 귀신이 눈에 보이는 상태 영적검진

(히 5:12)"때가 오래 되었으므로 너희가 마땅히 선생이 되었을 터인데 너희가 다시 하나님의 말씀의 초보에 대하여 누구에게서 가르침을 받아야 할 처지이니 단단한 음식은 못 먹고 젖이나 먹어야 할 자가 되었도다."

영의 눈이 열리는 것에 대하여 오해를 하실 분들이 계실 것 같아서 서두에 정리하여 알려드립니다. 영들을 보는 것은 첫째, 실제 눈으로 보는 것입니다. 이는 두 가지로 생각할 수가 있습니다. 먼저는 항상 눈에 영물들이 보이는 분들이 있습니다. 이는 심령 상태가 정상이 아닌 분들입니다. 이분들은 영적으로 정신적으로 문제가 있는 분들입니다. 이분들은 성령으로 세례를 받고, 내적인 상처를 치유 받은 후, 귀신을 축귀하고, 내면을 정화하고 안정시켜야 합니다. 본인이 이를 인정하고 지속적으로 진리의 말씀과 성령으로 치유를 받으면 필자의 체험으로 보아 더 이상 보이지 않습니다. 영적 정신적 육체적 기능이 정상이 되면 더 이상 영물들이 보이지 않는 다는 말입니다. 다음은 축귀사역간이나 대화할 때 보이는 경우입니다. 이는 귀신을 축귀하여 자유하게 하라고 성령님이 보여주시는 것입니다. 귀신을 축귀하라고 보인다는 말입니다. 종합하면 축귀 능력이 없는 분들에게 영물들이 보이는 것은 정상적이 되지 못한 것으로 치유 받아야 합니다.

둘째, 말씀으로 보는 것입니다. 성경에 보면 악한 영들의 행위가 기록되어 있습니다. 말씀에 비추어 영들을 보는 것입니다. 말씀은 영적인 세계에 대하여 설명하는 책입니다.

셋째, 성령으로 보는 것입니다. 축귀사역을 하든지, 내적치유를 하든지, 상담을 하든지, 세상에서 생활을 할 때에 성령께서 그때그때 알려주셔서 대처하도록 하시는 것입니다.

넷째, 믿음의 눈으로 보는 것입니다. 위에 설명한 모든 방법을 동원하여 사역이나 생활하면서 악한 영들을 믿음의 눈으로 보고 대처하는 것입니다. 많은 분들이 이렇게 믿음의 눈으로 영들을 보고 조치하고 있습니다. 우리가 알아야 할 것은 나쁜 영들이 보이면 반드시 조치를 해야 한다는 것입니다. 귀신을 보면서 쫓아내기 위하여 우리는 다음과 같은 영성을 길러야 합니다.

필자가 그동안 성령치유 사역을 하면서 체험한 바를 정리하면 이렇습니다. 예수를 믿는 성도라도 얼굴의 색깔이 어둡거나 붉으면 악한영의 영향을 받는 것입니다. 이런 분을 치유하려면 성령의 임재가운데 들어가게 합니다. 시간이 어느 정도 경과 되면 성령의 역사가 심령 안에서 일어나 성도를 괴롭게 하던 영적인 세력이 정체를 폭로하게 됩니다. 계속 호흡을 통하여 깊게 기도를 계속하면 기침을 통하여 떠나갑니다. 트림을 통해서 떠나가기도 합니다. 하품을 통해서 떠나가기도 합니다. 재채기를 통하여 떠나가기도 합니다. 울음을 통해서 떠나기도 합니다. 웃음을 통해서 떠나가기도 합니다. 성령의 역사가 심령 안에서 일어나니 성령의 역사가 장악하는 만큼씩 괴롭게 하던 영들이 떠나갑니다.

이렇게 지속적으로 기도를 하면 얼굴색이 변합니다. 은은한 살색으로 변합니다. 얼굴에서 후광이 나타나기도 합니다. 이 때 성도는 말로 표현할 수 없는 평안을 느낍니다. 말소리가 부드럽게 변합니다. 자신 안에 임재하신 성령께서 마음과 육체를 뚫고 나타나기 때문입니다. 충만한 교회와 같이 매주 진행되는 성령 치유 집회에 몇 주만 참석하면 웬만한 귀신역사는 모두 치유가 됩니다. 바르게 알아야 할 것은 영육으로 고통을 당하는 분들은 2박 3일이나 3박 4일 집회에 참석하여 자유 함을 누리지 못합니다. 우리 충만한교회와 같이 매주 집회와 주일 예배 시에 집중적으로 성령의 역사를 일으켜야 내면세계가 안정이 됩니다.

이렇게 얼굴에 검거나 붉게 나타나는 성도는 마음이 답답하고, 기도가 힘들어지고, 짜증이 심해지고, 괜히 신경질이 나기도 합니다. 질병이 발생하기도 합니다. 악한 영의 영향으로 나타나는 현상입니다. 시간이 지나면 악한 영이 집을 지을 수가 있습니다. 악한 영이 집을 지으면 묶임이 강하여 치유하는데 시간이 많이 걸립니다. 될 수 있는 대로 초기에 치유하는 것이 좋습니다.

필자가 그동안 성령치유 사역을 하면서 임상적으로 체험한 귀신의 영향을 받는 사람의 특징은 이렇습니다. 성령의 임재가 장악하면 헛구역질을 계속합니다. 토하지도 않으면서 헛구역질을 합니다. 아직 성령의 역사가 완전하게 장악하지 못할 경우에 일어나는 현상입니다. 성령의 역사가 완전하게 장악을 하면 기침이나 트림으로 떠나갑니다. 안수 기도를 하다가 이런 역사가 일어날 때 본인에게 물어보면 영락없이 악몽과 가위눌림을 자주 당한다고 합니다. 악한 영이 소화기 계통을 장악한 성도에게 나타나는 현상입니다.

성령의 역사가 있는 말씀을 듣는 중에도 하품을 자주하는 성도가 있습니다. 성령의 임재가 되면 입이 찢어지도록 크게 하품을 합니다. 원래 하품은 성령의 임재가 되어 영의 통로가 열릴 때 일어나는 보편적인 현상입니다. 그런데 특이한 성도는 설교 말씀을 듣는 중에도 하품을 계속합니다. 강단 앞에 계신 목사님이 오해할 정도로 하품을 계속하는 성도도 있습니다.

이는 그 성도에게 역사하는 귀신이 성령의 강력한 역사가 있는 말씀을 들을 때 영적인 부담을 느껴서 일어나는 현상입니다. 성령의 역사가 있는 장소에서 지속적으로 치유를 받으면 하품하는 것이 잠잠해지기 시작을 합니다. 어느 정도 귀신이 떠나갔기 때문입니다. 그러나 완전하게 떠났다고 단정하면 안 됩니다. 근본 문제를 일으키는 귀신은 그렇게 쉽게 떠나가지 않습니다. 이런 성도에게 물어보면 이유 없이 피로를 자주 느낀다고 대답을 합니다. 이유없이 피곤한 것은 영적인 문제라고 보아도 틀리지 않습니다. 지속적인 치유를 받으면 피로도 떠나고 마음도 편안하고 몸도 가벼워지는 것이 보통입니다. 영적인 치유는 성령의 역사가 일어나야 치유가 됩니다. 이런 문제로 고생하는 성도는 다른 곳에 시간을 투자하지 말고 반드시 성령의 역사가 강하게 일어나는 장소에 가서 치유를 받기를 권면합니다.

귀신의 영향을 받는 사람은 몸에서 이상한 냄새가 납니다. 말할 때 입 냄새가 많이 나서 옆에 있기가 거북스러울 정도로 냄새가 납니다. 본인 또한 심적 부담을 느끼고 살아갑니다. 성령의 임재가 되면 주변에 있기 거북할 정도로 냄새를 풍기기도 합니다. 그러나 성령의 역사가 장악하여 기침이나 하품이나 트림이나 구역질을 한 동안 하게 되면 냄새가 없어지는 것이 보통입니다. 성령의 역사가 일어나면 냄새는 없어지니 너무 의기소침 하거나 걱정하지 말아야 합니다.

그러므로 인내(사람의 입이나 몸에서 나는 냄새)가 나는 분들은 반드시 영적치유를 받아야 합니다. 인내가 나는 분들은 2박 3일 집회만 참석해도 냄새가 없어지는 것이 보통입니다. 이런 분들의 보호자나 본인에게 물어보면 목욕을 하지 않으려 한다고 대답을 합니다. 목욕하기가 싫다고 합니다. 이런 분들의 특징이 몸이 온 몸이 시름시름 아프기도 합니다. 병원에 가서 진단해도 병명이 나타나지 않는 것이 특징입니다. 지속적으로 치유 받으면 아픈 것이 없어지면서 평안을 찾게 됩니다.

이런 유형의 사람들은 몸이 춥지도 않는데 소름이 자주 끼치고 손발이 차다고 말하는 것이 보통입니다. 모두 악한 영의 역사입니다. 말씀과 성령으로 몇 주 치유 받으면 정상으로 회복이 됩니다. 좌우지간 성령의 역사가 일어나면 해결하지 못하는 문제가 없습니다. 악한 영의 영향을 받는 사람은 혼자 자주 중얼거립니다. 꼭 옆 사람하고 대화하는 것과 같이 말하고, 대답을 하기도 합니다. 이런 분들은 본인이 치유를 받으려는 의지가 발동해야 치유가 가능합니다. 치유하는데 시간이 많이 소요가 됩니다.

인내해야 합니다.

악한 영의 영향을 받는 성도의 특징은 사역자와 눈을 마주치기를 싫어하고 곁눈질로 사람을 봅니다. 얼굴에 두려움이 가득합니다. 아무것도 아닌 상황에 잘 놀라기도 합니다. 기도할 때 안수하려고 손을 앉으면 깜짝 놀라서 사역자를 당황하게 하기도 합니다. 이런 성도들도 본인이 치유 받고자 하는 의지만 있으면 몇 주 만에 치유가 되어 안정을 찾는 것이 보통입니다. 이런 성도는 충만한 교회에서 매주 토요일 날 하는 개별 집중정밀치유를 2-3번만 받으면 정상적인 사람이 됩니다. 제일로 빠른 방법입니다. 문제는 본인이 인정하느냐 안 하느냐가 중요한 것입니다. 모든 치유는 본인이 인정해야 치유가 되기 시작을 합니다.

악한 영의 영향을 받는 사람의 눈과 입에 검은 기운이 가득하고 얼굴이 검으스름 한 것이 특징입니다. 특별하게 눈 주위가 검은 것이 특징입니다. 성령의 임재가 깊어져서 치유되기 시작을 하면 눈 주위와 입 주위가 정상적인 살색으로 변합니다. 특별하게 조상 중에 우상을 지독하게 섬겼거나 무당이나 남묘호랭객교를 믿던 사람들이 있을 경우에 이런 현상이 나타납니다.

악한 영의 영향을 받으면 안절부절못하며 산만한 행동을 합니다. 어찌할 줄을 몰라 갈팡질팡하며 몹시 급하게 서두르는 모양으로 허둥허둥 댑니다. 무슨 말인지 모르는 헛소리를 하기도 합니다. 아무 일도 아닌데 몹시 불안해합니다. 사람들에게 피해 의식이 있습니다. 집회에 참석해서도 사람들이 자신에게 다가오는 것을 싫어합니다. 이렇게 행동을 하다가 성령의 깊은 임재가 되어 치유되기 시작하면 정상으로 돌아와 안정을 찾게 됩니다.

문제는 보호자나 환자가 악한 영의 영향으로 나타나는 현상이라고 인정하는 것이 중요합니다. 환자나 보호자가 악한 영의 역사라고 인정하고 치유 받고자 하는 의지가 있으면 비교적 빠른 시간 내에 정상으로 돌아옵니다. 정말로 성령의 역사는 신비의 치유 수단입니다. 체험해보면 누구나 인정하게 됩니다.

잡 안에 무당의 내력이 있는 성도가 성령의 임재가 되면 몸을 부르르 떱니다. 손을 불규칙하게 흔들어 댑니다. 머리와 어깨를 좌우로 흔드는 경향이 있습니다. 자세하게 보면 무당이 굿거리 할 때의 모습과 흡사합니다. 중요한 것은 성령의 역사라고 속기 쉬운 현상이라는 것입니다. 사역자의 전문성에 따라서 성령의 역사로 오해할 수 있는 현상이 나타납니다.

이는 100% 무당의 영의 역사입니다. 무당의 영이 성령이 임재 하니 정체를 폭로한 현상입니다. 이런 현상이 나타나면 무당 귀신을 축사해야 합니다. 만약에 성령의 역사라고 오해하여 축사하지 않으면 귀신이 떠나가지 않습니다. 축사하지 않으면 기도할 때마다 흔들어 댑니다. 인정하고 축사하면 몇 주내로 치유가 됩니다. 무당의 영들은 비교적 축사가 잘 됩니다.

귀신의 영향을 받는 성도가 필자의 충만한 교회와 같이 성령의 역사가 강하게 일어나는 장소에 가면 불안해합니다. 아무 일도 없는데 초조해 하기도 합니다. 교회 안에 들어오니 가슴이 답답하다고 말하기도 합니다. 불안하고 답답해서 집회를 참석하지 못하고 나가기도 합니다. 이는 그 성도에게 역사하는 귀신이 데리고 나가는 것입니다. 환자는 의지를 가지고 견뎌야 합니다. 한 루만 참고 견디면 이러한 현상이 없어지는 것이 보통입니다.

그래서 필자는 집회 전에 이러한 현상이 왜 일어나는 것이라고 설명하고 불안하고 초조해도 참고 인내하라고 합니다. 만약에 불안하고 두려워서 집회장소를 이탈하면 평생 치유 받지 못합니다. 전적으로 성도에게 역사하는 귀신이 일으키는 두려움입니다. 하루 또는 이틀 동안 치유하면 이와 같은 현상은 없어집니다. 환자는 인내해야 두려움과 초조함에서 해방됩니다.

귀신의 영향을 받는 성도의 얼굴을 보는 순간 검은 물체가 보이기도 합니다. 순간 할머니 얼굴이 보였다가 사라지기도 합니다. 음풍이 느껴지다가 순간 사라지기도 합니다. 여기서 알아야 될 것은 이와 같은 현상이 나타나는 것은 귀신이 정체를 폭로한 것입니다. 즉, 떠나려고 보여준 것입니다. 조금 지나면 떠나가는 것이 보통입니다. 정체를 폭로한 귀신은 떠나려고 보인 것이므로 문제가 되지 않습니다.

다음 간증을 읽어보시면 이해가 될 것입니다. 정이라는 자매의 영적인 상태와 이야기입니다. 이 자매는 우리 교회에 오기 전에 영적인 세력들의 영향으로 정신적인 문제가 발생하여 치유를 받으러 온 것입니다. 그러면서 저에게 이렇게 말했습니다. 목사님 저는 영적인 문제에 시달리다가 충만한 교회에 오게 되었습니다. 영적인 문제는 다름이 아니고 자꾸 눈에 악한 영들이 보이고, 밤에는 아예 잠을 자지 못할 정도로 불면증과 악한영의 괴롭힘에 일 년 반을 시달렸습니다. 그리고 심한 우울증으로 일 년을 고생을 하였습니다. 이곳저곳 능력이 있다는 곳에 다 다녔어도 치유 받지 못했습니다. 그래서 제가 이렇게 말했습니다. 자매님 하나님은 못하시는 것이 없으신 권능의 하나님이십니다. 제가 말하는 것을 믿고 매일 저희 교회에 치유집회에 참석하세요. 그러면 분병하게 치유가 될 것입니다. 그러니까. 이 자매의 얼굴에 화색이 생기면서 알았습니다. 감사합니다. 그러면서 지속적으로 다니면서 치유를 받았습니다. 이분의 아버지가 저에게 하는 말이 아파트 문을 열고 들어가면 아빠 여기 귀신이 있어요, 하고 놀라고, 또 저기도 귀신이 있어요, 하며 놀라고, 자다가도 귀신이 나타났다고 소리를 질렀다는 것입니다. 그러면서 저에게 하는 말이 목사님 한번 생각해 보세요. 잘 길러서 미국 유학을 7년이나 다녀와 영어를 그렇게 잘하던 딸이 연속적으로 스트레스를 많이 받다가 그만 스트레스가 쌓여서 저렇게 순간적으로 변해 버리니 아버지의 마음이 찢어집니다. 지난 일 년 반 동안 못해본 것 없이 다해보았습니다. 목사님 저희 딸을 예수 이름으로 치유하여 종전같이 회복 되도록 도와주세요. 그래서 제가 이렇게 대답을 했습니다. 예수님은 못하시는 것이 없습니다. 의지를 가지고 제가 하라는 대로 순종하고 연속적으로 집회에 참석하여 말씀 듣고 불같은 성령을 체험하고 안수기도 받으면 정상으로 회복이 됩니다. 하고 안심을 시켰습니다.

본인의 말로는 무당 옷을 입은 귀신은 밤에 많이 나타나고, 흉측하게 생긴 귀신은 낮에도 아파트 문을 열면 나타나 놀라게 했다는 것입니다. 그래서 이곳저곳을 헤매며 돌아다니면서 치유 받으려고 하다가 도저히 해결 받지 못하고 어느 분의 소개를 받고 충만한 교회에 다니면서 치유를 받게 된 것입니다. 아버지와 어머니 모두 등록을 하고, 매주 마다 영적인 말씀을 듣고 영성 훈련을 하며, 매시간 목사님의 안수를 받으면서 악한 영들이 때로는 울면서 떠나가고, 어떤 때는 악을 쓰면서 떠나가고, 어떤 때는 얼굴과 몸이 뒤틀리다가 떠나가고, 그리고 떠나가면서 각각 형상으로 보여주면서 떠나갔습니다. 그렇게 한 달 정도 치유를 받으니까, 나를 놀라게 하고 괴롭히던 악한 영들이 서서히 보이지를 않았습니다. 영적인 깊은 말씀을 듣는 중에도 하품을 통해서 말도 못하게 떠나갔습니다. 하루에 화장지 한통이 들어갈 정도로 많은 더러운 것들과 상처들이 치유되었습니다. 한 두 달이 지나니까, 잠이 잘 오고 불면증도 서서히 사라졌습니다. 그리고 악한 것들도 보이지 않고 밤에도 조용하게 잠을 잘 수 있었습니다. 그러나 우울증의 현상은 완전히 없어지지 아니하고 여전히 남아서 저를 괴롭혔습니다. 그래서 끝까지 치유 받아 정상적인 생활을 하려고 계속 다녔습니다. 4개월이 지나고 5개월 중간쯤 되니까, 마음이 상쾌해지고 삶에 생기가 돌고 우울증이 사라지는 것이었습니다.

그리고 목사님의 말씀이 꿀같이 달게 들려 졌습니다. 성경을 읽으면 옛날에는 하나도 보이지 않는데, 눈에 쏙쏙 들어오는 것을 보니 영안도 열린 것이 분명합니다. 그래서 저는 이렇게 생각합니다. 하나님이 못 고칠 질병이 없고 못 떠나보낼 악한 영이 없다, 그리고 눈에 악한 영이 보인다고 자랑하는 사람들은 정신적으로 영적으로 조금 문제가 다는 것을 체험적으로 알게 되었습니다. 왜냐하면 그렇게 낮이나 밤이나 눈에 보이면서 괴롭히던 귀신들이 이제 봄 햇살에 하얀 눈이 녹아 없어지듯이 없어졌기 때문입니다. 저에게 이렇게 간증하는 것입니다. 예수를 믿으면서도 이런 고통을 당하는 분들이여, 쓸 데 없는 고통당하지 말고 시간여유를 가지고 저같이 치유를 받고 참 평안과 주님의 은혜를 체험하시기를 바랍니다. 우리가 잘못 알면 이렇게 고통을 당하기도 합니다. 이분과 같이 지속적으로 성령치유를 받으니까, 귀신이 보이지 않더라는 것입니다. 평상시에 귀신이 보이는 것은 심령상태가 좋지 못한 귀신의 영향을 강하게 받는 상태임으로 반드시 진리의 말씀과 성령으로 치유를 받아야 합니다.

충만한교회에서는 매주 다른 과목을 가지고 매주 화-수-목(11:00-16:30)집회를 인도합니다. 무료집회입니다. 단 교재를 구입해야 입장이 가능합니다. 2만원입니다. 매주 다른 과목으로 집회를 합니다. 매주 다른 여러 가지 과목을 학습하면서 과목마다 다르게 역사하는 성령으로 상처와 질병과 귀신들이 떠나갑니다. 과목마다 성령께서 역사하는 방향이 다르기 때문입니다.

한주만 참석하시면 자기 스스로 변화된 것을 느낄 수가 있습니다. 병원이나 세상 방법으로 해결하지 못하는 무슨 문제든지 해결을 받겠다는 믿음을 가지고 오시면 15가지 질병과 문제도 모두 치유 받습니다. 천국을 누리고 싶은 분은 믿음을 가지고 오시기만 하면 무슨 문제라도 치유되고 해결이 됩니다. 오시면 천국을 체험하고 누리며 살아가게 됩니다.

13장 눈에 괴이한 것들이 보이는 현상 영적검진

(히 5:13-14)"이는 젖을 먹는 자마다 어린 아이니 의 의 말씀을 경험하지 못한 자요. 단단한 음식은 장성한 자 의 것이니 그들은 지각을 사용함으로 연단을 받아 선악 을 분별하는 자들이니라."

영적으로 열려 있는 삶을 살아가기 위해서는 예수님의 보혈의 은혜를 통한 거듭남의 은혜를 입어야 합니다. 성령의 불세례를 체험하며, 뜨거운 눈물의 회개 기도를 통하여 하나님의 긍휼히 여기심을 받아 더러운 겉 사람을 버리고 새로운 속사람을 통한 변화된 삶을 영위해야 합니다. 또한, 하나님의 은혜를 통한 영적 인 삶을 살아가기 위해서 날마다 하나님을 찾고 구하기를 열심 으로 행해야 합니다. 우리들 스스로는 결단코 닫혀 있는 영적인 부분들을 열 수 없고 영적인 삶 또한 영위할 수 없습니다. 하나 님의 은혜로만 가능한 것입니다.

그렇기 때문에 영적으로 열려 있는 것에 만족하지 말고 하나님 께서 닫혀 있던 영안을 열어 주심으로 우리들의 영혼을 통해 무 엇을 원하시고, 어떤 일을 계획하고 계신지에 집중하여 하나님께 기뻐하심을 받는 영혼이 될 수 있도록 하나님 앞에 머무르며 하 나님을 찾고 구해야 할 것입니다. 다음은 영적인 무지에 있는 사 람들이 영안으로 무엇이 보인다고 저에게 상담한 내용입니다.

첫째, 목사님! 제 눈에 괴상한 것들이 보여요. 어느 여 목사님이 나에게 상담을 한 내용입니다. "제가 충만한 교회에 와서 치유를 받기 시작한지 한 3주가 지났을 때의 일입니다. 어느 순간부터 눈앞에 나타나는 많은 괴이한 현상들이 보이는 것입니다. 심지어는 방송을 보고 있노라면 노래하며 춤을 추며 유행가를 부르는 사람들이 사람으로 보이지 않고 뱀 한 마리가 꼬부랑 되며 춤을 추고 있는 것으로 보입니다. 사람마다 성격이나 죄악의 형태를 보아 뱀들의 형태나 색도 각양각색입니다.

그리고 악마의 형상이 나타나는 사람도 가끔 보이기도 합니다. 개인적으로 ○○교단산하의 신실하신 목사님이 시무하시는 꽤 좋은 교회를 다녔습니다. 그런데 강대상 뒤에서 새까만 악마가 있는 것을 보았습니다. 그래서 저는 10년여 이상을 이 교회를 다녔는데 그렇게 기도가 잘되지 않고 답답했던 이유라고 생각을 했습니다.

저는 이러한 현상은 사람에게 들어가 있는 악의 영 곧 귀신의 실체라고 생각을 하는데 목사님 맞습니까?" 이렇게 질문을 하는 것이었습니다. 그래서 제가 이렇게 대답을 해주었습니다.

"목사님이 보시는 이런 현상들은 육신적인 차원에서 열린 영안입니다." 그러면서 이렇게 당부를 했습니다. "보았다고, 보인다고, 자랑을 한다든지 본인에게 말을 하면 본인이 상처를 받게됩니다. 그리고 목사님이 잘못된 사람으로 오해될 소지가 다분하게 있으니 입(말)을 조심해야 합니다. 왜냐하면 일반적인 성도는 초자연적인 성령의 역사를 이해할 수가 없기 때문입니다. 성령이 역사하는 영의 세계를 말로 이해할 수가 없는 현상이 대부분이기 때문입니다. 그리고 악한 것들이 목사님을 놀라게 하고, 혼란스럽게 하고, 괴롭히기 위하여 보여주는 것일 지도 모르는 일입니다. 그러니 주의하기를 바랍니다.

그리고 차차 말씀과 성령으로 치유 되어 심령에서 영력이 강하게 나타나면 보이지 않을 것입니다. 이러한 현상들을 일부 목회자나 성도들이 투시라고 하기도 합니다. 그러나 실상은 그러지 않고 지식의 말씀의 은사와 영들 분별함의 은사라고 할 수 있습니다. 그리고 은사의 기초적인 수준정도입니다. 앞으로 좀 더 말씀의 지식을 쌓고 성령으로 심령을 치유하면 더 강한 믿음으로 영안이 밝히 열릴 것입니다. 그러면서 여 목사님에게 좀 더 기다리며 더 말씀과 성령으로 치유를 받기를 바랍니다." 이렇게 조언을 했습니다. 그 당시 그 여 목사님은 눈에 그런 것이 보이니 다된 줄로 착각했다는 것이다.

상당히 자랑을 하고 싶은 충동이 강하게 일어났다고 합니다. 그러면서 이러는 것이다. "목사님! 제가 목사님의 조언을 듣지 않았다면 아마 막 자랑하고 다녔을 것이라는 것입니다. 그래서 내가 그것이 바로 육신적으로 영안이 열린 증거입니다. 말씀이 심비에 새겨지고 영적으로 성숙되면 겸손해져서 그런 충동이 없어질 것입니다. 그러면서 목사님에게 더 말씀의 지식을 심비에 새기고 성령으로 충만해지고 심령에서 성령의 기름부음이 올라오면 영안이 심령으로 활짝 열어질 것입니다. 앞으로 영안이 심령과 성령으로 열리면 생각 이상의 것들의 실체를 보며 알 수 있고 성령이 심령을 장악하니 자꾸 겸손해질 것입니다. 그리고 이 정도의 심령으로 영안이 열리면 축사의 능력도 같이 따라올 것입니다. 그리고 상대편에게서 더러운 영들이 보이는 것은 축사하여 주라고 보이는 것입니다. 눈에 보이는 영물을 축사를 해서 치유해주지 못하면 아예 말도하지 말고 보려고 하지도 말아야 합니다. 그래서 목사님에게 영안으로 영들을 보여주는 영분별의 은사는 결국 축사를 하라고 보여주는 것으로 알고 있어야 합니다." 이렇게 단단하게 영적인 당부를 했습니다. 그러던 목사님이, 어느날 저에게 이렇게 말하는 것입니다. "충만한 교회에서 은혜를 받고 불같은 성령의 역사를 날마다 체험했습니다. 목사님으로 부터 여러 가지 영적인 말씀을 듣고 영이 깨어나는 것을 알게 되었습니다. 이제 영적인 말씀과 성령으로 역사로 제가 영적으로 성숙되어서 그러는지 최초에 보이던 것같이 영물들이 보이지도 않습니다. 이제 내적치유도 많이 되어 마음도 편안 해졌고요, 허리 디스크로 오래 고생했는데 목사님의 안수로 깨끗하게 치유되었고요. 내가 변하니 남편도 변하여 가정도 하나 되고 물질도 많이 풀렸습니다. 기도할 때 성령의 불같은 능력도 나타나 다른 성도를 안수 기도하면 역사도 일어납니다. 그리고 목사님이 알려준 대로 사람에게서 악한 것이 보이면 아 저 사람이 저 악한영의 영향으로 저렇게 고생하고 있구나하고 본인에게 이해가 가게 조언하여 축사도 해줍니다." 이러는 것입니다.

이로보아 우리는 영안이 열리는 단계가 있다는 것을 알아야 합니다. 그리하여 바른 분별력을 가지고 겸손하게 신앙생활을 해야 합니다. 모든 성도는 바르게 배우고, 바르게 알아, 바르게 사용해서 하나님의 축복의 도구가 되어야 합니다. 이렇게 육신적으로 열려서 보이는 괴이한 현상들을 분별없이 말을 하므로 정신이 나간 이상한 성도가 되기 안성맞춤이라는 것을 알기를 바랍니다. 그래서 성도는 물과 성령으로 거듭나야 한다는 것입니다. 거듭나는 데는 시간이 걸리는 일입니다.

둘째, 제 눈에 영물들이 보여요. 경북에서 사는 여성도가 "영안을 밝게 여는 비결" 책을 읽고 치유를 받기 위하여 찾아왔습니다. 2일 동안 은혜를 받더니 상담을 신청하여 상담한 내용입니다. 목사님 저는 지금까지 귀신에게 속으면서 살았습니다. 영적으로 잘 못 알고 있는 지식으로 너무나 많은 사람들에게 상처를 주었습니다. 우리 외할머니는 무당을 했다고 합니다. 어머니는 제 기억에 하루도 평안하게 살지를 못했습니다. 늘 머리가 어지럽다가 아파서 진통제를 달고 살았습니다. 거기다가 온몸이 근육통으로 고생을 하셨습니다. 등이 아프다가 허리가 아프고, 다시 무릎의 통증으로 걸어 다니지 못할 정도로 고생을 하시기도 했습니다. 좌우지간 하루도 평안한 삶을 사시는 것을 보지를 못했습니다. 그렇게 고생을 하시다가 오 년 전에 예수를 영접하고 천국에 가셨습니다. 그렇게 예수를 믿어야 한다고 해도 거부하시다가 돌아가시기 3개월 전에 예수를 영접하고 돌아가셨습니다. 제가 예수를 믿은 동기는 저도 어머니와 비슷한 증상이 있어서 한약방, 병원 할 것 없이 다니면서 치유를 받으려고 했지만 치유가 되지를 않았습니다. 그러다가 병원에서 어떤 분을 만나서 예수님을 믿으면 치유가 된다는 이야기를 듣고 예수를 믿었습니다. 예수를 믿고 부흥집회에 참석하여 성령체험을 했습니다. 그러고 나니 몸이 좀 가벼워지는 것 같았습니다.

그런데 문제는 성령을 체험한 이후부터 내 눈에 영물들이 보인다는 것입니다. 시도 때도 없이 영물들이 보입니다. 집안에 들어가도 귀신이 보이고, 교회 가는 길에서도 보이고, 교회 안에서도 보입니다. 정말 말로 표현 할 수 없는 이상한 형체의 영물들이 보이는 것입니다. 밤에 잠을 자다가 화장실에 가려고 일어서면 방문 앞에 귀신이 서있는 것입니다. 소스라치게 놀라기를 셀 수가 없을 정도로 했습니다. 문제는 악몽이 말도 못하게 꾸어지는 것입니다. 자연스럽게 밤에 잠을 깊게 자지를 못한다는 것입니다. 늘 피곤한 상태로 지냅니다. 머리가 멍하고 어떤 때는 어지럽기도 합니다. 너무나 힘이 들어서 우리 교회에 신령하다는 권사님에게 물어보았습니다. 권사님이 하시는 말씀이 제가 영안이 열렸다는 것입니다. 하나님에게 감사하라는 것입니다. 그래서 나는 영안이 열린 줄로 알았습니다. 순식간에 교회에 소문이 났습니다. 내가 영안이 열렸다고 말입니다. 담임목사님도 나를 특별한 사람으로 취급을 할 정도가 되었습니다. 내가 지나가는 말로 어떤 성도가 귀신으로 보이더라고 하면 신령하다는 권사님은 그 성도에게 귀신이 역사하니 금식을 하고 기도를 하라고 합니다.

또 한 가지는 누가 방언으로 기도를 하면 내속에서 무엇이 저 사람 귀신 방언을 하는 것이니 담임목사에게 이야기하여 못하게 해라! 그래서 권사님에게 이야기하면 당장 목사님에게 이야기를 하여 귀신방언을 하니 방언으로 기도하지 말라고 합니다. 그런데 저는 그럴 때마다 무엇인가 내가 잘못되었다는 생각이 늘 마음을 사로잡았습니다. 내가 진짜로 영안이 열리고 방언을 통역하는 것일까 항상 의구심을 가졌습니다.

교회 사람들에게 나의 상태를 이야기해도 영안이 열렸다는 말뿐, 명쾌한 대답을 해주지를 못했습니다. 계속 답답한 세월을 살아가다가 우연하게 기독교 서점에 갔습니다. 진열장에서 "영안을 밝게 여는 비결"책을 발견하였습니다. 사다가 하루 만에 다 읽었습니다. 읽으면서 느낀 것은 내가 잘못되었다는 것입니다. 우리 교회 성도들이 영안에 대하여 잘못알고 있다는 것입니다. 그래서 만일을 제쳐놓고 충만한 교회에 온 것입니다. 목사님 어찌하면 좋습니까? 내가 이렇게 대답을 해주었습니다. 성도님은 무속의 영들의 영향으로 그러한 현상이 일어나는 것입니다. 성도님이 잘못 되었다는 것을 알았으니 치유는 쉽습니다. 될 수 있는 한 지속적으로 오셔서 말씀과 성령으로 치유를 받아야 합니다. 강한 성령의 역사로 대물림되는 무속의 영들을 몰아내야 합니다. 집에 돌아가서도 계속 영성을 유지할 수 있도록 치유 집회 실황 녹음 CD를 듣는 것이 좋습니다. 제가 하라는 대로 순종하면 몇 개월 내로 정상으로 회복이 될 것입니다. 그리고 그런 영물들도 꼭 필요한 때 외에는 보이지 않을 것입니다. 그랬더니 이렇게 대답을 하는 것입니다.

목사님 감사합니다. 어찌하든지 와서 치유 받아 저의 친정어머니 같은 생활에서 해방을 받겠습니다. 이분이 다행이도 친척 집이 서울에 있어서 거기서 숙박을 하면서 몇 주 동안 치유를 받았습니다. 점점 얼굴이 환해지고 안정을 찾았습니다. 내가 지나가면서 물어보면 영물들도 잘 보이지를 않는다는 것입니다. 밤에 잠도 깊은 잠을 자고 있다는 것입니다. 몇 주 더 치유 받고 CD를 사서 가지고 고향에 내려갔습니다. 얼마 전에 집회에 참석을 했습니다. 물어보니 이제 안정을 찾아 바르게 믿음 생활을 하고 있다는 것입니다. 무엇보다도 밤에 잠을 깊게 자니 마음이 평안해서 좋다는 것입니다. 또 눈에 이상한 것들이 보이지 않으니 살 것 같다는 것입니다. 목사님의 설교 말씀이 잘 들리니 좋다는 것입니다.

가정환경도 많이 좋아졌다는 것입니다. 이렇게 바른 복음으로 치유를 받으면 전인적인 복이 따릅니다. 그래서 저는 영안이 열렸느니, 은사가 나타나느니, 하는 성도들의 열매를 보아야 정확하게 알 수가 있다고 합니다.

우리가 알아야 할 것은 눈에 시도 때도 없이 괴이한 것들이 보이는 것은 100% 귀신의 장난입니다. 성령으로 세례를 받고 진리의 말씀과 성령의 역사로 잠재의식을 정화하면 서서히 보이지 않게 됩니다. 한번 생각해 보시기를 바랍니다. 성령께서 시도 때도 없어 눈에 괴이한 것을 보여주실 리가 만무하지 않습니까? 속지 마시기를 바랍니다. 이는 자신에게 역사하는 귀신이 보여주는 것입니다. 속지 말고 하루라도 빨리 전문적인 성령치유를 받아 자유 함을 누리시기를 바랍니다.

14장 눈이 열렸다고 자랑하는 현상 영적검진

(히 5:12)"때가 오래 되었으므로 너희가 마땅히 선생이 되었을 터인데 너희가 다시 하나님의 말씀의 초보에 대하여 누구에게서 가르침을 받아야 할 처지이니 단단한 음식은 못 먹고 젖이나 먹어야 할 자가 되었도다."

하나님은 예수를 믿고 성령으로 거듭난 성도들이 영적인 사고를 하기 원하십니다. 우리가 말로는 예수를 믿고 영적으로 거듭났다고 합니다. 그러나 여전하게 육을 입고 육적인 사고에서 탈피하지 못하고 살고 있는 것을 부인할 수 없는 것입니다. 육적인 사고에서 탈피하지 못하니 영안이 열리지를 않는 것입니다. 성도는 반드시 영안이 열려야 합니다. 저는 영적인 사고가 굉장히 중요하다고 생각 합니다. 영적으로 사고하면 좀 더 빨리 영안이 열리고 영적으로 바뀔 수가 있기 때문입니다. 신령한 사람으로 바뀔 수 있습니다. 신령한 사람이 되어야 귀신들의 궤계를 알고 몰아낼 수가 있는 것입니다.

그러나 우리가 주님을 바라보고 그분께 경배를 드리게 되면 마귀는 극심한 고통으로 도망갈 수 밖 에 없는 것입니다. 신령한 것, 심령감찰(투시), 영적 세계를 보는 것을 대단하게 생각하는 사람들이 있습니다. 그러나 그것은 실상 별것이 아닙니다. 그것은 영적인 세계를 이해하는 데 약간 도움이 될 뿐입니다.

어떤 사람이 누군가를 미워하고 있다면, 영안이 열린 사람은 그 사람을 볼 때 으르렁거리는 호랑이의 모습이 보이거나 그의 가슴속에서 악한 불길이 움직이는 것이 보일 것입니다. 누군가 간교하게 처신할 때 영안이 열렸다면 여우의 형상이 보일 것입니다. 그러나 사실 그런 정도는 영이 열리지 않더라도 어느 정도 사회경험, 사람 경험을 해 본 사람은 쉽게 느낄 수 있는 것입니다.

첫째, 사모님 때문에 교회가 성장하지 않아요. 몇 년 전에 안산에 사는 사모님에게 전화가 왔습니다. 이유는 남편 목사님이 영안이 열렸다는 성도들의 말을 듣고 사모에게 전하는 과정에서 부부 싸움이 일어난 것입니다. 사모님이 하시는 말씀이 이렇습니다. 자기 교회에 영안이 열렸다는 여 집사가 있다는 것입니다. 이 집사가 영안을 열어 사모를 보니 사모에게 교회성장을 방해하는 귀신이 따라다닌다는 것입니다. 그 귀신들이 방해하기 때문에 교회가 성장되지 않는 다는 것입니다. 이 말을 하면서 목사님이 사모에게 따라다니는 귀신을 축귀하라고 했다는 것입니다. 그러니 목사님이 사모에게 이 말을 하면서 사모에게 역사하는 귀신을 쫓아내야 하겠다고 했다는 것입니다.

이 말을 들은 사모가 기분이 어떠했겠습니까? 목사님에게 성도들이 하는 말을 믿고 나를 귀신의 영향을 받는 사람 취급을 하려고 한다고 소리를 질렀다는 것입니다. 그러니까, 목사님이 사모의 **뺨**을 때렸다는 것입니다. 한 번도 아니고 두 번이나 때렸다는 것입니다. **뺨**을 맞고 분해서 저에게 전화를 한 것입니다. 정말로 자기에게 귀신이 따라다니면서 교회 성장을 방해하고 있는 것이 맞느냐는 것입니다. 영안이 열리면 귀신이 따라다니는 것이 보일 수가 있느냐고 질문하는 것입니다.

그래서 제가 이렇게 말했습니다. 사모님 억울하지만 참으세요. 원래 귀신의 영향을 받는 사람들은 교회를 파괴하고 가정을 파괴하는 일을 전문으로 하는 자들입니다. 절대로 사모님에게 귀신이 따라다니지 않습니다. 이것은 그 여 집사가 목사님과 사모님을 이간시켜 가정과 교회를 파괴시키려는 마귀의 간계입니다. 그냥 두어서는 더 큰 문제가 생길 수가 있으니 목사님을 설득하여 모시고 오세요. 다음 주 월요일에 사모님이 목사님을 모시고 오셨습니다. 목사님에게 이렇게 말해주었습니다.

그 여 집사는 귀신의 영향을 받아 목사님의 가정과 교회를 파괴하려고 그렇게 말을 하는 것입니다. 여 집사에게 잘못되었다고 이야기 하면 자신의 정체가 폭로되어 교회를 떠납니다. 아무 소리 하지 말고 기도하는 시간에 안수를 하세요. 그러면 성령의 역사로 귀신이 떠나가니 헛것들을 보지 못할 것입니다. 몇 주만 그렇게 해보세요. 그러면 이상한 소리를 하지 않을 것입니다. 문제가 생기면 전화를 하라고 하고 집회시간에 불 안수를 해드렸습니다. 며칠을 다니면서 치유 받고 능력을 받았습니다.

몇 주가 지난 다음에 사모님에게 전화가 왔습니다. 목사님이 예배 시간마다 안수를 하니 머리가 너무나 아파서 교회에 있지 못하겠다고 하면서 교회를 떠났다는 것입니다. 목사님이 사모님에게 미안하다고 용서를 구했다는 것입니다. 그래서 일이 잘 마무리 되었다고 감사하다는 것입니다. 지금 교회에는 이렇게 자칭 영안이 열렸다는 성도들로 인하여 목회자들이 많이 당하고 있습니다. 이렇게 영적으로 혼탁한 성도들이 거의 영 권이 약한 개척교회 목회자들을 미혹하고 있습니다. 한 두건이 아닙니다. 그러므로 개척교회 목회자들을 무엇보다 영적인 눈이 열려서 이런 성도들에게 농락당하지 말아야 합니다.

둘째, 목사님! 제 딸 눈에 귀신이 보인대요. 어느 청년의 이야기입니다. 부모가 예수를 믿어 모태 신앙이라고 하지만 필자가 보았을 때 얼굴을 보면 평안함이 없고 두려움이 쌓여있어 성령의 은혜가 메말라보였습니다. 이 청년이 말하기를 어렸을 때부터 귀신들이 보였다는 것입니다. 교회에 가서 기도하다가 보니까, 여자 귀신이 교회에 돌아다니더라는 것입니다. 대학의 화장실에서 볼일을 보다가 뒤를 보니까, 여자 귀신이 있더라는 것입니다. 자다가 일어나면 자신을 내려다보는 귀신이 있었다는 것입니다. 화장실, 학교강단, 집에서 교회에서 자주 귀신은 본다는 것입니다. 자신의 상태를 목회자에게 상담을 해보니까, 영안이 열려서 보인다고 했다는 것입니다. 목회자가 영적으로 무지한 사람이었나 봅니다. 그런데 문제는 자신이 항상 불안하고 두려웠습니다. 자살 (죽음)을 생각할 때도 있었다는 것입니다. 잠을 자다가 가위눌림을 자주 당하고 머리가 맑지를 못하고 집중하지 못했다는 것입니다. 꿈속에서 사람이 죽는 꿈을 자주 꾼다는 것입니다.

필자가 집안 어른들 중에 이방신을 섬기는 사람이 있는지 질문을 했습니다. 자신의 외할머니가 무당을 좋아하며 잡신들을 지극 정성으로 섬긴다는 것입니다. 외할머니가 가끔 영적인 문제가 일어나 자주 혼절을 하기도 한다는 것입니다. 원인이 없는 문제는 없습니다. 이 청년은 외가에 역사하는 귀신들의 영향으로 이러한 현상이 일어난 것입니다. 어렸을 때 영적인 면에 박식한 목회자를 만났다면 지금까지 이런 고통을 당하지 않았을 것입니다. 지속적으로 저희 교회를 다니면서 말씀 듣고 성령으로 치유 받아 정상으로 회복이 되었습니다.

또 다른 이야기는 6살 먹은 아이가 귀신이 보인다고 하면서 잘 놀란다는 것입니다. 저녁에 자다가 몇 번씩 깨어서 잠을 제대로 자지 못한다는 것입니다. 그러면서 저에게 이런 경우도 있느냐고 질문을 했습니다. 그래서 제가 이렇게 대답을 했습니다. 집안에 무당의 내력이 있든지, 절의 중이 있다든지, 통일교를 믿었다든지, 우상을 심하게 섬겼든지, '남묘호랭객쿄'를 믿은 적이 있다든지, 이단이 속한 경우에 아이들이 귀신을 보는 경우가 있습니다. 그 가정은 어느 경우에 해당됩니까? 외가 쪽에 무당이 있다는 것입니다. 지금 조치를 어떻게 하고 있습니까? 자기네 목사님이 능력이 조금 있으셔서 저녁마다 아이를 붙잡고 축귀를 한다는 것입니다. 그런데 귀신이 '안 나간다. 못 나간다.'하면서 떠나지를 않는다는 것입니다. 아이만을 붙잡고 축귀를 한다고 귀신이 떠나갑니까? 설령 귀신이 떠나간다고 하더라도 바로 다시 들어옵니다. 어머니하고 함께 축귀를 해야 합니다. 아이가 무슨 죄가 있습니까? 부모의 죄 때문에 아이가 생고생하는 것입니다. 부모의 죄 때문에 잘못하면 아이가 정상적인 생활을 못할 수도 있습니다. 속히 조치를 해야 합니다. 이런 경우는 목사님의 사고가 영적으로 사려 깊지 못하다는 것입니다. 물론 목사

자신은 귀신을 쫓을 수 있는 능력이 조금 있다고 하는데, 제가 상황을 분석해보면 목사님이 실수를 하고 있는 것입니다. 6살의 유아는 부모와 같이 성령을 체험하게 하고 내적치유하며 축사를 해야 합니다. 아이만 잡고 축사를 하니 아이가 얼마나 놀라겠습니까? 이런 경우는 차라리 목사님이 아무런 능력이 없는 것이 오히려 좋습니다. 선무당이 사람을 잡는 것입니다. 아예 못한다고 하면 환자의 부모가 다른 사람을 찾아서 치유할 수가 있는 것입니다. 아이들이 영적인 문제가 있다든지, 질병이 있는 경우는 이렇게 해야 합니다. 제가 그동안 수많은 사람들을 치유하며 체험한 것을 정리하면 이렇습니다. 아이를 치유하려면 먼저 가계력을 살펴야 합니다. 어머니 쪽의 영향인가, 아버지 쪽의 영향인가를 찾아야 합니다. 그래서 아버지 쪽의 영향이라면 아버지하고 같이 치유를 해야 합니다. 반대로 어머니 쪽의 영향이라면 어머니하고 같이 치유를 해야 합니다. 이는 영육의 질병발생 기간이 얼마 되지 않은 경우입니다. 아이가 영육의 질병으로 고생한 기간이 오래되었으면 양쪽부모가 다함께 치유를 받아야 합니다. 그래야 빨리 치유가 될 수가 있습니다.

지금 교회에는 영안이 열렸다는 성도들과 교역자들로부터 피해가 대단합니다. 성도들도 피해를 당하고 있습니다. 목회자들도 영안이 열렸다는 성도들로부터 피해를 당합니다. 그것도 작은 교회목회자들이 많이 당한다는 것입니다. 저에게 거의 일주일에 한 두 번씩 문의 전화가 옵니다. 그럴 수가 있느냐고 물어오는 것입니다. 어느 목회자는 영안이 열린 성도가 사모 때문에 교회 성장이 안 된다는 성도의 이야기를 듣고 사모를 폭행하여 울면서 전화하시는 사모님들도 있습니다.

어느 성도는 자신의 교회 강대상 뒤에 마귀가 앉아 있는데 목사님은 모르신다고 저에게 말했다가 저에게 심하게 질책을 당하는 성도도 있습니다. 마귀가 보이면 예수 이름으로 대적하고 쫓아내야지 목사님이 능력이 없다고 흉보라고 보여주는 것이 아니라고 나무랍니다. 우리 눈에 무엇이 보인다고 함부로 말하다가는 영락없이 귀신의 하수인이 되고 만다는 것을 아시기를 바랍니다. 그리고 귀신을 무서워하지 마세요. 성령의 임재 하에 예수 이름으로 대적하면 물러갈 수밖에 없는 존재입니다.

그리고 성도들이 성령의 이끌림(입신)에 들어가 천국과 지옥을 보려고 노력을 많이 합니다. 그러나 예수님이 하나님 나라는 여기 있다 저기 있다고 할 것이 아니요 하나님 나라는 바로 너희 안에 있다고 했습니다. 예수님은 누가복음17장 20-21절에서 "바리새인들이 하나님의 나라가 어느 때에 임하나이까 묻거늘 예수께서 대답하여 가라사대 하나님의 나라는 볼 수 있게 임하는 것이 아니요, 또 여기 있다 저기 있다고도 못하리니 하나님의 나라는 너희 안에 있느니라." 그리고 마태복음12장 28절에서 "그러나 내가 하나님의 성령을 힘입어 귀신을 쫓아내는 것이면 하나님의 나라가 이미 너희에게 임하였느니라."고 말씀하십니다.

예수를 믿노라고 하면서 마음의 천국도 누리지 못하는 성도들에게 주님은 천국과 지옥을 보여주기를 원하시지 않는다고 생각합니다. 그리고 설령 천국지옥을 보았다고 하더라도 입을 조심하는 것이 옳습니다. 왜냐하면 바울도 자랑하지 않았기 때문입니다. 고린도후서 12장 4-6절에서 "그가 낙원으로 이끌려 가서 말로 표현할 수 없는 말을 들었으니 사람이 가히 이르지 못할 말이로다. 내가 이런 사람을 위하여 자랑하겠으나 나를 위하여는 약한 것들 외에 자랑하지 아니하리라, 내가 만일 자랑하고자 하여도 어리석은 자가 되지 아니할 것은 내가 참말을 함이라 그러나 누가 나를 보는 바와 내게 듣는 바에 지나치게 생각할까 두려워하여 그만두노라." 바울과 같이 하나님을 두려워하시기를 바랍니다.

만약에 하나님에게 물어보아서 하나님이 말을 하라고 하면 말하고, 그렇지 않으면 입을 다물고 있는 것이 좋습니다. 바울과 같이 겸손한 자가 되기 바랍니다. 잘못하면 자기가 예수님보다도 더 우월한 사람으로 취급될 수 있기 때문에 조심해야 합니다. 왜 조심해야 하냐면 잘못하면 믿음이 약한 성도들이 자신도 이런 신비한 것을 체험해보려고 말씀을 멀리하고 신비한 체험만 하려고 하는 신비주의자로 만들 수 있기 때문입니다.

신비주의자는 하나님의 말씀보다 신비 체험을 더 우월하게 여기는 성도입니다. 우리는 신비한 성도이지 신비주의자는 아닙니다. 자신의 심령을 예수 심령으로 만들면 자신 스스로 천국을 누릴 수 있다고 생각합니다. 그리고 이왕 영안으로 보려면 예수님이 나의 죄 때문에 채찍에 맞으시고 십자가에 달려 고통하면서 숨을 거두시는 보습을 보려고 하시기를 바랍니다. 이 땅에서 마음의 천국도 누리지 못하면서 천국 보려고 하지 말고 마음 천국을 이루시기를 바랍니다.

15장 대중교통 안에서 귀신이 보이는 현상 영적검진

(히 5:12)"때가 오래 되었으므로 너희가 마땅히 선생이 되었을 터인데 너희가 다시 하나님의 말씀의 초보에 대하여 누구에게서 가르침을 받아야 할 처지이니 단단한 음식은 못 먹고 젖이나 먹어야 할 자가 되었도다."

예수를 믿고 성령으로 거듭난 크리스천이라도 영적인 지식이 없으면 불필요한 고통을 당하면서 살아갑니다. 크리스천은 분명하게 영적인 존재이며, 생명의 말씀과 성령으로 살아가는 사람들입니다. 물론 이 땅에서 살아가지만 천국의 시민권이 있는 사람들입니다. 천국 시민이므로 지금 천국을 누려야 하며, 생명의 말씀과 성령으로 영의 세계를 보는 눈이 열려야 합니다. 바른 영적인 지식이 있어야 합니다. 영적인 지식이 없으면 하나님께서 부여하신 권능을 사용할 수가 없습니다. 또 하나님께서 주신 복을 누릴 수도 없습니다. 많은 크리스천들이 성경말씀에 대해서는 아는 것이 많습니다. 잘 아시다시피 성경은 글씨로 기록되어 있기 때문에 머리로 지식적으로 알 수가 있기 때문입니다.

정작 크리스천들이 보고 대처해야 할 것은 영의 세계입니다. 그런데 영의 세계에 대한 전문적인 지식이나 체험이 없으니 효과적으로 대처하지 못합니다. 막연한 샤머니즘적인 지식으로 영의 세계를 대하고 있으니, 예수를 믿으면서도 여러 가지 이해하지 못할 고통을 당하면서 살아갑니다. 알고 보면 아무것도 아닌 것인데, 모르니 막연한 두려움으로 오류를 범하면서 지냅니다. 특별하게 귀신에 대한 막연한 두려움입니다.

어제 토요일 날 집중 치유를 하는데 한 여성이 으흐흥~ 으흐흥~ 앓는 소리를 하면서 기도를 하는 것입니다. 성령님에게 물었습니다. 성령께서 감동하시기를 집안에 어른 중에 꼼짝 못하고 누워서 지내다가 세상을 떠난 분이 있다는 것입니다. 그래서 본인에게 물었습니다. 그랬더니 자신의 친정어머니가 5년 동안 꼼짝 누워서 지내다가 세상을 떠났다는 것입니다.

그래서 당신은 지금 힘들어서 일어나지 못한 경우가 없느냐고 했더니, 목사님! 제가 아침에 일어나기가 힘이 듭니다. 피곤하고 스트레스를 받으면 다운되어 일어나기가 힘이 듭니다. 하는 것입니다. 이 여성은 지금 어머니를 다운되게 했던 악한 영의 영향을 받고 있는 것입니다. 축귀를 했습니다. 그 후 앓는 소리를 하지 않고 주여! 주여! 하면서 기도를 하는 것입니다.

이런 고통을 주위 사람들에게 말해도 이해하지 못합니다. 겉으로 보면 호흡도 정상적으로 쉬고 있는데 숨이 막혀 죽을 것 같다고 말한들 이해하지 못합니다. 그래서 꾀병이나 정신력이 약한 것으로 오인하게 됩니다. 병원에 가도 증상을 찾을 수 없으니 꾀병이라고 할 수밖에 없을 것입니다. 의지가 약하고 내성적이어서 그런 것이라 판단하게 됩니다. 그래서 가족들은 정신에 문제가 있다고 생각하고 그런 성격을 고치라고 책망하기도 합니다. 의지가 약하거나 생활력이 약한 무능한 사람으로 오인하게 되어 환자를 더욱 괴롭게 만듭니다. 사회성이 모자라 문제가 있다고 생각하고 사람들이 그들을 피하려고 합니다. 겉보기에는 의기소침하고 무능하고 무기력하고 활동적이지 못하기 때문에 사람들이 가까이하려고 하지 않습니다.

당사자는 가위눌림과 심한 우울증과 공황장애로 인해서 죽고 싶어집니다. 그런데도 불구하고 누구도 이 질환이 귀신들림에 의한 것이라고 생각하지 못하고 단순히 기질적이거나 정신적으로 문제가 있는 부적응 환자 정도로 넘깁니다. 영적으로 무능하기 때문입니다. 분별력이 없기 때문입니다.

가족들은 무능의 탓으로 돌리며, 정신에 문제가 있는 사람으로 생각하고 자주 책망하게 됩니다. 가족들의 이와 같은 올바르지 못한 대응으로 인해서 더욱 괴롭힘을 당하게 됩니다. 여러 가지 정신과 질환처럼 보이는 귀신들림은 당사자를 괴롭게 할 뿐만 아니라 가족들까지 고통을 당하게 됩니다. 정신을 잃는 것도 아니기 때문에 귀신들렸다고 생각하지 못하는 것입니다.

이런 중증 귀신들림 이전에 초기 증상은 마치 가벼운 노이로제처럼 자주 까닭 없는 짜증이 나고 때로는 이유 없는 충동이 솟아납니다. 자신의 내면에서 자신의 의지와는 상관이 없는 어떤 생각과 충동이 자신을 조정하는 것 같다는 느낌을 간헐적으로 받게 됩니다. 하지 말아야 할 일을 어처구니없이 해버려 당황하기도 합니다. 자신의 의지 즉 속마음과는 달리 어떤 충동이 일어나 순간 행동하게 되어 후회합니다.

이런 경우에 대부분의 사람들은 이렇게 말합니다. "내 정신이 아니었나봐!" 사람들도 그런 상식 밖의 행동을 돌발적으로 한 그 사람에 대해서 "그럴 수도 있지! 사람이란 누구나 정신 나간 짓을 할 때가 있다니까!"라면서 너그럽게 이해해줍니다. 그런데 이런 일이 한 번으로 그치는 것이 아닌데 문제가 있는 것입니다.

어처구니없는 실수를 자주하게 되면 사람들은 그때부터 그 사람을 온전하지 못한 문제가 있는 사람으로 여깁니다. 그러나 그것이 귀신들림에 의한 것이라는 생각은 전혀 하지 못하는 것입니다. 왜냐하면 귀신들림에 관한 지식이 거의 없기 때문입니다. 제가 성령치유 사역을 오래하면서 느낀 것은 성도들이 영적인 면에 참으로 무지하다는 것입니다. 왜냐하면 보이지 않는 분야이기 때문입니다. 그리고 막연한 두려움을 가지고 있기 때문입니다. 자주 머리가 어지럽고, 생각이 떠오르지 않을 정도로 머릿속이 안개 낀 것처럼 불투명하고 혼란스럽습니다. 만성두통으로 늘 시달리며, 가슴이 갑갑합니다. 때로는 가슴이 조여드는 협심증 증상과 같은 통증을 느낍니다.

메스껍고 헛구역질이 나옵니다. 차멀미를 하는 것 같이 속이 울렁거리고 머리가 어지럽습니다. 깊은 호흡을 하면 다소 안정이 되지만, 또 다시 그런 증상이 찾아옵니다. 기절하거나 죽을 것 같다는 생각이 들 정도로 갑갑함 때문에 다른 생각을 할 수 없게 됩니다. 서서히 자신이 앓고 있는 이 원인 모를 질환에 대한 공포가 더욱 두렵게 만듭니다. 바람처럼 또는 파도처럼 증상의 예조(豫兆)가 밀려들어오는 것을 느낍니다. 마치 흉악한 존재가 자신을 위협하려고 서서히 다가오는 것을 느낄 때 오는 공포심처럼, 그렇게 옥죄어드는 두려움으로 인해서 정상적인 생활을 할 수 없게 되어가는 것입니다.

우울증, 노이로제, 강박증, 피해망상, 공황장애 등과 같은 정신과 질환처럼 보이는 귀신들림과 잦은 충동과 거친 언행과 하나에만 극도로 몰입하는 자아몰입증과 같은 쏠림 현상이 나타납니다. 사람을 기피하고 소극적으로 변하게 됩니다. 사회와 서서히 단절된 삶으로 나가며, 사람을 만나는 것을 두려워하는 대인공포증과 같은 심리적 현상이 나타납니다.

자신의 정신은 그대로 유지하면서 육신과 마음이 질병으로 고통을 당하는 이와 같은 귀신들림은 다른 병으로 오인하거나 성격에 문제가 있기 때문이라고 판단하기 때문에 귀신을 쫓아내지 못하고 세월을 보내어 만성화하기 쉽습니다. 적어도 5년 이상 이런 증상으로 시달림을 받은 경우 환자는 악습에 이미 물들어 버리게 됩니다. 이런 경우 악습을 끊지 않으면 귀신은 물러가지 않습니다.

어느날 전화를 받았습니다. 40대 후반정도 되는 목소리의 여성입니다. "목사님! 거기 집회 매주 있습니까?" "예! 매주 화-수-목 오전 11시부터 오후 4시 30분까지 집회를 합니다." "거기 가면 목사님 안수를 받을 수 있습니까?" "예! 매 시간 안수를 해 드립니다." "교회가 어디에 있습니까?" "서울 서초구 방배동에 있습니다. 지하철을 타시고 사당역에서 내려서 11번 출구를 나오시면 바로 옆에 있습니다." "목사님! 승용차를 타고 가면 주차장이 있습니까?" "무료 주차장은 다른 사람들이 주차하여 사용하실 수가 없을 것입니다. 유료 주차장은 많은데 주차를 하시려면 요금을 지불해야 합니다. 아니 전철을 타고오시면 편할 것인데, 왜 승용차를 가지고 오시려고 합니까? 승용차를 가지고 오셔서 은혜 받으시고 가실 때 문제가 있을 수도 있습니다. 왜냐하면 성령의 역사가 강하게 일어나서 몸을 가누기가 힘이 들 수가 있습니다. 대중교통을 이용하여 오세요. 지금 전화하시는 곳이 어디 입니까? 노원구입니다. 노원구이면 4호선이나 7호선을 타고 오시면 편할 것입니다. 그렇게 하시지요." "목사님! 제가 열렸거든요." "아니 무엇이 열렸다는 것입니다." "영안이 열렸습니다. 버스나 지하철을 타면 사람들에게 역사하는 귀신들이 저에게 덤벼듭니다. 귀신이 저의 눈에 보입니다. 처처에 귀신들이 우글거립니다. 너무 두렵습니다. 그래서 지하철이나 대중교통을 타고 가지 못합니다." "실례이지만 직분이 어떻게 되십니까?" "전도사입니다. 어떤 교회에서 교육전도사하면서 목사님의 안수도 받고, 귀신에게 고통당하는 사람들을 기도해주다가 보니까, 이렇게 되었습니다. 지금 귀신들이 무서워서 밖에도 제대로 나가지 못합니다. 너무나 많은 귀신들이 저에게 덤벼들기 때문에 집안에 있습니다. 그리고 저에게 질병도 생겼습니다. 자궁 경부 암이 생겨서 3기입니다. 전에 교회 목사님의 말로는 마귀가 자궁암을 발생하게 했다고 합니다." 지금 항암 치료를 받고 있다는 것입니다.

"제가 이렇게 대답을 해주었습니다. 전도사님 그래가지고 어떻게 하나님의 자녀라고 할 수가 있습니까? 앞으로 목회는 어떻게 할 수가 있겠습니까? 전도사님의 마음 안에 하나님이 계십니다. 하나님은 귀신보다 강하십니다. 담대해야 합니다. 바르게 아셔야 합니다. 전도사님은 지금 악한 영에 시달리고 계시는 것입니다. 성령께서 열어주신 영의 눈이 아니고 귀신이 열어준 눈입니다. 귀신이 세상에 널려있다고 생각하며 두려워하다가 죽이려고 보여주는 것입니다. 우리 교회 2주 만 다니면 귀신이 보이지 않을 것이니 마음을 단단하게 먹고 전철을 타고 다니세요. 세상에는 귀신도 충만하지만 성령도 충만합니다. "또 아는 것은 우리는 하나님께 속하고 온 세상은 악한 자 안에 처한 것이며(요일 5:19)" 마음으로 예수님을 찾으면서 기도하면 성령이 충만해져서 귀신들이 덤비지 못할 것입니다. 걱정하지 말고 오시기를 바랍니다." 그렇게 말해도 전도사가 두려움이 떠나가지 않아 남편이 승용차에 태우고 2주 동안 다녔습니다. 집회에 참석하여 말로 표현할 수가 없는 귀신들이 떠나갔습니다. 얼굴에 두려움이 사라졌습니다. 편안한 얼굴이 되었습니다. 전도사가 하는 말, 이제 귀신이 보이지 않는다는 것입니다.

우리가 여기서 바르게 알고 지나가야 합니다. 필자도 영안이 열렸다고 믿고 있습니다. 사역할 때에 귀신들이 보일 때도 있습니다. 그런데 전철을 타거나, 버스를 타고 갈 때 귀신이 안 보입니다. 왜 그렇습니까? 필자의 주인이신 성령께서는 지혜로운 영이시므로 불필요하게 귀신들을 보게 하지 않으십니다. 가끔 시내를 걸어갈 때 성령께서 경고하며 느끼게 하실 때도 있습니다. 혼탁한 곳이니 기도하라고 알려주시는 것입니다. 그리고 제가 성령으로 충만하니 귀신들이 숨기 때문입니다. 저에게 보이면 떠나가야 하기 때문에 어떻게 하든지 정체를 숨기려고 합니다.

귀신은 성령이 충만한 사람과 성령의 역사가 일어나는 장소에 가면 어떻게 하든지 정체를 숨기려고 합니다. 자신의 정체를 드러나면 떠나가야 하기 때문입니다.

그러나 귀신이 열어준 영의 눈은 상황이 달라집니다. 귀신이 열어주는 경우는 집안에 무당의 내력이 있든지, 절의 중이 있다든지, 통일교를 믿었다든지, 천리교를 믿었다든지, 우상을 심하게 섬겼든지, '남묘호랭객쿄'를 믿은 적이 있다든지, 이단이 속한 경우에 시도 때도 없이 귀신이 보이는 경우가 있습니다. 어떻게 하든지 귀신들의 정체를 보게 하여 사람을 종으로 삼으려는 술책입니다. 두렵고 무서워 고통스러우면 귀신이 부리는 사람을 찾기 때문입니다. 전형적인 무당들이 사용하는 술책입니다. 무당집을 찾을 때 귀신들이 접신되는 것입니다. 굿을 할 때 귀신에게 접신됩니다. 그래서 조그마한 일이라도 생기면 무당이 생각나서 찾아가도록 한다는 것입니다. 가지 않으려고 해도 귀신들이 생각을 주장하여 하는 수 없이 찾아가는 것입니다. 무당을 부리는 귀신의 종이 된 것입니다. 귀신이 불안과 두려움을 주어서 꼼짝달싹하지 못하게 만듭니다. 그래서 지성인들도 무당에게 몇십억씩 빼앗기는 것입니다. 그런데 우리가 알아야 할 것은 귀신이 부리는 사람은 목회자 중에도 있다는 것입니다. 분별력을 가져야 합니다. 신령하다고 다 성령의 사람이 아니라는 것입니다. 귀신도 얼마든지 신령하게 할 수가 있습니다. 그들의 열매를 보아 알 수가 있습니다. 필자가 사역을 하다가 보면 이상하게 어떤 곳, 그곳에 다녔다는 목회자나 성도의 영적인 상태가 비슷하다는 것입니다. 다 교회이고 기도원입니다. 다 목사님들이 사역하고 있습니다. 그런데 하는 짓을 보면 하나같이 같거나 비슷합니다. 이야기를 들어보면 찾아가지 않으면 안 되도록 한다는 것입니다. 그렇게 하다가 보니 거기 역사하는 영에게 잡히는 것입니다. 아니 잡혔다는 것입니다.

이는 그곳에 역사하는 영이 있다는 결론입니다. 거기 갔을 때 마음을 열고 다가나니 귀신이 들어와 좌정하는 것입니다. 다녀온 사람들이 똑 같은 행동을 합니다. 거리를 다니면서 오만상을 다 지프라면서 다닙니다. 왜 그러냐고 물어보면 귀신이 보이기 때문이라는 것입니다. 이렇게 고통을 당하던 목회자와 성도가 우리 교회에 몇 주만 다니면 얼굴이 펴집니다. 귀신이 보이지 않고 마음이 편안해지기 때문입니다. 이런 유형의 사람들은 제가 안수를 해보면 거의 같은 영들이 역사하고 있다는 것입니다. 몇 주가 지나면 몸과 마음으로 느끼게 편안해진다는 것입니다. 눈에 귀신들이 보이지 않는 다는 것입니다. 그러니 분명하게 귀신이 열어준 영안이라는 것이 중명된 것입니다. 속지 마시기를 바랍니다. 진리를 따라가야 합니다. 바른 성령의 역사를 받아야 합니다.

귀신에게 괴롭힘을 당해보아야 귀신이 어떤 존재인지 압니다. 당해보아야 귀신에게 당하는 고통을 이해할 수가 있습니다. 필자가 그동안 체험하고 성령치유 사역 간 환자들의 상담을 통하여 알아낸 귀신이 보이는 시기는 이렇습니다. 몸이 허약할 때 귀신이 보입니다. 특별하게 비몽사몽간에 보이는 경우가 많습니다. 잠이 막 들려고 할 때 보입니다. 제가 군대에 있을 때 스트레스를 많이 받아 몸이 허약한 경우가 있었습니다. 전역하기 얼마 전이었는데 새벽에 교회에 가서 기도할 때 많이 보였습니다. 귀신이 달려들어서 '예수님의 이름으로 물러갈지어다.' 하고 대적하면 하하하… 하면서 물러갔다가 다시 달려들곤 했습니다. 이런 일이 있은 후 얼마 자나지 않아서 병원에 입원을 하게 되었습니다. 크리스천들은 영성과 체력이 균형을 잡아야 합니다. 체력이 떨어져서 영력이 약해졌을 때 보이기도 합니다. 영적 정신적인 문제로 스트레스를 많이 받았는데 영적인 치유를 게을리 하면 귀신에게 전인격을 장악 당하게 됩니다. 이때에는 눈을 뜨고 걸어가면서도 보입니다. 지하철을 타고 갈 때도 보이고 버스를 타고 다닐 때도 보이는 경우가 있습니다. 두려움과 불안한 생각에 사로잡혀 살아갈 때 보이는 경우가 있습니다. 영적으로 깨끗하지 않은 사역자에게 안수를 받은 후에 보이기도 합니다. 이사를 가서 보이기도 합니다. 앞에 살던 사람들이 신전을 차려놓은 경우입니다. 귀신이 눈이 보이는 분들이 주무실 때 가위눌림을 당하는 경우가 있습니다. 이런 경우에 일부 기도원이나 교회에서 금식을 시키는데 이는 화약을 지고 불에 들어가는 경우와 마찬가지입니다. 절대 안정을 취하면서 영양식을 드시면서 전문가의 영적치유를 받으면 얼마 있지 않아 정상으로 돌아옵니다.

4부 몸의 이상 현상을 통해 영적검진

16장 영적인 눌림의 상태 영적검진

(약 4:6-7)"그러나 더욱 큰 은혜를 주시나니 그러므로 일렀으되 하나님이 교만한 자를 물리치시고 겸손한 자에게 은혜를 주신다 하였느니라. 그런즉 너희는 하나님께 복종할지어다 마귀를 대적하라 그리하면 너희를 피하리라"

영적으로 눌리게 되면 영적인 활동에 좋지 않은 영향을 끼치게 됩니다. 마음속에 평안과 평강이 사라지고 불안해지며, 하나님이 허락하시는 마음의 평정심을 잃게 됩니다. 특히, 하나님과의 관계가 막혀져 영적으로 둔화되고 부딪히며 막히는 것을 경험하게 됩니다. 이 현상은 "영적 침체"와 비슷한 것이지만, 영적 침체는 영적 눌림 현상이 해결되지 않고 계속되는 경우 생기는 것입니다. 그러므로 영적 눌림은 영적 침체의 가벼운 증상이라고 생각할 수 있겠습니다.

어둠의 세력은 여러 가지 방법을 통해 우리들 마음속에 역사하려고 그 기회와 틈을 노립니다. 그렇기 때문에 우리들 마음속에 하나님과의 관계를 가로막고 영적으로 상해를 주는 어둠의 세력의 유혹과 미혹된 부분들을 날마다, 성령으로 기도하면서 마음을 정화하고, 예수님의 보혈의 은혜를 의지함으로 깨끗이 씻김을 받아야 합니다. 그대로 방치하게 되면 어둠의 세력이 그러한 부분을 통해 우리들의 마음속에 역사하다가 집을 짓기 때문입니다.

영적으로 눌리는 것은 성령의 역사와 예수님의 보혈의 은혜 외에 세상적인 그 어떤 것으로도 치유되거나 깨끗함을 받을 수 없습니다. 왜냐하면, 세상적인 것에는 어둠의 세력과 역사를 물리치고 제거할 수 있는 힘과 능력이 없기 때문입니다. 오히려 세상적인 부분을 통해 이를 회복하려고 한다면 어둠의 세력이 하나님과 우리들의 사이를 이전보다 더욱 멀어지게 하고 이간질시키며 마음으로부터 하나님을 떠나가게 할 것입니다.

그렇기 때문에 영적으로 흔들리거나 문제가 있다고 느낄 때 이를 대수롭지 않게 여기거나 적당하게 대처하려고 한다면 영적인 부분에 피해를 입기 쉽습니다. 이런 부분을 느낄 때 우리들의 영혼의 치유 자가 되시는 하나님을 찾아 그 문제들을 내놓고 하나님께 치유와 회복을 받는 것이 가장 현명하고 옳은 방법이라고 믿습니다.

영적으로 눌리는 것을 방치하게 되면 영적으로 눌리는 것을 넘어 영적으로 매이게 됩니다. 즉, 어둠의 세력에게 사로잡히게 된다는 것입니다. 자신도 모르는 사이 영적으로 멍들고 상처입고, 영적으로 병들고 무기력해져 어둠의 세력에 대항할 수 있는 기력마저 행할 수 없게 된다는 것입니다.

그렇기 때문에 우리들 마음속에 틈을 타 역사하려고 하는 어둠의 세력을 회개 기도와 대적 기도를 통해 우리들 심령 가운데 역사하지 못하고, 자리 잡지 못하도록 물리치고 제거해야 합니다. 그렇지 않게 되면 스스로 물러가지 않고 우리들의 심령을 계속해서 틈타며 집을 짓고 왕 노릇 하려하기 때문입니다.

하나님께서 우리들의 영혼을 진리와 생명의 길로 인도하신다면 어둠의 세력은 우리들의 영혼을 사망과 멸망의 길로 인도합니다. 그러므로 우리들은 어둠에 의해 조종당하고 어둠의 역사에 종노릇 하지 않기 위해서는 날마다 예수님의 보혈로 새 옷을 입고 하나님이 베푸시는 영의 양식을 통해 튼튼하게 무장을 해야 합니다. 또한, 성령으로 하는 기도를 통하여 하나님과의 교제하며 하나님이 베푸시는 은혜를 충전 받아야 합니다.

영적으로 튼튼하게 무장되어질수록 우리들의 마음은 하나님께 집중하게 되지만 영적으로 흔들리고 약해질수록 하나님이외의 세상적인 것에 집중하게 된다는 사실을 간과해서는 안 될 것입니다. 그것은 곧, 어둠의 유혹을 통한 어둠의 세력에 집중하는 것과 다름이 없습니다.

하나님께 집중할수록 하나님을 찾고 구하며 의지하게 되지만, 영적으로 눌리고 세상적인 것에 집중할수록 하나님보다 세상적인 것을 찾고 구하며 자신의 생각과 판단을 의지하게 됩니다. 보이는 사람을 의지하거나 찾게 됩니다. 즉, 어둠의 영이 우리들의 영혼으로 하여금 하나님 중심적인 마음과 삶에서 세상중심적인 마음과 삶으로 우리들의 영혼과 마음과 삶을 변질시켜 버린다는 것입니다.

어둠은 관심을 갖고 수용하는 것이 아니라, 성령의 임재가운데 대적해서 물리치고 제거해야 하는 것입니다. 하나님은 어둠의 역사에 대항할 수 있는 방법을 우리들에게 허락해 주셨습니다. 하나님이 허락하신 방법인 성령으로 기도하고, 예수 이름으로 대적하고, 마음 안에서 성령의 역사가 일어나게 하여 귀신이 물러가게 해야 합니다. 이런 적극적인 활동을 통해 어둠에 맞서 이를 대적하여 물리치고 제거해 나가야 하는 것은 바로 우리들의 몫입니다. 하나님을 가까이 하시기를 바랍니다. 성령으로 기도해야 합니다. 마음 안에 계신 하나님께 주신되게 해야 합니다. 하나님 안에 이를 이기고 물리치고 제거하며 승리할 수 있는 모든 길과 방법이 있기 때문입니다.

첫째, 영적인 눌림을 초래하는 일들. 영적인 눌림의 시발은 자신의 과오에서 출발합니다. 필자가 그동안 사역을 하면서 상담하고 치유하면서 대화를 해본 결과 영적인 눌림을 체험하는 사람들이 부부싸움을 하고나니 기도가 되지 않고 가슴이 답답하여 고생을 했다는 것입니다. 그래서 하나님은 "남편들아 이와 같이 지식을 따라 너희 아내와 동거하고 그를 더 연약한 그릇이요 또 생명의 은혜를 함께 이어받을 자로 알아 귀히 여기라 이는 너희 기도가 막히지 아니하게 하려 함이라"(벧전 3:7). 말씀하시는 것입니다. 부부간에 불화하면 기도를 못하게 하는 귀신이 역사한다는 말씀입니다.

혈기를 낸 경우입니다. 대부분의 크리스천들이 혈기를 낸 다음에 기도가 안 되고, 마음이 답답해지고 짜증이 나고, 마음이 답답하고, 목에 무엇이 걸린 것과 같은 형상을 체험했다는 것입니다. 혈기를 낼 때 육체가 되어서 나타난 현상입니다. 하나님은 "분을 내어도 죄를 짓지 말며 해가 지도록 분을 품지 말고, 마귀에게 틈을 주지 말라"(엡 4:26-27). 고 경고하시는 것입니다. 혈기를 냈다면 하루가 지나기 전에 풀어야 할 것입니다.

크리스천들이 세상 사람들하고 같이 일하기 때문에 모임을 피할 수가 없습니다. 세상에서 동료들끼리 모이다가 보면 음주하고, 노래방가고 한 다음부터 마음에 가책으로 기도를 하지 못하다가 영적인 눌림으로 고생하는 경우도 있습니다. 더군다나 친구들과 모이다가 보니 밤 늦는 줄도 모르고 있다가 주일 범하고, 영적인 눌림으로 고생하는 경우가 많습니다. 많은 크리스천들이 그런 간증을 하시지요. 주일 범했다가 어떤 일을 당했다고…. 이런 일을 자신을 사랑하시는 하나님의 경고라고 받아들이면 됩니다. 영적인 눌림에 잘 빠지는 경우가 십일조 드리다가 수입이 늘어나서 십일조를 하지 못한 경우입니다. 예를 든다면 한 달에 100만원 십일조 하다가 수입이 들어나 300만원을 십일조 해야하니 아까워서 십일조를 정확하게 드리지 않아 양심에 가책을 느끼고 영적인 눌림에 빠진 분들이 종종 있습니다.

밤에 외진 길을 가다가 사람이나 짐승에게 놀란 일이 있은 후부터 기도가 안 되고 마음이 답답하고 가슴이 두근거리고 불면증이 찾아오는 경우도 있습니다. 빨리 영적인 치유를 받아야 합니다. 시간이 경과하면 정신과 육체의 건강에도 심대한 문제를 야기할 수가 있습니다. 어느 여 집사님은 중국에 관광 가서 토속춤을 추는 것에 심취해 있다가 그 사람들이 옷을 빌려줘서 입고 춤을 추는 연습을 하고 귀국했는데 가슴이 답답하고, 기도가 되지 않고, 짜증이 심하고, 꿈을 많이 꾸고 불면증에 빠져서 한동안 고생하다가 필자에게 와서 내적치유 받고 정상으로 회복되었습니다. 귀신이 말로 표현 할 수 없도록 많이 떠나갔습니다.

다음 간증을 읽어보시기를 바랍니다. 저는 항상 믿음 생활하기가 너무나 힘들다고 불평하며 지낸 집사입니다. 제일 힘이 드는 것이 기도였습니다. 좀처럼 기도하기가 쉽지가 않았습니다. 다른 성도들은 몇 시간씩 기도를 한다고 자랑을 하는데 저는 십분을 하지 못했습니다. 집안에 일이 있어서 새벽기도에 가도 기도가 되지를 않아 그냥오기 일쑤였습니다. 기도를 하지 못하니 자연히 마음이 답답해지고 조그마한 소리에도 혈기를 잘 내는 것입니다. 남편이 한 마디 하면 저는 세 마디로 대꾸를 합니다. 남편은 교회 다니는 집사가 어떻게 그렇게 혈기가 심하냐고 할 정도입니다. 저도 혈기를 내지 말아야 하겠다고 생각은 합니다. 그러나 막상 사람과의 관계에서는 절제가 되지 않았습니다. 그래서 왜 제가 기도가 되지 않고 마음이 답답하고 혈기가 심할까! 혼자 고민을 하는데 구역 예배에 갔다가 구역장이 저의 이야기를 듣고 충만한 교회를 소개하여 주었습니다.

그래서 홈페이지에 들어가서 프로그램을 보고 집회에 참석을 했습니다. 집회에 하루 참석하여 말씀을 듣고 기도하니 조금 나아지는 것 같았습니다. 다음날 상담을 신청하여 저의 상태를 강 목사님에게 말씀을 드렸습니다. 강 목사님이 하시는 말씀이 마음의 상처로 인하여 영의 통로가 막혀서 기도도 안 되고 혈기도

심하다는 것입니다. 이런 상태로 계속 살아가다가 갱년기에 들어서면 육체의 질병과 우울증으로 고생을 할 것이라고 했습니다. 육신의 건강을 위해서라도 영의 통로를 뚫고 상처를 치유해야 한다는 것입니다. 어떻게 하면 영의 통로가 뚫리느냐고 질문을 했더니 계속 참석하면서 말씀을 듣고 기도를 하면 된다고 하시면서 기도 방법을 바꾸어 보라고 하셨습니다. 그냥 호흡을 들이쉬고 내쉬면서 배에서 나오는 소리로 주여! 를 계속하면 성령의 역사가 일어나 영의 통로가 자연스럽게 뚫리게 된다는 것입니다. 절대로 욕심을 부린다고 빨리 뚫리는 것이 아니니 성령께서 하라는 대로 따라가라는 것입니다. 그렇게 순종하고 기도하면 목사님이 돌아다니면서 안수하여 영의 통로가 뚫리도록 해준다는 것입니다. 그래서 순종하기로 했습니다. 무엇보다 두려운 것은 갱년기에 질병과 우울증으로 고통당할 수도 있다는 말이었습니다.

집회에 참석하여 전하는 말씀을 열심히 들었습니다. 말씀을 들을 때 저의 가슴이 답답해지는 것을 느꼈습니다. 그래서 나는 이상했지만 성령의 역사로 인하여 나타나는 현상이라는 것을 알았습니다. 말씀을 듣고 찬양을 부르고 기도 시간이 되었습니다. 강 목사님이 알려주신 대로 숨을 들이쉬고 내쉬면서 배에서 나오는 소리를 열심히 했습니다. 숨을 들이쉬면서 배에서 나오는 소리로 주여! 를 계속했습니다.

이렇게 기도에 몰입을 했습니다. 그러자 저에게 진동이 오기 시작을 했습니다. 손이 떨리기 시작을 하더니 온몸이 떨리는 것입니다. 그래도 기도에 몰입을 했습니다. 그러자 이제 손가락이 움추려들고, 오그라드는 것입니다. 그러면서 제 몸이 뒤틀리는 현상이 일어나는 것입니다. 가슴이 답답해 오는 것입니다. 이제 제의지로 무엇을 할 수가 없었습니다. 성령이 역사하는 대로 따라서 기도를 했습니다. 그러니까 제 안에서 불이 올라오는 것입니다.

아주 뜨거운 불이 올라옵니다. 온몸이 뜨거워집니다. 얼굴이 뜨거워집니다. 몸은 뒤틀립니다. 아주 정신을 차릴 수가 없이 성령이 역사를 하는 것입니다. 그러기를 한 30분 한 것 같습니다. 이제 제가 잠잠해지기 시작을 했습니다. 그러자 강 목사님이 오셔서 안수해 주셨습니다. "이렇게 뒤틀리게 했던 더러운 영은 물러갈지어다." "기침을 통해서 떠나갈지어다." 하며 명령을 했습니다. 그러자 기침이 사정없이 나오는 것입니다. 그러면서 내 속에서 방언기도가 터져 나오는 것입니다.

그때 저에게 감동이 오기를 이제 성령의 불세례를 체험하고 영에서 나오는 방언을 하는 것이라는 것입니다. 영의 통로가 뚫렸다는 생각이 나를 주장했습니다. 너무나 감사했습니다. 그래서 계속 방언기도를 하니 몸이 가벼워지며 머리가 상쾌해졌습니다. 너무나 좋아서 지금 두 달째 다니고 있습니다. 말로 표현 못하는 평안을 느끼고 있습니다. 성격이 유순해졌습니다. 혈기가 없어졌습니다. 기도 시간이 즐거워집니다. 저의 남편이 이제 집사 같다는 것입니다. 제가 지금 느끼는 것은 바른 신앙지도를 받으면 좀더 빨리 깊이 있고 변화된 성도가 될 수 있다는 것입니다. 정말 하나님의 평안을 몸으로 느끼면서 삶을 살아가고 있습니다.

둘째, 영적인 눌림으로 나타나는 현상. 기도를 하려고 앉았지만 입이 열리지 않고 마음이 무거워 기도가 전혀 되지 않는 경우를 경험하였을 것입니다. 기도가 쉽게 풀리지 않고 힘들고 지금 이 기도를 주님이 받으시지 않는 것 같은 느낌을 받아 더욱 기도가 어려워집니다. 이러한 현상을 영적 눌림이라고 표현합니다. 이 현상은 "영적 침체"와 비슷한 것이지만, 영적 침체는 영적 눌림 현상이 해결되지 않고 계속되는 경우 생기는 것입니다. 그러므로 영적 눌림은 영적 침체의 가벼운 증상이라고 생각할 수 있겠습니다. 영적 눌림에 이르면 가슴이 답답하고 기도는 해야 하겠는데 막상 기도하려고 하면 아무런 생각도 나지 않고 힘이 빠져 기도할 마음이 사라집니다.

기도는 해야 하겠는데 기도할 기분이 들지 않아 몇 분을 지나지 못해서 자리에서 일어나게 됩니다. 이러한 영적 눌림이 일어나는 이유가 무엇이겠습니까? 이럴 때 우선적으로 생각해 보아야 할 것이 그릇된 행동의 문제입니다. 주님의 말씀을 어기고 그릇된 행동을 하여 양심에 가책을 받을 때 이러한 현상을 경험하게 되는 것입니다. 가벼운 죄일 경우 가벼운 눌림 현상이 나타나지만 죄가 큰 경우 무거운 눌림 현상이 나타납니다. 주님이 원하는 것은 하지 아니하고 원하지 않는 것을 행하여 성령을 근심케 하였을 때 이러한 현상을 경험하게 됩니다.

영적 눌림은 자주 경험하는 흔한 일입니다. 이는 우리가 잘못했을 때마다 주님이 우리에게 주님의 마음을 깨닫게 하시기 위해서 이런 일을 행하시는 것입니다. 주님의 간섭을 통해서 우리는 주님의 마음을 깨닫고 옳고 그른 것이 무엇인지 깨닫게 되는 것입니다. 사람의 생각에는 올바른 것 같을지라도 하나님의 시각에서는 올바르지 못한 것이 많습니다. 주님이 제동을 걸지 않으면 우리는 자신의 생각이 올바르다고 생각하고 그 행동을 계속하게 됩니다. 그러므로 주님이 영적 눌림을 사용하여 우리에게 말씀하시는 것입니다. 자신의 행동이 아무리 선한 의도로 행하였다 하더라도 주님의 뜻에 어긋날 수 있습니다. 이런 사실들을 일일이 점검 받음으로써 우리는 주님의 마음에 더 가까이 다가가게 되는 것입니다. 그리고 주님의 시각에서 사물을 보고 행동하게 되는 것입니다.

영적 눌림 현상은 자신의 행동을 살펴보고 교정하라고 보내는 성령님의 신호입니다. 이를 무시하고 교정하지 않으면 서서히 영적 침체에 빠지게 됩니다. 영적 침체는 질병입니다. 그러므로 치유하기가 쉽지 않습니다. 영적 눌림이 영적 침체로 가기 전에 주님 안에서 교정 받아야 합니다. 기도가 되지 않는다고 해서 자리에서 일어나는 것은 오히려 성령을 근심케 하며, 주님을 실망시키는 일이 된다는 사실을 기억하십시오. 이런 경우 억지로 기도를 하려하지 말고 호흡을 들이쉬고 내쉬면서 예수님을 찾으세요. 하는 방법은 호흡을 코로 들이쉬고 호흡을 내쉬면서 아랫배에서 나오는 소리로 자연스럽게 주여! 다시 호흡을 코로 들이쉬고 호흡을 내쉬면서 아랫배에서 나오는 소리로 자연스럽게 주여! 다시 호흡을 코로 들이쉬고 호흡을 내쉬면서 아랫배에서 나오는 소리로 자연스럽게 주여! 이렇게 지속적으로 하시기를 바랍니다. 그러면 기침이 나오든지 하품이 나오든지 제체기가 나오든지 할 수도 있습니다. 그러면서 막힌 영의 통로가 열립니다. 마음이 열리면 찬양을 한다든지 방언으로 기도를 한다든지 하면 됩니다. 중요한 것은 목이나 생각이나 말이나 머리로 기도하려고 하지 말고 아랫배에서 올라오는 순수한 소리로 기도를 하는 습관을 들이시기를 바랍니다. 기도를 아랫배로 하는 습관이 되면 좀처럼 영적인 눌림에 빠지지 않습니다.

반드시 알아야 할 것은 기도가 바뀌지 않으면 맑힌 영의통로를 뚫을 수가 없습니다. 의지를 가지고 순수하게 순종해야 맑힌 영의통로가 뚫립니다. 기도가 바뀌지 않으면 2년이 되어도 영적인 눌림에서 해방될 수가 없습니다. 왜냐하면 자신의 기도가 잠재의식에서 나오는 혼적인 기도이기 때문입니다. 기도를 바꾸어서 영에서 올라오게 해야 영의통로가 열리는 것입니다.

다른 방법은 호흡을 들이쉬고 내쉬면서 예수님을 생각하고 찾는 것입니다. 하는 방법은 호흡을 들이쉬면서 예수님! 호흡을 내쉬면서 도와주세요. 호흡을 들이쉬면서 예수님! 호흡을 내쉬면서 사랑합니다. 호흡을 들이쉬면서 예수님! 호흡을 내쉬면서 사랑합니다. 지속적으로 하시기를 바랍니다. 어느 정도 하다가 보면 하품도 나오고 기침도 나오고 제체기도 나올 수가 있습니다. 마음이 열렸다고 생각이 되면 찬양을 하든지, 말로 기도를 하든지, 주여! 주여! 를 하든지, 방언으로 기도를 하든지 하면 됩니다. 문제는 빨리 눌림에서 빠져나와서 영적인 침체에 빠지지 않게 해야 합니다. 찬양을 하시면서 찬양의 가사를 묵상하십시오. 자신이 제일 잘 부르는 찬양을 일절만 계속하여 부르시기 바랍니다. 찬양이 되지 않는 사람은 조용히 묵상하십시오. 묵상의 방법은 제가 "기도 쉽게 바르게 하는 방법" 책에서 소개한 여러 가지가 있지 않습니까? 자신에게 맞는 묵상법을 가지고 묵상하십시오.

기도를 시작하면 먼저 말부터 하려는 사람들이 많습니다. 먼저 이렇게 해보시기 바랍니다. 호흡을 코로 들이쉬고 호흡을 내쉬면서 아랫배에서 나오는 소리로 자연스럽게 주여! 다시 호흡을 코로 들이쉬고 호흡을 내쉬면서 아랫배에서 나오는 소리로 자연스럽게 주여! 주여! 소리는 악을 쓰지 말고 자연스러운 소리가 좋습니다.

새벽기도는 아주 중요한 기도시간입니다. 많은 성도들이 새벽에 교회에 나와서 기도를 합니다. 성령이 충만하게 임재 된 가운데 기도를 해야 합니다. 그런데 기도 내용을 보면 머리로 생각한 내용을 가지고 육신적인 기도를 합니다. 육신적인 기도를 하니까, 시간을 드려서 기도해도 하나님의 음성을 듣지 못함은 물론이고 응답을 받지를 못하는 것입니다.

새벽 기도는 성령의 인도를 받아 성령으로 기도하므로 하나님의 음성을 듣고 하루 일을 준비하는 귀한 시간입니다. 그럼에도 불구하고 자기가 생각하고 있는 기도 제목만 하늘에 계신 한님에게 아뢰는 기도가 되고 있습니다. 이렇게 기도하니 기도응답도 받지 못하고 성령 충만도 받지 못하는 것입니다.

17장 영적인 침체 상태의 영적검진

(마11:2-11)"요한이 옥에서 그리스도께서 하신 일을 듣고 제자들을 보내어 예수께 여짜오되 오실 그이가 당신이오니이까? 우리가 다른 이를 기다리오리이까? 예수께서 대답하여 이르시되 너희가 가서 듣고 보는 것을 요한에게 알리되 맹인이 보며 못 걷는 사람이 걸으며 나병환자가 깨끗함을 받으며 못 듣는 자가 들으며 죽은 자가 살아나며 가난한 자에게 복음이 전파된다 하라. 기록된 바, 보라 내가 내 사자를 네 앞에 보내노니 그가 네 길을 네 앞에 준비하리라 하신 것이 이 사람에 대한 말씀이니라. 내가 진실로 너희에게 말하노니 여자가 낳은 자 중에 세례 요한보다 큰 이가 일어남이 없도다. 그러나 천국에서는 극히 작은 자라도 그보다 크니라."

영적인 침체가 왔을 때 나타나는 현상 가운데 많이 보이는 것이 마음이 강퍅해지고 교만해지는 것입니다. 스스로 자만하여 믿음의 조언을 귀찮아하거나 들으려 하지 않고 자신이 스스로 알아서 모든 부분을 다 할 수 있는 양 나름의 생각합니다. 또한, 별일 아니고 시간이 조금 흐르면 해소가 된다는 안일한 생각으로 지나쳐 버리거나 방관하기도 합니다.

영적 침체 중에는 들려줘도 들으려 하지 않을 뿐만 아니라, 오히려 믿음의 조언을 하는 것을 못마땅하게 여기기도 합니다. 하나님과의 관계뿐만 아니라, 다른 많은 부분이 막혀 버리기 때문에 마음이 참으로 답답합니다. 믿음의 조언을 들으면 그 믿음의 조언이 다 맞는 것은 인정할 수 있지만, 막상 자신이 그렇지 못하기 때문에 답답해합니다. 이런 분들은 자신이 자신을 볼 수 있도록 해야 합니다. 다른 사람들의 조언을 듣지 않을뿐더러, 역효과를 초래할 우려가 있기 때문입니다. 시간이 흘러 영적인 눌림이 나타나고 영적인 무기력에 빠지기 시작하면 스스로 치유하려고 노력하게 됩니다. 영적인 침체기에 들어선 분들은 대부분 생각해서 들려주는 말들이 위로가 되지 못하고 믿음의 조언도 오래가지를 못합니다. 그렇기에 자신의 입장에서 생각하고, 부정적으로 바라보며, 자신의 입장에서만 생각을 고집하게 됩니다. 한마디로 이기주의자입니다. 영적인 침체는 더불어 육적인 침체를 함께 동반하기도 합니다.

몸이 많이 피곤하고, 감정이 가라앉으며, 의욕을 잃기도 합니다. 그렇기 때문에 영적인 침체 중에는 별것 아닌 말에 상처나 스트레스를 받기도 하고, 때로는 별일 아닌 것에 지나치다 싶을 정도로 예민하게 반응을 하며, 마음속에 오래 담아 두기도 합니다. 혈기가 심해지기도 합니다.

첫째, 영적침체로 나타나는 현상. "성령 충만하다."라는 것이 하나님으로 우리들의 영혼과 삶이 충만한 것이라면, 영적인 침체는 그와 반대로 영적으로 메마르고 기근 현상이 나타나며, 우리들의 신앙이 제자리에 머무르거나 퇴보하는 것을 의미합니다.

영적인 침체가 그 무엇보다도 힘들고 고달픈 것은 은혜 충만한 우리들의 삶이 서서히 식어가면서 은혜의 소멸로 말미암아 지극히 영적으로 메마르면서 우리들의 영혼이 세상적인 모습으로 변질되어 가는데 있는 것입니다.

영적으로 침체 현상을 보이면 나타나는 현상이 있습니다. 첫째는 무엇보다 영적으로 게을러지고 나태해집니다. 둘째는 영적인 기갈로 말미암아 세상적인 것에 마음을 빼앗기며 세상적인 것을 기뻐하고 즐거워하게 됩니다. 셋째는 하나님과의 교제가 막히면서 하나님께 무관심하게 되고 하나님을 멀리하게 됩니다. 넷째는 지극히 자기중심적이고 세상중심적인 모습을 보입니다. 다섯째는 주변 사람의 조언을 귀담아 듣지 않습니다. 여섯째는 영적인 카리스마와 능력을 잃게 됩니다. 일곱째는 죄에 대해 무감각해지면서 죄 된 삶을 살아가게 됩니다. 여덟째는 그 어느 때보다 무능력하다는 것과 무기력하다는 것을 느끼게 됩니다. 아홉째는 세상적인 것에 얽매이고 집착하는 모습을 보입니다. 열번째는 위의 것들이 잘못되었다는 것을 알면서도 이를 통제하거나 이겨낼 수 있는 힘이 없습니다. 열한째는 감정적으로도 많이 다운이 되면서 자기정체성이 흔들리게 됩니다.

영적인 침체는 하나님의 뜻과 섭리가운데 있는 것입니다. 내 자신이 들어가고 싶다고 해서 들어갈 수 있는 것도 아니고, 들어가기 싫다고 해서 거부되어지지도 않는 것입니다. 무엇보다 내 자신이 영적인 침체 가운데 있다는 사실을 인지하지 못하고 살아가는 것이 마음을 힘들게 하고 안타깝게 할 따름입니다. 영적인 침체는 하나님에 의해서만 극복되어질 수 있는 것입니다. 그렇기 때문에 영적인 침체를 경험하게 될수록 하나님을 그 어느 때보다 더 찾아야 하고 의지해야 합니다. 비록 하나님의 응답이나 하나님의 어떠한 반응이 없을지라도 말입니다. 그러나 우리들이 명심해야 할 것은 영적인 침체가운데 있다고 하여도 하나님께서 우리들의 영혼을 포기하거나 버리시지는 않으신다는 것입니다. 영적인 침체 속에서도 우리들의 영혼을 바라보시고 함께 하시며 우리들을 떠나가시지 않는다는 것입니다. 다만, 우리들이 하나님을 못 느낄 뿐이고 하나님이 안 계신 것처럼 느낄 뿐입니다. 영적인 침체를 이기고 승리할 때 하나님께서 우리들에게 허락하시는 은혜와 사랑은 가히 말로 표현할 수가 없습니다.

우리들에게 주어질 하나님의 은혜는 그만큼 그 어느 때보다도 소중하고 귀하게 여겨질 것입니다. 그렇기 때문에 우리들은 실망과 좌절하지 말고 하나님이 허락하실 장래를 소망하면서 하나님만을 의지하고 바라보는 믿음을 가져야 합니다. 그것이 비록 힘들고 고달프고 어렵고 때로는 아플지라도 말입니다.

둘째, 우리들도 영적인 침체를 겪을 수 있다. 오늘 본문 말씀에서 우리는 하나님의 의해 놀랍게 쓰임 받았던 한 사람을 만납니다. 그는 세례요한입니다. 그런데 지금 세례요한이 영적인 침체 속에 있는 것을 보게 됩니다. 세례요한은 어떤 사람이었습니까? 세례요한은 주의 길을 예비하라고 하나님에 의해 보내심을 받은 사람입니다. 세례요한은 예수님을 보고는 "보라 세상 죄를 지고 가는 하나님의 어린양이다"(요1:29) 라고 확신에 찬 음성으로 말하면서 예수님께서 인류의 죄를 담당하시기 위해서 돌아가실 메시야이시며 구세주이심을 증거 했던 사람입니다. 세례요한은 언제나 확신과 열정을 가지고 말씀을 선포했었습니다. 그 누구도 세례요한의 생애 속에서 예수님에 대하여 털끝만큼도 의심하는 모습을 찾아 볼 수가 없었습니다.

그런데 지금 세례요한은 헤롯왕에 의해 교도소에 갇혀 있었을 때 제자들을 보내 예수님께 묻기를 "오실 그이가 당신이 오니이까? 우리가 다른 이를 기다리오리이까?"(3절) 라고 질문하는 것을 보게 됩니다. 지금까지 줄곧 예수님을 가리켜 "보라, 예수님은 하나님의 어린양이며, 우리가 그토록 기다렸던 메시야시며, 구세주이시다" 라고 외쳤던 세례요한이 이제 와서는 예수님을 향하여 "정말 오실 메시야가 당신입니까?"라고 묻고 있는 것입니다. 참으로 너무나 충격적인 소식을 우리는 접하게 됩니다. 우리는 이 사실을 통하여 아무리 믿음이 강한 그리스도인이라 할지라도 오랫동안 영적인 침체 속에서 지내게 되면 믿음이 연약해 지고 흔들릴 수 있다는 것을 깨닫게 됩니다. 영적 침체에 빠지면 지금 돌아가시면 천국가실 수 있나요. 죽어보아야 알지요. 이렇게 대답하게 됩니다. 필자가 병원에 능력전도 다니면서 권사님에게 질문하니 그렇게 대답을 했습니다.

셋째, 우리는 언제 영적인 침체에 빠지게 됩니까?

1) 나의 생각대로 일이 이루어지지 않게 될 때 영적 침체에 빠

질 수 있습니다. 세례요한은 하나님의 나라가 자기 당대에 속히 임하게 되기를 바랐던 것 같습니다. 그런데 자기 생각대로 하나님의 나라가 임하지 않았고 세례요한은 교도소에 갇히게 되었습니다. 세례요한은 예수님이 오시면 곧바로 하나님의 나라가 임하게 될 줄 알았는데 그렇게 되지 않자 세례요한은 의심과 갈등 가운데 "예수님, 당신이 우리가 기다렸던 메시야입니까?"라는 질문을 하게 된 것입니다.

언제 우리의 신앙생활이 흔들리고, 언제 우리가 영적인 침체에 빠지게 되는지 아십니까? 어떤 일이 내 생각대로 되어져야 한다고 생각하는데, 그 일이 내 생각대로 이루어지지 않게 될 때 우리의 믿음은 흔들리기 쉽습니다. 우리의 사업이 잘되고, 가정이 잘되고, 건강하고, 직장에서 승진이 잘되고, 원하는 상급학교에 진학을 하게 될 때 하나님을 부인하고 의심하는 사람은 없습니다. 그때는 하나님께서 베풀어주신 일들로 인하여 감격하고 감사하면서 하나님을 찬양합니다. 그러나 때때로 우리의 생각대로 일들이 주어지지 않을 때가 있습니다. 바로 그때 자칫 잘못하면 우리는 영적인 침체와 신앙의 위기를 만날 수 있습니다.

2)우리의 환경이 어렵게 바뀔 때 영적 침체에 빠질 수 있습니다. 지금 세례요한은 교도소에 갇혀 있을 때 이런 말을 하고 있는 것입니다. 세례요한은 이전까지는 자유로운 몸으로 광야에서 하나님을 증거 하면서 하나님의 일을 행했었습니다. 그런데 이제는 환경이 바뀌어 교도소에 갇히게 되었습니다. 환경이 바뀌게 되니까 지금까지 예수님에 대해 확신에 찬 믿음을 가지고 있

었던 세례요한은 믿음이 흔들리게 된 것입니다.

우리가 때때로 영적인 침체와 위기를 만날 때가 있었다면 그때가 언제였는지 생각해 보시기 바랍니다. 이사를 가서 한동안 영적인 침체에 빠지기도 합니다. 다른 때가 아니라, 우리에게 주어져 있는 환경이 바뀔 때였을 것입니다. 우리가 항상 열정과 감격을 가지고 하나님을 사랑하면서 예수님의 사랑 속에서 믿음의 확신 속에 살아야 하는 것이 정상적인 신앙생활입니다. 하지만 오랜 신앙 속에서 힘들고 어려운 환경이 계속되면 우리의 믿음도 흔들릴 수 있습니다.

넷째, 어떻게 할 때 영적 침체에서 벗어날 수 있습니까?

1) 자신의 상태를 솔직하게 털어놓아야 영적 침체에서 벗어날 수 있습니다. 세례요한은 제자들에게 자신이 영적으로 침체되어 있는 사실을 말했습니다. 그리고 제자들로 하여금 예수님께로 가서 다시 예수님이 정말 메시야 인지를 알아오라고 했던 것입니다. 세례요한의 제자들은 지금까지 줄곧 예수님을 메시야라고 증거 하는 확신에 찬 세례요한의 증거를 들어왔었습니다. 그런데 지금 세례요한은 "나에게는 예수님이 메시야라는 확신이 없으니 너희들이 가서 예수님이 메시야 인지를 다시금 확인하고 오너라"고 말했던 것입니다.

세례요한은 모든 자존심을 뿌리쳤습니다. 그리고 "나의 연약한 믿음을 다른 사람이 보면 뭐라고 평가할 것인가?"에는 별 관심을 갖지 않았습니다. 세례요한은 예수님이 어떤 분인지 확신

하면서 다시금 흔들리지 않는 확고한 믿음 가운데 거해야 되겠다는 일념으로 예수님께 제자들을 보냈고 흔들리는 문제를 물었던 것입니다.

우리가 믿음이 흔들리는 영적 침체기를 맞을 때 아주 잘못 행하는 것 한 가지를 말한다면 그것은 사람의 눈을 너무 크게 의식하는 것입니다. 신앙생활은 하나님과 나와의 관계입니다. 그러므로 하나님과 나와의 관계가 잘못되어 있다면 어떠한 대가라도 지불하고서라도 하나님과의 관계를 바로 해야만 합니다.

그런데 많은 사람들은 자신의 믿음이 흔들리고 영적으로 침체 상태에 있는데도 다른 사람의 시선을 의식하면서 이렇게 말합니다. "내가 이러한 직분을 가지고 있는데, 내가 오래 믿어왔고 신앙의 연륜을 가지고 있는데, 내가 전에 이런 간증을 했었는데, 다른 사람들이 내가 연약한 가운데 있다는 것을 알면 뭐라고 이야기 할 것인가?" 거기에 너무 신경을 씁니다. 제일 중요한 것은 하나님과 나와의 관계를 회복하는 것인데도 말입니다.

세례요한은 진정한 용기를 가지고 솔직한 가운데 하나님과의 관계를 회복시키는 것이 제일 중요하다는 한 가지 사실을 가지고, 제자들을 예수님께 보내어 메시야 임을 확인시켜 달라고 했던 것입니다. 우리들도 영적인 침체에서 벗어나려면 세례요한과 같은 결심을 해야만 합니다.

우리 가운데 많은 성도님들이 예수님을 영접하여 구원받은 확신 속에서 믿음의 생활을 하는 줄 압니다. 그러나 우리 가운데 예배는 참석하고 있지만 지금 죽으면 천국 갈 확신이 없는 분이 있을 수 있습니다. 예수님께서 나의 죄를 다 담당하시고 해결하신 나의 구주라는 것을 확신하지 못한 채로 살고 있는 분이 있을 수 있습니다. 그러한 분이 있다면 다른 사람들의 시선을 생각하지 말고, 하나님 앞에서 자신의 믿음이 어떠한지를 확신하기 위하여 하나님과 자기 자신을 속이지 말고 솔직하시기 바랍니다. 세례요한은 자기의 체면과 명예와 지위와 다른 사람의 평판을 전혀 생각하지 않았습니다. 세례요한은 하나님 앞에서 흔들리지 않는 믿음의 확신 가운데 거하기를 원했던 것입니다.

바라기는 모든 분들이 하나님과 자신과의 관계 속에서 구원받은 사실을 확신하면서 삶을 살기를 바랍니다. 자신이 오늘 돌아가신다면 천국 갈 확신이 있으십니까? 이 확신이 없다면 "내가 어떻게 하면 구원받을 수 있는지 이것을 내가 오늘 해결하겠다." 라는 마음을 가지고 예수님께 나와서 문제를 해결함으로 구원의 확신 속에서 신앙생활 하시기 바랍니다.

2) 하나님의 말씀을 확신하게 될 때 영적 침체에서 벗어나게 됩니다. 세례요한이 자기의 문제를 가지고 솔직하게 예수님께 나왔을 때 예수님께서는 세례요한에게 하나님의 말씀을 들려주심으로 영적 침체에서 벗어나게 해 주셨습니다. 예수님께서는 이사야서 61장 1,2절의 말씀을 들려주셨는데 그것은 메시야가 와서 하실 일들에 대해 기록한 말씀입니다. "앉은뱅이가 일어나고, 문둥이가 깨끗함을 받고, 귀머거리가 들으며, 가난한 자에게 복음이 전파되는 일"은 메시야가 오셔서 할 일이었습니다.

세례요한은 이사야서 61장 1,2절 말씀의 내용을 잘 알고 있었습니다. 그러나 세례요한은 교도소 안에 있으면서 그 말씀을 놓치고 있었던 것입니다. 예수님께서 세례요한을 영적으로 자시 회복시켜 주실 때 전에 들었고, 전에 알고 있었던 말씀을 다시 한 번 들려주심으로 확신 속에서 능력 있는 신앙생활을 하도록 하셨습니다.

우리가 영적으로 침체와 무기력 가운데 있을 때 어떻게 하면 다시 굳건한 믿음 가운데 살 수 있게 될까요? 그것은 전에는 알고 있었지만, 지금은 멀어져 있고 희미해져 있는 하나님의 말씀이 내 중심에 다시 새겨 지게 될 때 굳건한 믿음으로 살게 된다는 것을 기억하시기 바랍니다. 그러므로 영적 침체를 벗어나기 위하여 제일 먼저 우리가 해야 할 것은 하나님의 말씀이 있는 곳으로 나와야 하는 것입니다. 나와서 부르짖어야 합니다. 성령으로 충만 받아야 합니다. 자신 안에 계신 하나님과 관계를 열어야 합니다.

우리가 영적으로 침체되는 것은 하나님의 말씀 안에서 살고 있지 않기 때문입니다. 성령의 인도 없이, 말씀을 울타리 삼아서 살고 있지 않기 때문에 영적인 침체에 빠지게 되는 것입니다. 하나님의 말씀이 자신의 마음과 생각을 지배하게 되면 영적으로 침체된 삶에서 쉽게 벗어날 수 있습니다. 그러므로 우리가 영적 침체에서 벗어나기 위해서 날마다 말씀을 묵상하고 날마다 말씀을 가까이 하면서 하나님께서 성령을 통하여 주시는 말씀을 붙잡고 살아가면 우리는 영적인 침체로부터 벗어날 수 있게 됩니다. 그러므로 영적 침체 가운데 있다면 다른 것을 구하지 말고, 하나님의 말씀으로 다시금 새롭게 되기 위하여 하나님의 말씀을 구하는 성도님들이 되시기 바랍니다.

  3) 칭찬과 격려를 받게 될 때 영적 침체에서 벗어날 수 있습니다. 세례요한은 지금 교도소 안에 있으면서 예수님에 대한 믿음이 흔들리고 있는 상태에 있었습니다. 그런데 예수님께서는 세례요한을 인정하고 칭찬해주고 높여주시는 것을 보게 됩니다. 영적 침체에서 벗어나려면 칭찬과 격려를 해 주어야 합니다 (7-11절). 우리가 때로는 영적인 밑바닥에서 살 때가 있습니다. 그때 사람들은 우리의 실망스러운 모습을 보면서 비난하고 책망하며 험담하기가 쉽습니다.

  지금 세례요한은 모든 사람들이 보기에 심히 실망을 안겨주는 영적으로 침체된 상태에 있었습니다(2,3절). 그런데도 예수님께서는 세례요한의 제자들을 돌려보낸 후에 세례요한에 대하여 칭찬할 수 있는 최상의 칭찬을 하시는 것을 보게 됩니다(7-11절). 예수님은 11절에서 "내가 진실로 너희에게 말하노니 여자가 낳은 자 중에 세례요한보다 큰이가 일어남이 없도다"라고 말씀하시면서 이 세상의 수많은 사람들 중에서 가장 큰 자가 세례요한이라고 말씀해 주셨습니다. 그러나 사실상 세례요한은 지금 영적인 밑바닥에 있었습니다. 예수님에 대하여 의심하고 있었지만, 예수님은 세례요한을 세워 주시고 격려해 주심으로 영적 침체에서 벗어날 수 있게 해 주셨습니다. 자신을 영적침체에서 일어서게 하실 분은 하나님이십니다. 성령으로 기도하여 하나님과 관계를 열기 바랍니다.

18장 영적인 무기력 상태의 영적검진

(벧전 5:7-10)"너희 염려를 다 주께 맡기라 이는 그가
너희를 돌보심이라. 근신하라 깨어라 너희 대적 마귀가
우는 사자 같이 두루 다니며 삼킬 자를 찾나니 너희는 믿
음을 굳건하게 하여 그를 대적하라 이는 세상에 있는 너
희 형제들도 동일한 고난을 당하는 줄을 앎이라. 모든 은
혜의 하나님 곧 그리스도 안에서 너희를 부르사 자기의
영원한 영광에 들어가게 하신 이가 잠깐 고난을 당한 너
희를 친히 온전하게 하시며 굳건하게 하시며 강하게 하
시며 터를 견고하게 하시리라"

신앙생활에 있어서 가장 무서운 것이 영적인 무기력입니다.
영적인 무기력에서 한 시간이라도 빨리 빠져나와야 합니다. '학
습된 무기력'이란 말이 있습니다. 이것은 '파블로프의 개'로부터
나온 심리학 용어인데, 심리학자들이 하루는 개를 묶어두고 전
기로 충격을 주었습니다. 순간 개는 도망치고자 처절하게 몸부
림칩니다. 그러나 어느 순간 개는 소용없다는 것을 깨닫고 더 이
상 도망칠 시도조차 하지 않습니다. 그런데 이번에는 개를 풀어
놓고서 같은 실험을 했습니다. 재미있는 현상은 개가 얼마든지
달아날 수 있음에도 불구하고 전혀 도망갈 생각을 하지 않더라
는 것입니다. 어쩔 수 없는 상황에서 개는 '무기력'을 배우고야
말았습니다. 무기력이란 학습되는 것이고, 그 결과 무기력에 익

숙해지고 보이지 않는 사슬에 묶여 버리게 됩니다.

영적인 무기력함도 이와 비슷합니다. 처음에는 무기력함이 힘들고 불편하다가 어느 순간에는 익숙해져 버립니다. 그리고 나중에는 그 무기력에서 나올 생각도 하지 못하고 주저앉게 됩니다. 나올 수 있음에도 불구하고 나오지 않고 그 자리에 주저앉는 것입니다. 마치 도망칠 수 있어도 도망치지 않는 무기력한 개처럼 말입니다.

첫째, 영적 무기력증이오면 보편적으로 나타나는 현상.
1)말씀의 중요한 의미를 모릅니다. 말씀을 제대로 받아들이지 못합니다. 말씀이 들리지도 않을 뿐더러 들려도 순종하지 않습니다. 순종을 하는 것이 무기력에서 벗어나는 것입니다. 그냥 습관적으로 예배에 참석하는 것입니다. 말씀을 그대로 실천하고 순종하지 못하도록 막는 것이 영적 무기력증입니다. 단순히 예배에 승리하는 것 뿐 아니라, 하나님의 말씀에 순종하는 삶을 살아야 합니다. 노아시대 때에 노아는 순종하여 방주를 지었습니다. 아브라함도 가나안 땅으로 갈 때에 현실 속에서 실수, 시행착오도 했지만, 결국 순종함으로 창세기 22장에 믿음의 조상이 되었습니다. 모세도 애굽에서 출애굽 할 때에 나 자신이 할 수 없다고 했지만, 순종함으로 출애굽의 역사를 체험하였습니다. 순종하며 하나님의 말씀을 삶으로 옮길 때에 영적인 무기력증에서 벗어나게 됩니다. 영적인 무기력에 빠진 분들은 예배드릴 때 목사님 설교를 받아쓰기 하는 것이 도움이 됩니다. 설교를 듣는

데 집중하라는 말입니다. 영이 깨어나야 합니다.

2)말씀에 대한 분별력이 없습니다. 하나님 말씀을 들어도 세상적인 지식과 분별을 못하고 혼합됩니다. 이렇게 되면 임마누엘의 축복이 누려지지 못합니다. 세상적인 것과 영적인 것을 분별하지 못하면 영적 무기력함에 빠지는 것입니다. 이렇게 되면 하나님으로부터 멀어지는 생각, 행동에서 벗어날 수가 없습니다. 여기에 빠지면 영적으로 무기력 하게 됩니다. "하나님 아는 것을 대적하여 높아진 것을 다 무너뜨리고 모든 생각을 사로잡아 그리스도에게 복종하게 하니"(고후10:5). 하나님 보다 높아진 생각을 무너뜨릴 때에 성령 충만 속에 들어갈 수 있습니다. 혼합된 생각 속에서 성령 충만을 달라고 하니까 온전한 성령 충만을 받지 못하는 것입니다. 치유 중의 치유는 생각의 치유입니다. 생각이 복음에 뿌리 내릴 때에 행동과 체질이 이루어집니다.

3)영적인 무기력증 테스트 항목입니다. 점검하여 보시기를 바랍니다. 기도하기가 싫다. 아니 기도할 수가 없다. 기도의 필요성조차 느끼지 못한다. 교회에 나가는 것이 무의미하다고 느낀다. 말씀이 들리지 않는다. 말씀이 믿어지지도 않는다. 일상 생활하는 동안 정신이 맑지 못한다. 평소에 늘 몸이 무겁고 의욕이 없다. 잠을 잘못 자는 불면증이 있다. 항상 머리가 무겁고 두통이 잦다. 기억력이 떨어져 잘 잊어버린다. 집중력이 떨어지고 삶에 의욕이 없다. 입맛이 없어서 식사를 거르는 일이 잦다. 폭음과 폭식을 한다. 겨우 일을 마쳐도 몸이 무거워 다른 의욕자체가 생기지 않는다. 아무리 쉬어도 피곤하다. 잠을 자고나면 우울한

무기력감이 더 밀려온다. 우울하고 짜증스럽거나 부정적이고 절망적인 생각이 자주 든다. 갑작스럽게 분노감이 올라오거나 화가 참아지지 않는 등 감정조절이 잘 안 된다. 예전에는 좋아하는 것들이 무미건조해진다. 삶의 의미를 모르겠다. 계획했던 일은 시작도하지 못하고 포기한다. 우울한 기분이 자주 든다. 어디론가 훌쩍 떠나고 싶다가도 엄두가 나지를 않거나 귀찮다. 감정기복이 심해졌다. 점검하여 7개 이상이면 무기력에 빠졌다고 보아야 합니다. 하루라도 빨리 내면을 전문적으로 다루는 목회자의 영적치료를 받아야 회복될 수 있습니다. 세상의술로는 해결 방법이 없습니다.

둘째, 기도를 성령으로 못할 때 영적 무기력증을 가져옵니다.

1)기도에 즐거움과 행복을 느끼십니까? 크리스천의 영적인 건강은 성령으로 기도할 때 가능한 것입니다. 기도가 되지 않거나 하지 못한다면 심각한 영적 무기력에 빠진 것입니다. 하나님은 우리의 모든 것을 기도에 담으라고 하셨습니다. 개인 기도에 승리하면 영적인 무기력증에서 벗어나게 됩니다. 예수님은 그어떤 생활보다도 기도 생활에 모범을 보이셨습니다. 하나님의 중직자일수록 근신하고 깨어있어야 영적인 무기력에서 벗어나야 합니다. 예수님은 이 부분에 모범을 보이셨습니다. 무엇으로 행복한 시간을 보내십니까? 찬양, 기도, 말씀 들으며 행복해 지시기 바랍니다.

2)어떻게 기도해야 할까요? 자신 안에 계신 하나님과 막힌 영

의 통로를 뚫어야 합니다. 영의 통로가 열리게 하려는 그 조건과 상태는 여러 가지이지만 첫째 의지를 발동해야 합니다. 마음을 열기 위하여 소리를 내야 합니다. 본인이 영의 통로를 열겠다는 의지를 발동하여 불같은 성령으로 세례를 받는 것이 제1의 원리요, 그 다음은 말씀과 성령으로 내적 치유하는 것이 제2의 원리요, 귀신 추방이 제3 원리입니다. 이 모든 것은 혼자의 영력이나 힘으로는 불가능합니다. 성령 충만하고 체험이 많은 사역자의 도움을 받는 것이 좋습니다. 아니 그렇게 하는 것이 빨리 영의 통로가 열리게 할 수 있습니다. 그리하여 생각이 영적으로 바뀌고, 마음이 감동되어, 마음의 열리면 성령이 역사하시니 영적인 믿음이 생겨서, 본인의 의지가 발동되어, 본인의 원하는 대로 기도가 되고 몸과 마음이 움직여지고, 적극적인 행동으로 옮겨지는 과정을 거쳐야 합니다. 이 영적 원리는 모든 것에 적용됩니다.

3) 보통 기도가 발전하는 다섯 단계.

① 부르짖는 기도 단계입니다. 성도가 기도를 처음 배울 때부터 통성으로 무조건 생각나는 대로 소리 내어 부르짖어 기도하는 습관을 먼저 드려야 합니다. 만약에 언어의 구사나 방언으로 통성기도를 못한다면 절대 다른 사람들의 기도에 기가 죽어서 가만히 앉아 있지 말고 통성으로 주여! 주여! 주여! 를 계속하든지, 아니면 할렐루야! 할렐루야! 할렐루야! 를 연속적으로 호흡을 들이쉬고 내쉬면서 배에서 나오는 힘으로 기도를 열심히 하다가 보면 자신도 모르는 순간에 성령으로 자신이 장악되어 저절로 주여! 주여! 주여! 나 할렐루야! 할렐루야! 할렐루야! 가 나

오다가 방언이 터지는 것입니다.

② 기도의 줄을 잡는 단계입니다. 계속 통성으로 기도를 하다가 보면 이제 어느 정도 숙달이 되어 언어통성기도나 방언통성기도나, 주여! 주여! 주여! 나, 할렐루야! 할렐루야! 할렐루야! 가 저절로 되어 어느 정도 기도 줄이 잡힙니다. 그래서 기도는 훈련입니다. 자동으로 기도가 되는 것은 절대로 아닙니다. 본인의 의지가 어느 정도 결부가 되어야 나중에 성령께서 사로잡아 주시므로 기도가 되고 기도 줄이 잡히는 기도를 할 수가 있는 것입니다. 기도 줄이 잡히지 않더라도 지속적으로 해야 됩니다.

③ 영력이 끌려 올라오는 단계입니다. 이 단계가 되면 기도의 줄이 잡혀서 기도의 수고가 쉬워지므로 기도가 성령의 이끌림을 받게 됨으로 영으로 기도하면서 또 마음으로 기도하고 영으로 기도하게 됩니다. 이 단계가 되면 자신의 영 안에서 성령의 능력이 올라오는 시기이므로 자신의 안에서 올라오는 영력에 의하여 더욱 성령으로 충만하게 되고 무의식의 상처가 치유되면서 귀신이 떠나가니 기도의 수고가 쉬워지는 단계입니다.

④ 영력이 마음속에서 올라오는 단계입니다. 이 단계에 들어선 성도는 마음 안에 상처가 치유되고 상처를 붙들고 있던 귀신이 떠나가니 내 영안에 계신 성령하나님과 영의 통로가 열려 영으로 기도를 하는 단계입니다. 이 단계에 들어선 성도는 이제 기도가 자꾸 하고 싶어지고, 기도하면 할수록 성령이 충만하게 되고, 영안이 열려가므로 하나님의 말씀을 읽을 때나 들을 때, 목사님의 설교 말씀을 들을 때 영으로 말씀을 들으니 영이 자꾸 깨

어나는 시기입니다. 이때가 되면 내가 지금까지 예수를 믿노라 하면서 왜 이렇게 고통을 당하면서 살았는가, 스스로 느끼고 고치고 치유 받으려고 노력하게 됩니다. 그래서 서서히 하나님의 군사가 되므로 환경에서 하나님의 역사가 보이고, 하나님이 자기의 인생에 개입을 하고 인도하고 계시는 것을 느끼게 됩니다. 그러므로 성도는 무엇보다 기도가 바르게 되어야 합니다.

⑤ 영적인 기도의 단계입니다. 이 단계가 되면 성령하나님과 인격적인 관계가 되었기 때문에 주여! 만 해도 성령님의 임재를 느끼는 시기입니다. 필자가 강조하는 항상 기도할 수 있는 시기입니다. 기도하며 하나님의 음성을 듣는 시기입니다. 주가 내 안에 내가 주안의 단계입니다. 5단계는 모든 육의 소욕과 자아가 무너지고 주님만이 기도의 목표가 되는 단계입니다. 필자는 이 단계까지 도달하도록 인도할 것입니다. 부디 성령으로 충만하여 영적인 말씀과 원리들을 이해하시고 내 것으로 만드셔서 능력이 오고 깊어지는 깊은 영의 기도를 모두 숙달하시어 하나님의 강한 군사가 되시기를 바랍니다. 기도에 대하여 더 상세한 것은 "기도 쉽게 바르게 하는 방법"을 참고하시기를 바랍니다.

영적 무기력에 빠지지 않도록 엡4:17-24 말씀을 언약으로 붙잡고 구습을 쫓는 옛사람을 벗어버리고 심령으로 새롭게 되어 하나님을 따라 의와 진리의 거룩함으로 지으심을 받은 새사람을 입을 수 있기를 바랍니다.

셋째, 영적 무기력은 사단이 성도들에게 주는 최고의 선물입

니다. 지금까지 하나님은 우리에게 엄청난 축복을 주셨는데 사단에게 속아 누리지 못하게 되었다면 회개해야 합니다. 우리에게 가장 중요한 것은 개인 변화입니다. 개인이 변화되어야 다른 사람을 살릴 수 있습니다. 그러기 위해서는 무엇이 변화되어야 합니까? 3가지가 변화야 합니다.

1)생각의 변화입니다. 하나님은 자신이 잘되기를 원하시는 분이라는 생각으로 바뀌어야 합니다. 성공적, 긍정적, 적극적, 복음적인 생각으로 바뀌어야 합니다. 우리는 대부분 문제, 사건, 위기가 생기면 실패적인 생각, 율법적인 생각으로 돌아갑니다. 이것에서 벗어나야 합니다. 실패자의 의식을 버리고 자신에게 생명의 메시지를 먹일 수 있기를 바랍니다. 그러면 하나님의 계획, 미래에 대한 답을 발견하게 됩니다.

2)인간관계의 변화입니다. 만나는 사람도 가려서 만나야 합니다. 술 먹고 담대 피우고 향락을 즐기는 사람과 같이 지내면 자신의 영성에 심각한 피해를 줄 수 있습니다. 자신에게 전이가 될 수 있다는 것입니다. 우리가 만난 사람은 다 축복의 사람으로 만들어야 합니다. 우리는 하나님의 축복의 통로입니다. 그러므로 모든 사람과 동역자로서 섬길 수 있는 중심이 필요합니다. 그리고 영적 지도자를 위해서 기도해야 합니다. 강단 메시지가 내 것이 되고 성취되려면 목사님을 위해 기도해야 합니다. 이 부분에 실패하면 신앙이 성장하지 못합니다.

3)일에 대한 변화입니다. 신앙적으로 자신에게 필요한 일을 하시기 바랍니다. 대부분 사람들은 90%를 불필요한 일에 소모

를 하는 경우가 많습니다. 복음에 유익하고, 하나님께 영광을 돌리고, 영성을 깊게 유지하고, 많은 사람에게 유익을 줄 수 있는 필요한 일을 해야 합니다. 일을 하면서도 하나님과 대화하는 습관이 좋습니다. 더 많은 것에 대하여는 "백세시대 예수 안에서 장수하는 법"을 참고하시기를 바랍니다.

넷째, 영을 강건하게 하여 영적인 기운을 회복하라. 필자가 성도였을 때 목사님이 예배와 기도를 등한히 하면 영적으로 흐려진다는 말씀을 하신 적이 있었는데 그 때는 그 말씀이 의미하는 바가 무엇인지 몰랐습니다. 지금 깨닫고 보니 아주 중요한 것입니다. 크리스천이 영적으로 흐려졌다는 것은 심각한 것이기 때문입니다. 군인에게 총이 없는 것과 같은 것입니다. 눈은 뜨고 있으나 안대를 하고 사는 것과 같습니다. 하나님께서 체험을 통해 깨닫게 하고 계시기에 그렇습니다. 예전에는 몰랐지만 피로나 분주함으로 인해 하나님의 말씀을 묵상하는 것과 마음으로 기도하는 것을 하루 이틀만 지나쳐도 멍해지고, 하나님께 온전히 집중이 되지를 않아 성령의 임재하심을 통한 역동적인 움직임이 느껴지지 않게 됩니다.

영적인 기운은 기도로 자신 안에 계신 하나님과의 교제를 통해 하나님께 집중할 때 그 기운이 상승하며 유지할 수 있습니다. 그렇기 때문에 영적인 기운을 잘 유지하며 보다 깊은 영적인 삶을 살아가기 위해서는 세상과 구분된 하나님 중심적인 삶을 살아가야 합니다. 그렇지 못한다면 자칫 영적으로 흐려지고 흐트러지며 영적인 기운을 잃어버릴 수 있습니다. 무엇보다도 걸어 다니는 성전의식을 가지고 자신 안에 계신 하나님을 찾는 것입니다.

세상적인 삶속에서도 기운을 잃어버리면 밥맛도, 일과 삶의 의욕도 잃게 되어 온전한 삶을 살아가기가 어렵게 됩니다. 신앙생활에 있어서 영적인 기운을 잃게 되면 영적인 힘과 능력을 발휘할 수 없게 되어 하나님이 인도하시는 순종의 삶을 살아가기가 쉽지 않습니다. 또한, 성령의 소욕을 따라 살아가던 삶이 육체의 소욕을 따라, 살아가는 삶으로 변질되어 자기중심적이고 세상 중심적인 삶으로 탈바꿈되기 쉽습니다.

영적인 기운을 잃으면 영적으로 무기력해지고 영적으로 둔화, 도태 되어 다시금 영적으로 비상하기가 쉽지 않습니다. 한번 잃어버린 영적인 기운을 되찾기 위해서는 많은 믿음의 노력이 필요하고 하나님이 허락하시는 고난이나 연단과 같은 대가가 따르게 됩니다. 그렇기 때문에 영적으로 둔화, 도태 되어 영적인 기운을 잃지 않도록 하나님이 원하시는 하나님 중심적인 삶을 살아가야 합니다. 하나님과 동행하고 있다는 의식을 잊지 말아야 합니다.

영적으로 흐려지고 흐트러지는 것은 세상적인 것에 의해 영적인 흐름이 막히고 방해를 받는데서 비롯되는 것이기에 영적인 비상과 영적인 건강을 온전히 유지하며 하나님 앞에 바로 선 삶을 살아가기 위해서는 영적인 성장과 성숙, 그리고 영적인 비상과 건강을 돕는 하나님의 영의 양식을 섭취하는 예배에 빠짐없이 참석하여 영을 깨우고 성령으로 기도하여 영적인 충전을 하는 것에 게으르지 말아야 합니다. 반면에 헛되고 쓸데없는 육과 영의 양식의 섭취를 삼가 해야 합니다. 세상향락을 말하는 것입니다.

영적인 건강을 잃게 되면 영적인 기운도 함께 빠지게 됩니다. 그렇기 때문에 영적인 건강과 기운을 유지하기 위한 믿음의 노력을 소홀히 하거나 게을리 해서는 안 됩니다. 영적인 건강이 나빠지면 자연스럽게 육체적인 건강도 나빠지기 마련입니다. 육체의 건강은 영의 건강과 비례하기 때문입니다. 육적으로 비록 건강하지 못해도 영적으로 건강하면 하나님 앞에 바로 설 수 있지만, 육적으로 설령 건강해도 영적인 건강을 잃게 되면 세상의 그어떤 방법을 통해서도 하나님 앞에 바로 설 수 없기 때문입니다.

영적인 흐려져서 흐트러지려고 할 때 이를 경계하며 하나님께 집중할 수 있도록 해야 합니다. 크리스천이라도 세상 친구들과 모임이 있을 때 자신의 영적인 관리에 관심을 많이 가져야 합니다. 친구들이 모여서 하는 대부분의 대화 내용이 세상 적이고 만나는 환경이 술 마시고 담배피우는 환경이지 않습니까? 영적인 삶을 추구하고자 하는 크리스천에게 있어서는 답답하고 영적으로 다소 눌리는 것과 흐려지는 것을 느끼게 될 것입니다. 즉, 세상적인 모임을 통해서는 세상적인 인간관계는 유지가 되지만, 영적인 것을 추구할 수 없고 그렇기 때문에 영적인 손실을 받기가 쉽습니다.

영적으로 흐려지고 흐트러지면 하나님이 베푸시는 마음의 평안을 잃고 평정심이 흔들리며 헛된 것을 구하거나 찾게 됩니다. 이러한 모습이 발견될 때는 별 것 아니겠거니 그대로 방치해두면 전이 현상을 보이며, 영적인 건강을 잃기 쉽습니다. 생명이 되시는 하나님의 말씀을 붙잡고 찬양과 기도와 예배드림을 통해 불건전한 세상적인 것들을 정화시키고 영적인 손상을 입지 않도록 불건전한 세상적인 모습들을 멀리 하는 것이 좋습니다.

영적인 흐려짐과 흐트러짐을 통해 영적인 건강과 기운을 잃게 되면 자신의 어떠한 힘과 노력을 통해서도 다시금 영적인 건강과 기운을 결코 회복할 수 없음을 명심해야 합니다. 그래서 하나님을 믿는 사람들에게는 영적인 분별력을 통한 결단력이 필요합니다. 영적인 것들을 얻기 위해서는 세상적인 것들을 포기하고 내려놓을 수 있는 결단력 말입니다.

영적인 것과 세상적인 것은 서로 공존하며 하나님을 기쁘시게 할 수 없습니다. 영적인 것을 얻으려고 하면 세상적인 것을 포기해야 하고 세상적인 것을 얻고자 하면 영적인 것들을 잃어버리기 때문입니다. 영적인 것을 잃어버리는 것은 자칫 영적인 은혜와 삶뿐만 아니라 살아계신 하나님을 잃어버리게 되는 것임을 간과해서는 안 됩니다.

영적으로 흐려지고 흐트러져 영적인 기운을 잃지 않도록 우리들의 영혼과 마음을 하나님께 집중해야 하며 영적으로 흐려지고 흐트러지는 것을 깨달아 하나님 앞에 바로 설 수 있도록 하나님을 찾고 구하며 의지해야 합니다. 영적인 기운과 건강을 잘 유지하고 강건케 하는 길은 하나님의 은혜밖에는 없기 때문입니다.

19장 영육의 탈진 상태의 영적검진

(사 40:27-31)"야곱아 어찌하여 네가 말하며 이스라엘아 네가 이르기를 내 길은 여호와께 숨겨졌으며 내 송사는 내 하나님에게서 벗어난다 하느냐? 너는 알지 못하였느냐 듣지 못하였느냐 영원하신 하나님 여호와, 땅 끝까지 창조하신 이는 피곤하지 않으시며 곤비하지 않으시며 명철이 한이 없으시며, 피곤한 자에게는 능력을 주시며 무능한 자에게는 힘을 더하시나니, 소년이라도 피곤하며 곤비하며 장정이라도 넘어지며 쓰러지되, 오직 여호와를 앙망하는 자는 새 힘을 얻으리니 독수리가 날개 치며 올라감 같을 것이요, 달음박질하여도 곤비하지 아니하겠고 걸어가도 피곤하지 아니하리로다."

우리 크리스천들이 세상에서 이상이나 목표를 향해 앞만 보고 나가다가 어느 날 갑자기 눈앞에 넘을 수 없는 벽을 느낄 때 사람들은 극심한 무력감에 빠질 때가 있습니다. 이럴 경우 좌절감이나 상실감은 물론이고 우울증에 시달리는 것이 보통입니다. 영적인 능력이 부족하기 때문에 당하는 고통입니다. 성령으로 충만한 상태가 되면 세상의 스트레스를 이길 수가 있습니다. 즉, 내면이 강해야 한다는 것입니다. 내면이 성령으로 충만하여 하나님의 나라가 되면 영의 자유 함을 누리기 때문에 세상에서 오는 스트레스를 이길 수가 있습니다. 좀 더 쉽게 설명한다면 예수님으로 하나가 되어 천국을 누린다면 세상을 살아가면서 오는 압박감을 이 길 수가 있어서 탈진에 빠지지 않고 승리하며 살아갈 수가 있을 것입니다. 무엇보다도 영혼의 만족이 중요한 것입니다.

지난 70년대 초까지만 해도 이러한 탈진증세는 의사, 간호사, 상담사, 교사, 경찰 등 사람들을 상대하는 특정 직업군에서나 나타나곤 했다고 합니다. 그러나 이제는 직장이나 일에 관계없이 광범위하게 나타나고 있는데 미국의 심리학자인 허버트 프로이덴버거는 이를 "탈진신드롬"이라 명명했다고 합니다.

경기침체가 계속되면서 탈진신드롬이 우리 사회 전반으로 번지고 있다는 소식입니다. 종전에는 과중한 업무나 직장내 원만치 못한 인간관계로 인해 스트레스를 받았으나, 이제는 직업의 불안정과 자신의 장래에 대한 회의 등으로 정신적 압박감을 호소하는 사람들이 늘고 있다는 것입니다. 교회는 이들을 치유하는 곳이 되어야 합니다.

첫째, 하나님을 주인으로 신뢰하라. 세상을 살다 보면 가끔 깊은 낙심 가운데 빠질 때가 있습니다. 그때 필요한 것은 무엇보다 성령으로 하는 기도입니다. 그런데 어떤 사람은 아주 힘들 때도 끝까지 기도하지 않습니다. 기도의 능력을 경시하기 때문입니다. 사람들에게 무엇보다 치명적인 영혼의 질병이 있습니다. 그것은 기도가 아무 의미가 없는 것처럼 느껴지는 질병입니다. 그처럼 기도할 힘을 잃어버리고 기도할 수 없을 정도로 힘들 때를 잘 극복해야 합니다. 크리스천은 무엇보다도 정확한 기도훈련을 받아야 합니다. 기도가 바르게 되어야 모든 것이 바르게 되기 때문입니다. 세상에서 받는 스트레스도 기도를 바르게 해야 이길 수가 있기 때문입니다.

주전 735년 경, 당시 유다 왕 아하스가 반 앗수르 동맹에 참여하지 않자 주변 나라들이 유다를 쳐들어왔습니다. 그 상황에서 아하스 왕이 두려움에 빠지자 이사야가 왕에게 하나님을 신뢰하고 굳게 서라고 했습니다(사7:8-9절). 그래도 아하스 왕이 두려움을 떨치지 못하자 하나님은 아하스에게 기도하라고 했습니다 (사7:10-11절). 그때 왕은 말했습니다. "나는 구하지 아니하겠나이다 나는 여호와를 시험치 아니하겠나이다(사7:12절)."

아하사가 그처럼 어려운 상황에서도 기도하지 않겠다고 한 것은 너무 낙심하고 좌절해서 기도할 힘조차 잃어버렸기 때문입니다. 사람이 기도할 힘을 잃어버리고 탈진하면 자신의 문제에 몰입하게 됩니다. 마치 자신만이 변화를 만들어낼 유일한 사람이라고 믿고, 하나님께서 일하시게 만들지 않고 혼자 파괴적인 길로 갑니다. 아하스도 그런 길로 가고 있었습니다. 그는 "하나님은 스스로 돕는 자를 돕는다!"고 생각하지 않고, 모든 일을 자기가 하려고 했고, 모든 부담을 스스로 지고 관리하려고 했습니다. 이사야 7장 앞 3절에서 이사야가 윗못 수도 끝 세탁자의 밭 큰 길에 나가서 아하스를 만났다는 것은 아하스가 수로의 배관공사까지 다 간섭하려고 했다는 뜻입니다. 그처럼 아하스는 남을 신뢰하지 않았고 하나님도 신뢰하지 않았습니다.

가끔 보면 어떤 사람들은 성공하지 못했을 때 심하게 자책합니다. 그래서 아하스처럼 일주일 내내 거의 잠도 자지 않고 하루에 20시간 이상 일해야 성공할 것이라고 생각합니다. 그러면 결국 탈진합니다. 그래서 하나님은 말씀하십니다. "아무 일도 하지 말고 그냥 거기에 그대로 서 있으라." 성도는 열심히 일한 후에 결과는 하나님께 맡기고 푹 쉴 줄 알아야 합니다. 성령으로 기도하여 하나님께서 하라는 대로 순종하는 것입니다. 그러면 하나님께서 하신다는 것입니다. 자신 앞에 있는 문제들은 하나님이 해결하신다는 믿음이 중요합니다. 진짜 구도자는 일할 때는 끝내주게 일하고 놀 때는 끝내주게 놀 줄 아는 사람입니다.

사람이 탈진하면 사리분별이 혼돈되어 도덕성을 잃고, 자신을 학대하고, 정서적으로 상처투성이가 됩니다. 그래서 조급한 마음으로 나쁜 일에 손을 대다가 결국 더 깊은 좌절감에 빠집니다. 당시 아하스 왕은 이성과 상식과 도덕성을 잃고 어린이 희생제사를 드리고, 심지어는 자신의 아들까지 희생제사로 바쳤습니다. 영적으로 너무 탈진되니까 기도할 힘을 잃어버리고 통제 불능의 상태가 된 것입니다. 기도를 하지 못하니까 마음 안에서 하나님의 권능이 흘러나오지 않기 때문입니다. 크리스천들은 자신 안에 포도나무 되시는 예수님으로부터 진액을 공급받아 살아야 예수님의 권능으로 세상을 이길 수가 있습니다.

얼마 전에 켄터키에서 3명의 10대 소녀가 고등학교 복도에서 기도 중에 총에 맞았습니다. 범인은 교회에 다녔던 14세의 소년이었습니다. 그는 극도로 흥분하고 탈진한 상태가 되어 파멸적인 일을 벌인 것입니다. 탈진은 파멸의 전조입니다. 탈진하면 사리분별이 혼돈됩니다. 사람의 옛 주인인 귀신이 현재의식을 잡고 역사하기 때문입니다.

가끔 우리도 감정이 폭발해서 파멸적인 일을 할 것 같은 느낌이 생길 때가 있습니다. 그때는 누군가에게 그 얘기를 해야 합니다. 그리고 말씀을 전해줄 이사야와 같은 사람을 찾아야 합니다. 그러나 무엇보다 기도의 통로를 통해 하나님께 말해야 합니다. 최후의 힘이 남았다면 그 힘으로 성령으로 기도를 시작하십시오. 그때 탈진한 영혼은 탈출구를 찾을 것입니다.

요즘 현대인들 중에 나는 삶에 지쳐있다고 말하는 사람들이 많습니다. 아침 일찍부터 뛰어다니며 일을 해보았지만 여전히 풀리지 않는 일터의 재정 압박과 악순환 때문에 거의 탈진되어 있는 분들도 많이 있습니다. 또 어떤 분들은 오래도록 앓고 있는 지병 때문에 지치고 시달리는 분들도 있고 정신적이며 영적인 부분에 지쳐서 무력감과 탈진으로 인해 삶의 에너지가 다 고갈당하는 사람도 있습니다.

그래서 나타나는 현대인들의 정서적 질환 중 하나가 우울증과 무기력증입니다. 어느 순간에 갑자기 아무 것도 하고 싶지 않은 무기력 상태에 빠지는 것을 말합니다. 정신적으로도, 육체적으로도 맥이 빠져서 그냥 아무 것도 하고 싶지 않으며, 또 아무 것도 할 수 없는 무력증 이것 대단히 위험한 것입니다. 이와 같은 현상을 영적 탈진 또는 소위 영적 침체라고 말을 하는데 오늘의 말씀을 세심히 살펴보면 이스라엘이 이러한 증상에 처해 있습니다.

둘째, 하나님을 믿지 못합니다. 하나님을 찾지 않습니다. 하나님께서 눈에 보이지 않기 때문입니다. "야곱아 네가 어찌하여 말하며 이스라엘아 네가 어찌하여 이르기를 내 사정은 여호와께 숨겨졌으며 원통한 것은 내 하나님에게서 수리하심을 받지 못한다 하느냐?"(사40:27). 이사야서는 크게 두 부분으로 나눌 수 있습니다. 이사야서 01~39장은 전반부로서 심판과 정죄의 메시지이며 40~66장까지의 후반부는 회복과 위로의 메시지입니다. 후반부의 첫 장 40장은 바벨론 칠십 년 포로에서 이스라엘 백성을 구원하시는 하나님의 능력과 지혜와 구원의 손길에 대한 확신을 강조하고 있는 말씀입니다.

그러면 먼저 이스라엘의 처한 형편이 어떠한지 살펴보는 것이 오늘의 말씀을 이해하는데 도움이 될 줄로 압니다. 이사야서의 전반부의 내용은, 우리가 아는 대로 이스라엘이 우상을 섬기다가 하나님의 진노로 북 왕국 이스라엘과 남 왕국 유다가 멸망하여 바벨론에 포로로 잡혀 간다는 내용이며, 또 그렇게 잡혀 갔습니다. 그들이 바벨론 포로생활 초기에는 곧 고향으로 돌아가겠지 하는 희망 속에서 억압과 고통을 견디어 내었습니다. 그러나 십년 이십년 삼십년 등 이렇게 한 세대가 지나가고 칠십년이 다 되어갈 무렵에는 많은 사람들이 바벨론에 동화되어 하나님의 백성이라는 긍지를 상실하고 말았습니다.

그래도 뜻있는 믿음의 사람들은 고국을 생각하며 제사의 회복을 기대하고 있었으나 그 앞날이 도무지 난망(難望)하기만 할 뿐입니다. 마침내 그들은 자유 함을 얻어 고국 예루살렘으로 돌아갈 길이 보이지 않는다고 절망하면서 슬럼프에 빠져 들기 시작했음을 27절에서 볼 수 있습니다. "…내 사정은 여호와께 숨겨졌으며 원통한 것은 내 하나님에게서 수리하심을 받지 못한다 하느냐?" 그러니까 이스라엘은 우리의 어려운 사정에 전혀 관심을 기울이지 않는 하나님, 우리가 아무리 기도해도 전혀 응답해 주시지 않는 하나님이라는 맥 빠진 소리를 막 내뱉고 있습니다.

사실 그들이 처음에 포로생활을 막 시작할 때는 머지않아 이 포로생활은 끝이 날 것이고 그러면 고향으로 돌아가 갈 것이라는 기대감에 차 있었습니다.

그러나 시간이 지나가면서 그들의 소원이 이루질 것 같지 않고 하나님은 침묵하시는 것 같으며 하나님께서 살아 계신다면 이럴 수는 없다고 생각했습니다. 약속에 신실하신 하나님이라면 도저히 이럴 수가 없다고 생각하니 그 순간 낙심이 찾아오기 시작하는 것입니다. "하나님께서 우리를 징계하셨다. 이제 하나님께서는 우리를 버리셨다. 우리의 이 원통함, 이 사정을 하나님께서는 알지 못하신다." 그때부터 그들의 삶은 피곤해지기 시작하였고 일을 해도 재미가 없었으며 신앙생활에 대한 감격도 사라지고 만 것입니다. 절망의 자리로, 하나님을 잊어버리는 자리로, 낙심의 자리로 들어갔다는 말인데 이럴 때 인간의 삶이 무기력하고 허망해 보이는 것 아니겠습니까? 지금 불평하는 이스라엘의 마음을 충분히 헤아려 볼 수 있는 것은 우리도 이런 일들을 당할 때가 있기 때문입니다.

혹 성도들 중에 이런 상황 속에 있는 분들 계십니까? 마음에 무거운 짐을 짊어지고 어찌할 바를 모르고 방황하고 계신 분이 있습니까? 예수님을 믿고 교회는 출석하지만 세상살이가 너무 힘들어 그 마음속에 이미 좌절과 포기의 삶을 살아가고 있는 분이 계십니까? 그럼에도 하나님을 바라보십시오. 주여! 하고 부르 짖으십시오. 분명하게 하나님께 해결책이 있습니다. 해결이 안 된다고 하지 말고 된다고 하십시오. 된다고 해야 방법을 찾게 되는 것입니다.

셋째, 지금 귀하의 처지가 절망 중에 있지는 않습니까? 이스라엘이 왜 피곤합니까? 소망이 없다고 생각되기 때문입니다. 지금 저들은 바벨론에 포로로 끌려와 말로 표현할 수 없는 고난의 삶을 겪고 있었지만 그 고난 가운데서도 하나님의 약속을 믿는 소망만은 가지고 있었습니다. 그런데 그 약속이 지체되면서 나중에는 이루어질 것 같지 않은 생각에까지 미치자 그때부터 그들의 삶이 피곤해지기 시작한 것입니다. 하나님은 결코 우리의 사정과 원통함을 외면하거나 침묵하고만 계시는 하나님이 아니라는 사실을 기억하십시오. 단지 우리가 소망을 잃고 있기 때문에 그렇게 생각할 따름입니다.

우리는 우리의 기도가 응답되지 않을 때, 우리의 삶이 벽에 막혀 있을 때, 하나님은 정말 살아 계십니까? 왜 하나님은 나를 돕지 않습니까? 이 고난스런 상황이 언제까지 지속되어야 합니까? 하면서 그 불평의 요소를 하나님과 환경에 있는 것 같이 여기는 때가 많습니다. 그러나 문제는 환경도 아니고 하나님도 아닌 믿지 못하고 기도하지 아니하는 내게 있습니다.

오늘 우리에게 소망이 있습니까? 어떤 일로 지쳐있습니까? 무엇 때문에 탈진되어 있습니까? 나 자신을 피곤하고 지치게 만드는 일들이 무엇입니까? 시선을 하나님께 돌려보십시오. 하나님을 향한 소망을 가지시기 바랍니다. 하나님은 그 본성이 사랑이기 때문에 이처럼 의기소침과 무력증에 빠져 기운을 잃고 있는 이스라엘을 위로하고 새 힘을 주시려고 이사야서 제 2부를 기록하셨습니다. 동시에 바로 나 자신의 무기력과 절망을 깨뜨리려고 이 말씀을 주시는 것입니다. 이사야서 40장부터는 이스라엘이 칠십년 포로기간이 지나고 나면 바벨론 포로에서 돌아와 자유와 해방을 누릴 수 있을 것이라는 위로와 격려의 메시지입니다. 한 많은 포로생활을 마치고 고국으로 돌아오는 5천km나 되는 광야 길을 거뜬히 걸을 수 있는 그런 힘을 주시겠다는 것입니다. 소망의 말씀인 셈입니다.

하나님은 반드시 이스라엘을 바벨론의 속박과 억압에서 해방시켜 주시는 것처럼, 동시에 우리에게도 하나님을 향한 소망 하나만 붙잡고 나가면 마침내 승리의 자리 축복의 자리에 이르게 해 주실 것이라는 희망의 정보를 주시는 것입니다. 그런데 우리가 왜 지쳐있으며 왜 절망 가운데서 피곤하게 지내고 있습니까? 말씀을 잡고 일어서십시오. "나는 반드시 절망에서 빠져나온다." 담대하게 말하면서 하나님께 지혜를 구하시기를 바랍니다.

본문 30절의 말씀처럼 우리가 때로는 쉽게 지칠 수 있고, 기운을 잃을 수도 있으며 심지어 젊은 청년들도 피곤하여 지치는 경우가 있습니다. 너무나 많은 일들로 시달리다 보면 당연히 지치고 곤하여 기진맥진할 수가 있으며 정말 기운이 쇠진할 수도 있겠지요. 인간은 연약하여 지치고 쓰러지고 절망의 자리에 들기를 잘 하지만, 그러나 하나님은 결코 지치지 않는 분이심을 상기하십시오. 오히려 하나님은 우리에게 날마다 새 힘을 불어넣으시는 능력의 하나님이시며 특히 내 속 사람이 피곤을 모르고 살도록 새 힘과 새 기운을 불어 넣어주시는 분이십니다. 그분이 바로 성령이십니다.

그래서 삶에 지쳐있는 자에게는 새 힘을 주시고, 기운을 잃은 자에게는 기력을 보강시켜주시겠다고 약속하십니다. "피곤한 자에게는 능력을 주시며 무능한 자에게는 힘을 더하시나니."(사 40:29). 여기 무능한 자에게 힘을 더하신다는 말씀의 본래 뜻이 기운을 북돋아준다는 의미입니다. 마치 보약으로 원기를 보강시킬 때 사용하는 단어처럼 말입니다.

넷째, 오직 여호와를 앙망(仰望)하는 자는 새 힘을 얻습니다. 성령으로 기도하여 영 안에서 성령의 권능이 올라오기 때문입니다. "오직 여호와를 앙망하는 자는 새 힘을 얻으리니 독수리의 날개 치며 올라감 같을 것이요 달음박질하여도 곤비치 아니하겠고 걸어가도 피곤치 아니하리로다."(사40:31). 여기 새 힘을 주신다는 의미는 문자적으로 힘을 바꾸어 주신다는 말입니다. 건전지를 새 것으로 바꾸어 끼듯이 새 에너지를 공급해준다는 뜻이지요. 전능하신 하나님께서 새 힘을 공급해주신다는 이 말은 끊임없는 새 힘의 재창조, 즉 재충전을 시켜주시겠다는 것입니다. 그러면 어떤 사람이 이런 새 힘을 얻을 수 있다는 말입니까?

오직 여호와를 앙망하는 자라고 했습니다. 여기 앙망이라는 말은 주님만을 믿고 그 어떤 상황에서도 주님께 기대를 걸어본다는 의미입니다. 동시에 여호와를 앙망한다는 말은 영과 진리로 드리는 예배를 통하여 하나님의 은혜를 기다리는 것을 의미합니다. 바꾸어 말하면 예배를 잘 드리는 자와 성령으로 기도하는 자를 말하는 것입니다. "내가 여호와께 청하였던 한 가지 일 곧 그것을 구하리니 곧 나로 내 생전에 여호와의 집에 거하여 여호와의 아름다움을 앙망하여 그 전에서 사모하게 하실 것이라."(시 27:04). 뿐만 아니라 앙망이라는 말의 뜻에는 강하게 비틀어서 꼰다는 뜻으로서의 밧줄의 의미도 또한 담고 있습니다.

이는 여러 가닥을 엮어 꼬아서 더 튼튼한 줄을 만든다는 의미인데 바로 우리의 연약함과 하나님의 강함이 한데 엮어져 나의 약함은 완전 가려지고 하나님의 강한 능력만이 나타나는 것을 말하는 것입니다. 그러니까 여호와를 앙망하는 자란 나의 약함을 하나님의 능력으로 캄프라치(camouflage)하여 하나님을 바라보는 사람, 하나님께 소망을 두는 사람, 하나님을 의지하는 사람을 말합니다. 우리에게 필요한 것이 바로 여호와를 앙망함으로 나오는 이러한 새로운 힘입니다. 이 힘은 세상적인 힘이 아니라 하나님께서 성령님을 통해서 우리에게 베풀어주시는 힘으로서 영혼의 만족을 얻게(시 63:15) 하는 힘입니다.

혹 책을 읽는 분들 가운데 이런 상황 속에 있는 분들 계십니까? 마음에 무거운 짐을 짊어지고 어찌할 바를 모르고 방황하고 계시는 분 말입니다. 예수님을 믿고 교회는 출석하지만 세상

살이가 너무 힘들어 그 마음속에 이미 좌절과 포기의 탈진의 삶을 살아가고 있는 성도 계십니까? 그렇다면 오늘 하나님께서 우리에게 주시는 소망의 말씀에 한 번 귀를 기울이시기 바랍니다. "소년이라도 피곤하며 곤비하며 장정이라도 넘어지며 자빠지되"(사40:30). 한창 자라는 소년에게는 피곤하다 곤비하다는 말을 하지 않습니다. 여기 장정이란 임무수행을 위해 특별히 뽑힌 일꾼들입니다. 그럼에도 넘어지며 자빠진다고 했습니다. 맥없이 기운을 잃고 비틀거린다는 말이에요. 그럴지라도 오직 여호와를 앙망하는 자는 새 힘이 넘치도록 솟아날 것입니다. 그 어떠한 상황이나 경황 중에서도 잠잠히 하나님만을 바라보는 사람은 결코 지치지 않을 뿐만 아니라, 오히려 날마다 새 힘을 공급받으며 생동감 있게 살아갑니다. 여호와 하나님은 자신을 앙망하는 자에게, 성령님께서 ①올라가는 신앙을 갖게 하십니다. ②달려가는 신앙을 갖게 하십니다. ③성취하는 신앙을 갖게 하십니다. ④앉은뱅이를 뛰게 하십니다. 엠마오로 낙향하던 두 제자에게 새 힘을 주심으로 인해 예루살렘으로 돌아와서 사명을 회복시키십니다(눅 24:13~35). 성도들 중에 이런 마음에 무거운 짐을 짊어지고 탈진하여 어찌할 바를 몰라서 방황하고 계시는 분이 있습니까? 여호와 하나님을 앙망하십시오. 하나님은 우리를 도와주시길 원하시며, 우리에게 힘을 주시기를 원하시며, 우리에게 능력 주시기를 원하십니다. 영육의 탈진이 하나님의 힘으로 인하여 전화위복되기를 바랍니다. 하나님은 자녀들이 잘되기를 소원하십니다. 절대로 탈진하여 쓰러지기를 기대하시지 않습니다.

5부 음성 꿈 환상을 통해서 영적검진

20장 자신의 영과 정신 상태를 검진

(고전 2:10)"오직 하나님이 성령으로 이것을 우리에게 보이셨으니 성령은 모든 것 곧 하나님의 깊은 것까지도 통달하시느니라"

하나님은 성전 된 우리가 자신을 성령의 인도를 받아 관리하기를 원하십니다. 분명하게 "너희는 너희가 하나님의 성전인 것과 하나님의 성령이 너희 안에 계시는 것을 알지 못하느냐"(고전 3:16). 말씀하셨습니다. "너희가 성전인 것과" 우리 자신이 성전이라는 것입니다. 그리고 "하나님의 성령이 너희 안에 계시는 것을 알지 못하느냐" 하셨습니다. 성전 된 우리는 성령의 인도를 받으면서 자신을 관리해야 합니다.

하나님은 이렇게 말씀하셨습니다. "때가 오래 되었으므로 너희가 마땅히 선생이 되었을 터인데 너희가 다시 하나님의 말씀의 초보에 대하여 누구에게서 가르침을 받아야 할 처지이니 단단한 음식은 못 먹고 젖이나 먹어야 할 자가 되었도다. 이는 젖을 먹는 자마다 어린 아이니 의의 말씀을 경험하지 못한 자요, 단단한 음식은 장성한 자의 것이니 그들은 지각을 사용함으로 연단을 받아 선악을 분별하는 자들이니라"(히5:12-14). "때가 오래 되었으므로 너희가 마땅히 선생이 되었을 터인데"란, 예수를 믿고 건물교회에 들어와 믿음생활을 하면 선생이 되도록 자라야 한다는 말씀입니다. 믿음이 자라지를 않아서 "하나님의 말씀의 초보에 대하여 누구에게서 가르침을 받아야 할 처지이니 단단한 음식은 못 먹고 젖이나 먹어야 할 자가 되었도다.", "말씀의 초보에 대하여 누구에게 가르침을 받아야 할 처지"라는 것입니다. 이는 "누구에게(사람에게)" 가르침을 받는 처지라는 말씀입니다. 성령으로 깨닫지 못한다는 것이지요. 예수를 믿고 건물교회에 들어왔으면 믿음이 자라 "단단한 음식은 장성한 자의 것이니 그들은 지각을 사용함으로 연단을 받아 선악을 분별하는 자들이니라." 성령으로 진리를 깨닫는 성도가 되어야 한다는 말씀입니다. 예수를 믿고 건물교회에 들어왔으면 성령으로 세례를 받고, 성령의 지배와 장악이 되고, 성령의 인도를 받아야 합니다.

우리는 몸이 약해지면 어떻게 합니까? 병으로 생각하고 보약을 먹고 운동도 합니다. 이런 일은 스스로 하기 보다는 부모가 챙겨주거나 기혼자이면 배우자가 권하지 않습니까? 의사의 도움을 받아 자신에게 맞는 약을 먹음으로써 건강을 회복합니다. 요즘은 가정의가 있어서 가족 전체의 건강을 돌보아줍니다. 그런데 우리의 영에 대해서는 이런 조치를 주거나 받는 일이 별로 없습니다. 알아서 하라는 식입니다. 너무 방임하고 있는 것입니다. 이런 일에 관심을 가지고 성도의 영적 건강을 돌보아야 할 목회자가 그 책임을 다하지 못하는 것이 현실입니다. 목회자가 성도들의 영이 깨어나게 하지 못하는 실정입니다. 성도들이 목회자의 가르침을 받으면서 영이 자라나, 성령의 지배와 장악이 되어 성령의 인도를 받는 사람으로 자라야 합니다. 영이 깨어나 자신 안에 성령과 관계가 열려서 성령으로 깨닫고 인도받는 성도가 되어야 합니다.

그러나 성도의 영적 건강을 돌보아야 할 책임 있는 목회자마저 영적으로 약하기 때문에 이런 부분에 있어서 균형 있는 지도를 제대로 할 수 없는 경우가 있습니다. 수요기도회라든가 금요 심야기도회 등의 이름으로 예배가 드려지지만, 기도와는 사실 거리가 먼 경우가 대부분입니다. 그저 모여서 말씀 듣고 한 두 마디 기도하고는 헤어집니다. 이것이 일반 교회의 모습입니다. 기도를 구체적으로 어떻게 하고, 어떤 영적 현상들이 나타나고, 어떤 능력들이 들어나게 되는지를 가르치고 실행하는 기도모임은 거의 찾아볼 수 없습니다. 그러니 기도를 성령으로 하지 못하여 영이 깨어나고 자라지를 못하는 것입니다. 참으로 안타까운 현실입니다.

성도의 영적 건강을 진단하고 그에 따른 적당한 개별적인 조치를 행하는 일은 우리에게는 아직 낯선 일이며, 일방적인 프로그램으로 진행하기 때문에 개별적이고 구체적인 영적 도움을 받을 수 있는 그런 길이 없습니다. 영적으로 약한 사람에 대해서 그 영을 강건하게 하는 치유목적의 프로그램은 대부분의 교회가 가지고 있지 못합니다. 영이 어린 사람은 스스로 영을 강하게 하는 일이 불가능에 가깝습니다. 이것은 우리가 몸이 약할 때 전문가인 의사의 지도를 받으면 쉽게 해결할 수 있는 일을 자신이 해결하려면 시행착오만 겪고 효과가 별로 없는 것과 같습니다. 전문가의 도움을 받으면 쉽게 해결되는 일을 가지고 몇 년씩 고생하는 사람들이 많습니다.

영의 지도를 맡아야 할 책임이 있는 목회자가 영의 일에 대해서 거의 지식과 경험을 가지고 있지 못하기 때문에 이 일에 대해서 아예 문을 닫아둡니다. 다만 성경공부 등과 같은 지식 위주의 가르침으로 책임을 다하는 것으로 생각합니다. 그래서 영적인 문제를 지니고 있는 많은 성도들이 지금도 방황하고 갈등하면서 성장을 이루지 못한 고통 속에 놓여있는 것입니다. 영이 약한 사람은 그 시작을 어디서부터 해야 하는지를 모릅니다. 그래서 영적 여정의 입구를 찾지 못하는 것입니다. 영적 여정의 입구란 성도가 영적인 생활을 하기위해 바른 목회자를 만나는 것부터 시작하라는 것입니다.

기도할 때 30분을 넘기지 못한다면 자신의 영이 매우 약하다고 생각해야 합니다. 기도의 시간은 중요합니다. 주님도 밤이 새도록 기도하였고 40일 금식하며 기도했습니다. 기도의 양과 영의 능력과는 비례합니다. 인내하는 기도를 하지 못하면 주님과의 친밀함을 누릴 수 없습니다. 기도가 삭막하고 일방적이고 힘이 없고 상투적이라면 자신의 영이 약한 것입니다. 기도할 마음은 있어도 막상 기도하려고 자리에 앉으면 생각이 다 달아나고 막막하기만 하다면 문제가 있는 것입니다. 기도는 훈련을 필요로 하고 습관이 되어야 합니다. 인내하는 기도를 통해서 영적인 힘이 생깁니다. 훈련은 힘을 만들어냅니다.

영이 약한 사람이 기도를 혼자하면 힘을 얻기 어렵습니다. 그래서 함께 기도하는 기도모임에 나아가 영의 힘이 강한 사람으로부터 도움을 받는 것이 좋습니다. 5~6명의 기도모임을 만들어 주기적으로 기도회를 가지고 영이 건강하기 위한 훈련을 하는 것이 유익합니다. 반드시 자신보다 더 강한 영적 힘을 지닌 지도자가 포함되어있어야 하고, 영적인 현상에 대한 이해와 지식을 나눌 수 있는 전문 사역자가 있는 기도모임이어야 합니다. 기도를 통해서 경험하는 다양한 영적 변화에 대해서 설명을 받을 수 있어야만 영적 진보가 이루어집니다. 기도모임은 주 1~2회에 걸쳐 주기적으로 하는 것이 바람직합니다. 기도훈련을 받은 사람들로 구성된 기도모임이 별로 없어서 이런 모임을 현실에서 찾기란 쉽지 않습니다. 교회는 많아도 영적 성장에 도움이 되는 내용을 가진 교회가 적습니다. 정말 해변 모래사장에서 단추를 찾는 것과 같이 찾기 힘이 듭니다.

경험은 우리의 영적 성장에 필수적인 요소입니다. 경험이 없이는 모든 것이 이론에 지나지 않습니다. 하나님의 일은 반드시 증거가 나타납니다. 그것은 하나님이 살아계신 영이시기 때문입니다. 성령이 우리 안에서 역사하시는 현재적 하나님이기 때문에 반드시 영적 현상은 피할 수 없는 것입니다. 그러므로 경험이 없는 이론은 쓸모없는 것이며, 알맹이가 빠진 허울에 지나지 않습니다. 경험은 우리의 영적 믿음을 더욱 강하게 하며, 실존하시는 주님을 만나는 것입니다. 경험이 많은 지도자는 영적 행위에 따르는 영적 증거들을 알고 있기 때문에 적절한 지도를 할 수 있습니다. 영적 현상이 나타나지 않는 것은 자신의 영이 약하기 때문인데 영이 강해지는 훈련을 행하면 그에 따라서 영적 현상이 나타나는 것입니다.

경험은 배운 것이 진실임을 보장하는 증거입니다. 현실에서 증거 되지 않는 일체는 이론일 뿐입니다. 우리가 믿는 하나님은 지나간 역사를 배우는 그런 것이 아니며 살아계신 하나님을 만남으로써 확인하는 증거 위에 세워지는 믿음입니다. 그런 까닭에 우리의 믿음은 경험을 바탕으로 하는 증거된 믿음이어야 합니다. 하나님의 응답을 이끌어내는 일이 쉬운 것이 아니며, 우리가 원한다고 그대로 되는 것도 아닙니다. 그러나 하나님의 정한 원칙에 충실하면 응답은 얻을 수 있는 것입니다. 지도자는 그 원칙을 잘 알고 있고 적절한 때에 적절하게 하나님의 응답을 이끌어낼 수 있어야 합니다.

증거는 하나님의 보장이며 모든 다툼의 최후 판결입니다. 히브리서는 이 부분에 대해서 분명하게 언급하고 있습니다(히 6:16~17). 하나님은 거짓말이 아니라는 사실을 두 가지 증거로 맹세하시는데 오늘날에도 이 원리는 그대로 적용됩니다. 두 가지란 영적 증거와 육적 증거입니다. 보이지 않는 믿음의 증거와 보이는 현실적 증거입니다.

이 두 가지는 우리의 믿음을 영육으로 강건하게 하기 위함이며, 하나님은 우리의 영의 하나님일 뿐만 아니라 육의 하나님이시기도 이기 때문입니다. 그래서 이 두 가지 증거는 우리에게 절대로 필요한 것이며, 지도자는 이 증거를 이끌어내는 능력이 있어야 합니다. 이런 능력이 있을 때 지도자로 나설 수 있는 것입니다. 그렇지 못하다면 이 역시 아직 배워야 하는 제자일 뿐입니다.

말씀을 배우고 기도로 그 말씀을 자신의 것으로 받아들이고, 그리고 증거를 통해서 확증 짓는 것이 영을 강하게 하는 단계이며 절차입니다. 이 세 가지가 어느 한쪽으로 일방적으로 치우치지 않고 균형을 유지해야 하며 어느 한 가지라도 결여되었다면 그 것은 온전하지 못한 것입니다. 우리는 하나님이 완전한 것처럼 완전해야 합니다. 완전하다는 말의 헬라어는 '텔레이오스'인데 '전체로 가득하다'라는 뜻을 지닙니다. 이 세 가지 구성 요소 중 어느 것도 빠짐없이 다 들어있는 상태이지요. 우리의 영이 강해지는 것은 이 세 요소를 다 갖추고 있다는 것을 말합니다. 하나님은 우리가 이런 상태로 살아가기를 원하시는 것입니다.

출간된 강요셉목사 저서 안내(1부) 2부는 29장(294쪽)

「신유은사역의 달인이 되자(성령)」「기독교인의 인생문제 치유하기 1.2권(성령)」「꿈 환상 해석통한 상담과 치유비결(성령)」「영의통로가 뚫려야 성공한다(성령)」「가계가 축복 받는 선포기도문(성령)」「귀신축사 알고 보니 쉽다(성령)」「하나님의 음성을 쉽게 듣는 비결(성령)」「내적 상처를 스스로 치유하는 기도문(성령)」「성령으로 기도하는 법(성령)」「성령의 은사와 사명 감당(성령)」「가계의 고통을 끊고 축복받는 비결(성령)」「물질 축복받는 비결(성령)」「기적치유(성령)」「하나님의 복을 전이 받는 법(성령)」「깊은 영의기도 숙달하는 비결(성령)」「불같은 성령의 기름 부으심(성령)」「형통의 복을 받는 법(성령)」

21장 자신의 영적상태를 점검하기

(고전 2:13)"우리가 이것을 말하거니와 사람의 지혜가
가르친 말로 아니하고 오직 성령께서 가르치신 것으로
하니 영적인 일은 영적인 것으로 분별하느니라"

언제부터인지 확실하지는 않지만 자신에게서 능력이 나타나
지 않고 기름부음이 사라져 사역하는 일이 힘들고 의욕도 생기
지 않고 사역에 회의가 들기 시작합니다. 자신이 전하는 말씀에
회중이 은혜를 받아 집회에 기쁨이 넘치던 것이 지금은 그렇지
못하고, 맥없는 집회가 되고 말았습니다.

자신이 이제까지 해온 일이 허무하게 느껴지고 의욕이 사라지
면서 사역에 깊은 회의감을 느끼기 시작하면서, 사역을 그만 두
어야 되겠다는 생각에 시달리기 시작합니다.

영적 침체는 자신의 사역의 원동력인 성령의 기름부음이 사라
지면서 나타나기 시작합니다. 기름부음(anointing)이 사라지면
사역에 힘이 빠지고 능력이 나타나지 않습니다. 회중에게서는
즉각적인 반응이 나타납니다. 회중이 졸고 하품을 하며, 지루하
게 느끼고 기쁨이 사라지고 집중이 되지 않고 산만해집니다. 모
이는 사람의 수가 점점 줄어듭니다. 목사님 말씀이 예전 같지 않
다는 말이 나옵니다. 기름부음이 사라지면 그 자리에 서서히 인
본주의가 나타나기 시작합니다.

이러한 영적 침체에 빠지는 까닭이 무엇일까요? 가장 큰 이유

는 사역자가 주님의 뜻대로 행하지 않고 있기 때문입니다. 사역자가 하나님으로부터 능력을 받아 사역하기 시작하면서 주어진 은사와 능력에 대한 이해가 부족하여 주님의 영광을 드러내기 보다는 자신의 출세를 위해서 능력을 사용하거나 사람들의 비위를 맞추기 위해서 하나님의 뜻을 서서히 저버리기 시작했기 때문입니다.

성령의 능력을 받아 사역하는 사역자에게 있어서 가장 경계해야 할 부분이 사람의 비위를 맞추는 태도입니다. 사람의 소리를 듣고 사역을 하는 것입니다. 이는 성경에서 넘어지게 하는 것이라고 표현하고 있는 것으로써 헬라어로 'stigma'라는 말입니다. 이는 거침돌이라고 표현되는 말로써 유대인들이 주님의 은혜로부터 멀어지게 된 요인이 이 '스티그마'입니다.

우리 전래동화 팔러가는 나귀에서 나오는 것처럼 두 부자가 주변의 사람들을 의식한 나머지 마침내는 나귀를 어깨에 메고 장에 가게 되지 않습니까?

사역자가 부닥치는 문제도 이와 같습니다. 성령의 사역은 우리의 상상을 초월하며, 우리의 고정관념으로써는 전혀 이해하기 어려운 일들을 행하십니다. 사역자에게 나타나는 역사가 사역자 자신도 이해하기 어려운 일을 행하시는 경우가 많습니다. 이런 경우 주변의 사람들은 자신들이 느끼는 대로 이런 말 저런 말을 하게 됩니다. 저도 사람들로부터 수많은 오해와 도전을 받았습니다. 지금까지도 그렇습니다. 이는 앞으로도 그럴 것입니다.

우리의 교회사에서 볼 때 능력 있는 사역을 행하는 사람들은 예외 없이 이단이라는 말을 들었습니다. 사람들로부터 이런 비난의 소리를 듣게 되면 자신의 사역에 대해 커다란 갈등을 겪게 됩니다. 이런 과정에서 사역자는 필수적으로 세 가지 중 하나를 선택하게 됩니다. 사람들로부터 받는 평가를 두려워하여 그들의 요구에 복종하려는 마음과 그들의 말을 무시하고 자신의 입장을 고수하려는 생각과 이 두 가지를 적당히 혼합하려는 태도입니다. 필연적으로 이 세 가지 중 어느 하나를 선택하게 됩니다.

사람들의 비판의 소리에는 여러 가지 의미가 있을 것입니다. 정말로 관심을 가지고 비판하는 사람이 있고, 사역자를 시기하는 마음에 비난하는 사람이 있으며, 무지로 인해서 자기 멋대로 판단하는 사람이 있습니다.

사역자는 이들의 비판에 대해 충분한 고민을 해야 할 것이지만, 그보다도 더 중요한 것은 주님의 뜻을 헤아리는 것입니다. 사람들이 이해하지 못하는 현상이 나타났다고 해서 그 현상을 거부하는 것은 올바르지 못한 태도이며, 이것이 자신의 기름부음을 심각하게 훼손할 수 있다는 점을 먼저 기억해 두어야 합니다.

성령의 기름부음을 통해서 나타나는 모든 현상은 전능하신 하나님, 인격적이신 하나님이 행하시는 일입니다. 주님의 주권적인 일은 사람의 동의를 요구하지 않습니다. 오직 순종만을 요구할 뿐입니다.

주님의 주권적인 일은 흔한 일은 아니지만 그렇다고 희귀한 것도 아닙니다. 특히 새로운 시대를 열어갈 때에 집중적으로 나타납니다. 이 현상은 처음 나타나는 것이기 때문에 사람들은 놀라워하고 이상하게 생각하는 것입니다. 새로운 것을 경험할 때 누구나 그렇습니다.

지금 자신을 통해서 나타나는 현상에 대해 사람들이 판단하는 것은 그것이 생소하기 때문입니다. 전혀 보지 못한 것에 대한 이해가 부족하기 때문이지요. 사역을 행하는 자신조차 처음 보는 현상이 아닙니까? 그렇다면 사람들이 의아해하는 것은 당연합니다.

주님은 자신을 통해서 이 현상을 세상에 처음 드러내는 것입니다. 그렇기 때문에 자신에게 그 현상을 받아들일 충분한 기름부음을 주신 것입니다. 그 누구보다도 자신에게 나타나는 이 현상을 옹호하고 사람들에게 충분히 납득이 되도록 설명하고 이 입장을 옹호해야 할 책임이 자신에게 있는데 이러한 입장을 버리고 사람들의 비위에 맞추기 위해 그 사역을 적당히 얼버무리고 포기한다면 성령의 뜻을 심각하게 훼손하는 결과가 되며. 그 때문에 기름부음이 사라지고 주님으로부터 부적격자로 인정되어 사역에서 제외되는 것입니다.

쉬운 예를 들자면 자신이 인도하는 집회에서 사람들이 마구 넘어지거나 엉엉 소리를 내어 울거나 마구 웃는 현상이 나타났는데 그런 사람들의 행동이 전혀 절제되지 않아서 다른 사람들에게 방해가 되는 경우에 사람들은 사역자가 적당히 통제하고 절제시켜야 한다고 생각합니다. 인도자가 절제를 시키지 않고 그대로 둔다면 사람들은 그 인도자가 성숙치 못하다고 비난하기 시작합니다.

이런 소리를 사역자가 듣게 되었고 다음부터 그런 현상이 나타나면 절제시켜야겠다고 생각하고 그 다음 집회에서 그러한 현상이 나타나면 절제하라고 당부합니다. 그리고 실제로 그러한 현상이 나타나면 회중의 반응을 살피고 적당하다고 생각되는 시점에서 절제를 시킵니다.

이 행동은 매우 세련되고 바람직한 행동이라고 생각하겠지요. 그러나 여기에는 사역자가 모르는 치명적인 실수가 있다는 사실을 알아야 합니다. 집회 중에 성령의 임재로 인해서 절제할 수 없도록 심하게 우는 사람이 있다고 합시다. 그 울음소리로 인해서 다른 사람들이 방해를 받아 집회가 제대로 이어지지 못하게 되었지요. 그래서 그 우는 사람을 통제한다면 이는 주님을 무시하는 결과가 됩니다. 그렇게 심하게 울어 집회가 방해된다는 사실을 주님이 모르고 그런 강한 기름부음을 주셨을까요? 그리고 지금 심한 울음소리 때문에 집회가 방해를 받고 있다는 사실을 모르고 계실까요? 아니지요. 모를 리가 없습니다. 그러한 은혜를 부어주신 분이 주님이십니다.

지금 그 사람에게는 이런 강한 기름부음이 필요한 것입니다. 우리는 그 사람의 사정을 모르지만 주님은 아시고 그에게 강한 기름부음을 주시고 계시는 것입니다. 그런데 이것이 자신의 입장에서 방해된다고 해서 절제시키는 것은 주님의 일에 간섭하는 것입니다.

주님은 오늘 이 집회를 바로 이 사람을 치유하기 위해서 또는 위로하기 위해서 열고 있을지도 모릅니다. 이 한 영혼을 어루만지기 위해서 이 집회를 열었다면 어떻게 해야 할 것입니까?

수많은 사람이 간음한 한 여인을 에워싸고 돌로 치려는 현장에 주님이 오셨습니다. 그리고 그 여인을 구원하셨습니다. 이 현장에 주님이 오신 까닭은 그 여인을 구원하기 위해서입니다. 많은 회중은 그곳에서 주님의 가르침을 받았지만, 그러나 그 현장에서 주님은 오직 한 여인에게 관심이 있었고 그 여인을 구원하시는 일만 하셨듯이 지금 이 집회를 오직 이 사람을 위해서 열고 계실 수 있다는 사실입니다. 다른 사람들은 그날의 집회를 세월이 가면 잊어버리겠지만 그 사람은 그 날을 결코 잊지 못할 것입니다.

사역자는 이 사실을 회중에게 이해시켜야 할 의무가 있는 것입니다. 한 사람에게 중요한 이 집회 그리고 여러분은 이 사람을 함께 축복하기 위해서 이 자리에 초청된 하객들일 수 있다는 점입니다. 마치 혼인잔치에 초대된 하객들처럼 오늘 이 사람의 영혼을 위해서 내려주시는 은혜의 기름부음에 초대되어 함께 그 즐거움을 맛보고 있는 것입니다. 그러므로 우리는 이 사람 때문에 우리에게도 은혜를 부어주신 주님을 찬양합시다, 라고 증거해야 할 것입니다.

주님의 일은 사람들에게는 넘어지게 하는 걸림돌입니다. 그런 걸림돌을 오히려 모퉁이 돌로 이해시켜야 할 의무와 책임이 사역자 자신에게 있음에도 불구하고 그것을 걸림돌로만 보아 **빼어**버린다면 주님은 다시는 그를 통해서 이런 일을 행하지 않을 것입니다. 이것이 사역자에게는 영적 침체로 나타납니다.

많은 사역자들이 주님으로부터 능력을 받아 사역을 시작하였지만 몇 년이 못되어 그 능력을 상실하게 되는 경우를 봅니다. 그들은 자신에게 사라진 능력에 대해 올바른 이해를 하지 못하고 변명을 합니다. 그런 사역자들이 주로 하는 변명은 이런 것들입니다. "말씀이 들어오니까 능력은 사라지더라.", "능력은 말씀 사역자로 세우기 위해서 자신을 이끈 수단이다.", "능력보다 더 중요한 것은 말씀이다.", "능력은 한때 잠시 주시는 것이며, 목회는 말씀으로 해야 한다.", "능력으로 영혼을 구원하는 것이 아니다.", "오직 말씀으로 구원해야 한다." 이런 등등의 말로 자신을 변명합니다.

이 주장을 옹호할 수 있는 성경 말씀이 어디에 있습니까? 오히려 이 주장을 반박할 수 있는 성경 말씀은 너무나 많습니다.

영적 침체에 빠진 사역자가 취한 또 다른 태도는 적당히 혼합하는 것입니다. 자신에게 주어진 능력도 포기하지 않고 사람들의 비난도 받지 않는 수준을 유지하려고 하는 태도를 취합니다.

이러한 태도도 역시 주님에게는 용납되지 못합니다. 사람들의 비난을 일부는 수용하고 일부는 거부하는 태도는 주님의 능력을 어느 정도 시점까지는 유지할 수 있을지 모르지만 결국에는 기름부음이 사라지고 맙니다.

수많은 능력 사역자가 부르심을 입어 사역으로 나아옵니다. 그럼에도 불구하고 처음의 기름부음을 끝까지 유지하는 사람은 많지 않습니다. 이는 걸림돌에 걸려 넘어졌기 때문입니다. 사람들의 눈에 거슬리면 안 될 것 같은 두려움 때문입니다. 이는 걸림돌을 다루는 배척의 학교를 통과하지 못하였기 때문입니다. 주님은 사역을 행하는 당사자조차 이해할 수 없는 이상한 일을 행하십니다.

그 일은 자신을 통해서 나타나므로 그 진정성(verity)은 누구보다도 자신이 잘 압니다. 이 현상이 지금 주님의 기름부음을 통해서 나타나고 있다는 점을 말입니다. 그러므로 누가 이단이니 귀신의 일이니 하고 말해도 이에 굴복하지 않고 이를 무지한 회중에게 이해시켜야 할 책임 또한 자신에게 있음을 알아야 합니다.

영적 침체는 이러한 의무와 책임을 다하지 못함으로써 주님의 기름부음이 서서히 사라지는 과정에서 오는 경고의 신호입니다. 계속 기름부음을 거부하고 사람의 눈치를 본다면 주님이 버리겠다는 강력한 경고입니다. 그런데 이 경고를 무시하면 결국은 버려지게 되고 기름부음은 사라집니다. 기름부음이 사라졌다고 해서 그가 사역을 하지 못하는 것은 아닙니다. 일반 목회자로 목회의 사역을 하게 됩니다. 그러나 주님 앞에서는 아주 부끄러운 일꾼이 되고 만 것입니다. 사울은 이러한 불순종으로 왕위에서 버림을 받았지만 그가 죽는 날까지 이스라엘의 왕이었습니다. 사람들의 눈에는 여전히 이스라엘의 왕이었던 사울이 하나님에게는 어떤 사람이었습니까? 버림을 받은 사람이었습니다. 우리도 자칫 사울과 같이 될 수가 있습니다. 그러므로 자신을 정확하게 보는 눈을 개발해야 합니다.

22장 혈통의 대물림실태 영적검진

(민 14:18)"여호와는 노하기를 더디 하시고 인자가 많아 죄악과 허물을 사하시나 형벌 받을 자는 결단코 사하지 아니하시고 아버지의 죄악을 자식에게 갚아 삼사 대까지 이르게 하리라 하셨나이다."

예수를 믿으면 혈통과 상관이 없다고 하시는 분들도 있습니다. 성경을 지식적으로 보고 이해하면 정확한 표현입니다. 예수를 믿었으면 "그런즉 누구든지 그리스도 안에 있으면 새로운 피조물이라 이전 것은 지나갔으니 보라 새 것이 되었도다(고후 5:17)"라고 말씀하셨기 때문입니다. 그런데 체험적으로 보면 육체를 가졌으니 예수를 믿는 즉시 새것이 될 수가 없다는 것입니다. 육체가 성령의 지배와 장악이 되어야 혈통과 상관이 없어지는 것입니다. 그리고 한번은 성령의 임재가운데 직접적으로 찾아서 해결해야 합니다. 혈통의 대물림을 성령으로 찾아서 해결하시려면 뒷장에 첨부된 도표를 활용하여 검진해 보시기를 바랍니다.

성령의 지배와 장악이 되기 전까지는 혈통에 역사하는 영적인 요소들이 스트레스를 받도록 유도한다는 것입니다. 세상방법으로 독소를 배출한 후에 요요현상이 일어나는 것도 혈통에 역사하는 요소들이 스트레스를 받도록 한다는 것입니다. 성령의 역사를 거역하게 한다는 것입니다. 스트레스를 받으니 다시 옛날에 하던 습관대로 돌아가게 된다는 것입니다. 옛날에 하던 습관대로 돌아가니 스트레스가 독소로 변하여 쌓이게 되는 것입니다. 영적이고 심리적인 스트레스와 독소는 혈통에 역사하는 영적존재들의 보이지 않는 역사가 만들어낸다고 생각하고 대처해야 합니다. 이들이 교묘하게 위장된 술책으로 스트레스를 받게 하고 독소가 만들어지도록 역사한다는 것입니다. 이렇기 때문에 몸속에 쌓인 독소를 배출하려면 성령의 지배와 장악이 있어야 몸속의 독소가 배출될 수가 있는 것입니다.

지난 토요일 날 개별집중정밀치유를 할 때 체험한 일입니다. 어느 여성분이 한 달 전부터 집중치유를 받으러 가겠다고 전화만 하다가 드디어 오셨습니다. 하시는 말씀이 그곳에서는 반드시 열려야 한다는 것입니다. 쉽게 말하면 예언도 열리고 능력도 나타나야 한다는 말입니다. 직분을 물어보니 전도사님이셨습니다. 기도가 시작이 되었습니다. 한참 기도를 하는데 기침을 사정없이 하다가 하소연을 하다가 하면서 몸을 뒤척이면서 기도를 하는 것입니다. 1시간 40분이 지났습니다. 사지가 오그라들면서 통증이 일어나니까, 악을 쓰면서 우는 것입니다. 중풍의 영이 정체를 폭로한 것입니다. 한 20여 분간 발작을 하다가 안정을 찾았습니다. 물어보니 아버지가 중풍이라는 것입니다. 이분은 조금 있으면 100% 중풍에 걸립니다. 그래서 은사가 열리는 것도 좋지만 자신의 관리에 관심을 가지라고 했습니다. 관리못하여 중풍걸리면 아무것도 할 수 없지 않느냐고 했더니 그렇다고 대답합니다.

지금 한국교회에는 많은 수의 크리스천들이 체험적이고 살아 있으며 성령의 인도를 받는 실제적인 믿음생활이 아니고, 앞의 전도사 같이 많이 알고 열심히 하면 다된다는 관념적인 믿음생활을 하고 있습니다. 정말 문제가 심각합니다. 보이는 면을 가지고 판단하는 것입니다. 보이는 면으로 열심히 하면 성령 충만한 것으로 믿어버리는 것입니다. 필자가 제일 안타까워하는 것이 있습니다.

성령의 지배와 장악을 받아 성령의 이끌림을 받아야 혈통의 문제가 정체를 폭로하고 배출됩니다. 어느 날 지방에서 전화가 왔습니다. 60대 초반의 성도였습니다. 사연은 자신의 아들이 이상하다는 것입니다. 자신의 아들이 기도하면 자기의 외가에서 자기네 집의 재물을 빼앗아 간다고 조심하라고 음성이 들린다는 것입니다. 이럴 수가 있느냐는 것입니다. 필자는 전화로 음성을 들어도 영적인 상태를 알 수가 있도록 성령께서 함께 역사하여 주십니다. 목소리를 들으니 영적인 상태가 상당히 좋지 못한 상태였습니다. 그래서 아들에게 음성을 들려주는 존재는 사악한 존재이니 아들의 말을 곧이곧대로 믿지 말라고 했습니다. 그런데 문제는 지금 전화하시는 분이라고 말했습니다. 전화하시는 분이 영적인 상태가 좋지 못하니 아들에게 영향을 미쳐서 일어나는 일입니다.

그랬더니 화를 버럭 내면서 제가요~ 하는 것입니다. 그러면서 목사님! 저는 아주 신앙생활 잘합니다. 예배에 빠지지 않고 참석합니다. 십일조 정확하게 드립니다. 새벽기도 빠지지 않고 하고 있습니다. 교회에서 봉사도 열심히 합니다. 저녁에 철야도 많이 합니다. 영적인 책도 많이 읽었습니다. 교회에서 직분도 ○사입니다. ○○○는 ○○○사가 있습니다. 그런데 제가 무엇이 문제라는 말입니까? 저는 우리 교회에 믿음이 좋은 ○사라고 정평이 나있습니다. 지방의 많은 성도들이 이렇게 사고하고 있습니다. 열심히 믿음생활하고 많이 알면 성령 충만하고 영육의 문제가 없는 것으로 인정하고 방심하고 믿음 생활을 합니다. 참으로 안타까운 현실입니다. 분명하게 성령으로 내면세계를 정화하는 시간을 가져야 합니다. 성령세례와 내면세계 정화는 필수입니다.

그래서 흥분하시지 말고 시간을 내서 한번 와보세요. 와보시면 무엇이 문제인지 성령님께서 알려주실 것입니다. 성령의 역사가 성도님 안에서 일어나야 자신을 정확하게 알 수가 있습니다. 행위 가지고, 관념가지고 사람의 평가 가지고 자신의 영적인 상태를 바르게 진단할 수가 없습니다. 그랬더니 1월 휴가 기간에 온 것입니다. 와서 우리 사모에게 멀쩡한 사람에게 문제 있다고 말하면서 찾아오게 한다고 구시렁구시렁하더라는 것입니다.

첫 시간 집회가 시작이 되어 말씀을 전하고 기도시간이 되었습니다. 기도하는 것을 보니 가관입니다. 몸을 흔들고 발작을 하는 것과 같은 상태로 기도를 합니다. 한마디로 내면세계를 성령으로 정리가 안 된 사람이었습니다. 오후에는 안수를 좀 더 많이 해달라고 특별헌금을 하는 것입니다. 기도 시간에 앞에 불러내어 기도를 하게 했습니다. 우리 교회집회는 매시간 50분간씩 기도를 합니다. 기도 시간에 필자가 일일이 기도 시작할 때 한번하고 끝날 때 한번하고 2번 안수를 해드립니다. 특별헌금은 하신 분들은 남는 시간에 중점적으로 기도를 해드립니다. 나와서 하는 말이 목사님! 제가요, 예배시간에 잘 좁니다. 기도 좀 해주세요. 알았다고 하고 중점적으로 기도를 하는 데 처음 한 20분 동안은 아무런 현상이 일어나지 않는 것입니다. 성령세례를 받지 않은 상태이기 때문입니다. 성령세례가 임하도록 안수하고 본인이 기도하게 했습니다. 조금 지나니까, 울고불고 하면서 기도를 하더니 악~ 악~ 하면서 악을 사정없이 쓰다가 기침을 한 동안 하면서 기도를 했습니다. 오물을 토해냈습니다. 성령의 세례가 임하여 성령의 역사가 일어나니 내면세계와 잠재의식에 잠복해있던 상처와 심리적 독소와 영적인 존재들이 정체를 폭로하고 떠나가는 것입니다. 이렇게 이틀 동안 은혜를 받았습니다. 목요일을 누구를 만나기로 했다고 오지 않았습니다. 목요일 날 아침에 전화가 왔습니다. 무어라고 왔느냐 자신의 상태를 보게 해서 감사하다는 것입니다. 그런데 특이한 것은 수요일 오후 집회를 마치고 집으로 돌아가다가 정신이 멍하고 기억이 되지 않아 사당역에서 1시간을 길을 찾지 못하고 치매환자처럼 돌았다는 것입니다. 지금도 머리가 멍하다는 것입니다. 기운이 없는 것 같다는 것입니다. 필자에게 왜 그런 현상이 일어났느냐는 것입니다.

필자가 이렇게 질문을 했습니다. 부모님 중에 치매로 고통을 당하시다가 돌아가신 분이 있을 것입니다. 그랬더니, 예! 어머니가 치매로 5년을 고생하시다가 돌아가셨습니다. 성도님! 성령께서 성도님에게 치매를 일으키는 영이 침입하여 잠복해 있다는 것을 알려주신 것입니다. 물론 사전에 치유하여 건강하게 지내시라고 알려주신 것입니다. 두려워할 필요가 없습니다. 바르게 알아야 할 것은 어머니가 귀신이 되어 침입해 있는 것이 아니고, 어머니 생전에 치매로 고생하게 했던 타락한 천사(귀신)가 성도님에게 침입하여 취약한 시기를 노리고 있다가 성령님의 역사로 정체를 폭로한 것입니다. 토요일 날 개별집중정밀치유를 예약하여 몇 번 치유를 받으시면 깨끗하게 됩니다. 이는 어머니가 생전에 고통당했던 치매증세가 자신에게 나타난 것입니다. 이분은 토요일 날 개별집중정밀치유를 예약하여 3번 받고 육체와 정신이 건강하고 머리가 맑아져서 직장생활 잘하고 계십니다. 이렇기 때문에 예수님께서 공생애기간동안 내면세계를 안정시키는 사역을 하신 것입니다.

성령으로 세례 받고 성령의 지배와 장악이 되느냐, 되지 않았느냐는 신앙성장에 지대한 영향을 미칩니다. 지방에서 10년 전에 예수를 믿고 신앙 생활하는 여 집사가 늘 피곤하여 누워서 지내고만 싶고, 짜증이 나고, 우울증으로 불면증으로 조그마한 소리에도 참지 못하고 혈기를 내고, 열이 오르고, 분노가 치밀어 오르는 갱년기 증상을 성령치유를 받으러 왔습니다. 필자는 강단에서 기도하면서 교회 안에 들어오는 사람을 유심히 관찰을 합니다. 그런데 이 여 집사는 이상하게 등에다가 짐을 짊어지고 들어오는 것입니다. 나이는 40대 후반정도 되는 집사인데 허리가 약간 굽은 것입니다. 얼굴은 미인입니다. 참으로 아이러니 하고 궁금한 일이었습니다. 그런데 특이한 것은 기도 시간에 안수를 하여 성령의 임재가 장악을 하면 찌그러진 할머니 얼굴이 되는 것입니다.

워낙 상처가 강하여 화-수-목 성령치유집회에서는 해결이 될 기미를 보이지 않았습니다. 본인의 고통만 심했습니다. 이는 평소에 기도생활을 많이 하지 못한 결론입니다. 집사에게 집중정밀치유를 받아보라고 권면했습니다. 도저히 50분 기도시간 가지고는 해결이 안 된다고…. 한 주더 다니다가 자신도 안 되겠으니까, 토요일 날 정기적으로 하는 집중정밀치유를 예약하여 집중정밀치유를 받게 되었습니다. 집중정밀치유를 하면 시간이 많기 때문에 특이한 현상은 본인에 질문하면서 해결을 합니다. 먼저 허리가 굽는 것을 본인이 알고 있는 지를 질문했습니다. 어른들 중에 허리가 굽은 사람이 있었느냐고 물었습니다. 자신의 친정어머니는 그렇지 않다는 것입니다. 할머니가 허리가 굽어 지냈다는 것입니다. 집사에게 허리를 바르게 하고 걷는 것에 관심을 가지라고 했습니다. 잘못하면 나이가 들어서 허리가 굽을 수도 있다고 말해주었습니다.

계속 기도를 하니까, 얼굴이 할머니가 되는 것입니다. 얼굴이 주름이 생기고 입술이 오므라들면서 영락없이 노파의 얼굴이 되는 것입니다. 그래서 본인에게 지금 얼굴이 할머니 얼굴과 같이 찌그러져 있다고 알려주었습니다. 한참을 기도하고 안수를 하니까, 서럽게 울면서 떠나가는 것입니다. 계속 기도를 하니 손이 오그라드는 것입니다. 한참을 지나니까. 떠나가서 정상이 되었습니다. 본인에게 이렇게 알려주었습니다. 손이 오그라드는 것은 자신 안에 중풍의 영이 있었다는 증거입니다. 나이가 들고 체력이 떨어지면 밖으로 나타날 것을 성령께서 미리 정체를 폭로시키고 떠나보낸 것입니다. 조금 있으니까, 이제 병고로 고통하면서 앓는 소리를 하는 것입니다. 으흐흥~ 으흐흥~ 성령께서 질병으로 누워서 지내다가 돌아가신 분이 있느냐고 질문하라는 것입니다. 본인에게 질문을 했습니다. 집안 어른들 중에 질병으로 누워계시다가 돌아가신 분이 계셨습니까?

예! 있습니다. 할머니입니다. 할머니가 3년 정도 누워계시다가 세상을 떠나셨습니다. 무슨 질병으로 누워계셨습니까? 대장암입니다. 이제 실마리가 풀리는 것입니다. 허리가 굽어지는 것도, 성령의 임재가 되면 할머니 얼굴이 되는 것도, 병고로 앓는 소리는 한 것도 할머니 살아계실 때 괴롭히던 귀신들이 그렇게 만든 것입니다. 할머니가 귀신 되어 들어온 것이 절대로 아닙니다. 할머니가 살아계실 때 대장암에 걸리게 하고, 아랫배가 아파서 허리를 굽히고 걸어 다니게 하고, 앓는 소리는 하면서 누워 지내다가 세상을 떠나가게 했던 귀신들이 여 집사에게 들어와 있다가 성령의 역사에 정체를 폭로하고 떠나간 것입니다. 이는 예수를 믿었다고 끊어지는 것이 압니다. 성령의 역사가 일어나서 정체를 폭로시키고 떠나보낼 때까지 숨어서 결정적인 시기를 노립니다. 이 영향으로 늘 피곤하여 누워서 지내고만 싶고, 짜증이 나고, 우울증으로 불면증으로 조그마한 소리에도 참지 못하고 혈기를 내고, 열이 오르고, 분노가 치밀어 오르는 갱년기 증상이 나타나게 한 것입니다. 원인 제공자를 떠나보내고 나니까, 모든 질고가 봄에 눈이 녹는 것과 같이 사라진 것입니다.

그런데 완전하게 떠나간 것이 아닙니다. 스트레스 받고 영적인 생활을 게을리 하거나 성령의 역사가 약하면 다시 침입을 합니다. 그래서 이렇게 조언을 했습니다. 성령의 강력한 역사가 있는 교회에서 신앙생활을 잘하라고 했습니다. 왔다가 갔다가 하는 형식으로 신앙생활을 하면 할머니와 똑같은 고통을 당할 수도 있다고 주의하라고 말해주었습니다. 형제가 7남매라고 하는데 불교를 믿다가 10년 전에 개종하여 6명이 예수를 믿는다고 말했습니다. 나머지 형제간들에게 잘 설명해주라고 했습니다.

권면하기를 교회를 잘 선택하여 다니셔야 합니다. 성령의 강력한 역사가 일어나고, 담임목회자가 내면세계를 바르게 알고 내면을 정화하는 사역을 하는 교회를 정하고 다녀야 합니다. 큰 교회, 유명한 교회, 사람이 많이 모이는 교회가 아니고, 성령의 역사로 내면세계를 안정시키는 교회를 다녀야 한다고 조언하였습니다. 그래서 예수님을 믿으면서 영적으로 무지하여 불필요한 고통을 당하지 않게 하라고 권면했습니다. 이분은 지금 충만한 교회에 적을 두고 주일날도 지방에서 올라와 신앙생활하면서 하나님의 나라(천국) 만끽하며 누리고 있습니다. 너무나 평안하고 천국을 누려서 좋다는 것입니다. 천국을 누리니 얼굴이 환해졌습니다.

별지: 대물림 근본 원인 찾기 위한 개인의 역사 기록 양식

대	구분	관계	우상숭배	알콜중독	도박놀음	음란	중혼이혼	성격	습관	암병	당뇨	고혈압	간질	정신질환	사망원인	직업	재산정도
1대	치유본인	친조부															
1대	치유본인	친조모															
1대	치유본인	외조부															
1대	치유본인	외조모															
1대	부인남편	친조부															
1대	부인남편	친조모															
1대	부인남편	외조부															
1대	부인남편	외조모															
2대	치유본인	부친															
2대	치유본인	모친															
2대	부인남편	부친															
2대	부인남편	모친															
3대	치유본인	본인															
3대	부인남편	부인남편															
종합	결	론															

○될 수 있는 한 1대. 2대. 3대 전부를 될 수 있으면 정확히 파악하세요. 모르는 분은 성령께 문의 하세요.

◎ 기록시 참고할 사항

-치유본인은 지금 파악하고 기록하고 치유받는 분.

-부인, 남편은 같이 사는 사람, 가족을 말함.

1) 우상숭배 - 불교, 유교, 사교, 남묘호랭객교, 통일교, 여호와증인, 기타등등…

2) 직업 - 고리대금업, 술장사, 무당, 외정시대 경찰관, 기타 다른 사람에게 피해주는 직업…

3) 부부 관계 - 중혼, 이혼, 첩실, 가정불화…

4) 질병 - 심장병, 당뇨, 고혈압, 정신병, 기타 난, 불치병…

5) 성격 - 포악, 혈기, 방랑벽, 도벽, 호색, 무자비함, 타인에게 피해를 많이 끼침…

6) 장애 - 도박, 알코올 중독, 마약중독, 성격 장애…

7) 사망원인 - 병사(病死), 객사(客死), 교통사고, 자연사…

8) 재산정도 - 가난, 채무 많음, 거지 등등.

9) 습관 - 게으름, 무의도식 등등.

23장 방언기도 소리통한 영적검진

(딤전 4:1-2)"그러나 성령이 밝히 말씀하시기를 후일에 어떤 사람들이 믿음에서 떠나 미혹하는 영과 귀신의 가르침을 따르리라 하셨으니, 자기 양심이 화인을 맞아서 외식함으로 거짓말하는 자들이라."

귀신방언이라는 것도 있을까? 무슨 귀신이 하는 방언이 있을까 생각할 수도 있겠지만 실제로 그러한 비슷한 방언을 하는 사람이 오늘날 성도들 중에 있습니다. 오늘 이 장에서는 귀신방언이라는 무엇이며, 그것을 어떻게 구분할 것이며, 귀신이 따라하는 방언을 떨쳐 버리고 어떻게 참된 방언을 할 수 있는지를 살펴보도록 하겠습니다.

먼저, 방언이 무엇이며 그것의 유익과 한계가 무엇인지부터 잠깐 정리해보도록 하겠습니다. 방언이란 사람의 영의 언어입니다(고전14:14). "내가 만일 방언으로 기도하면 나의 영이 기도하거니와(고전14:14)" 즉 방언이란 사람이 자신의 영을 사용해서 하나님께 어떤 비밀을 말하는 것입니다(고전14:2). 그러므로 우리의 귀로는 알아들을 수가 없습니다. 통역을 해봐야 그 내용이 무엇인지를 알아들을 수 있는 것입니다. 어떤 사람은 방언이 기도라고 하는데, 방언은 기도만을 의미하지는 않습니다. 왜냐하면 방언은 크게 4가지를 포함하고 있기 때문입니다. 하나는 정말 그것이 기도이기 때문입니다(고전14:14). 방언은 사람 안에 있을 수 있는 성령이 아닌 다른 영의 기도일 수가 있는 것입니다. 그것은 방언기도는 기독교의 전용물이 아니기 때문입니다. 또 하나는 그것이 사람의 영의 찬양이라는 것입니다(고전14:15). "내가 영으로 찬송하고 또 마음으로 찬송하리라(고전14:15)" 그리고 마지막으로 하나는 그것이 성령께서 주시는 위로와 권면의 말씀이거나 책망의 말씀도 된다는 것입니다(롬8:26). "이와 같이 성령도 우리의 연약함을 도우시나니 우리는 마땅히 기도할 바를 알지 못하나 오직 성령이 말할 수 없는 탄식으로 우리를 위하여 친히 간구하시느니라(롬8:26)" 그래서 방언은 어쩌면 예언을 포함하고 있다고 할 수 있습니다(고전14:3,24). 방언의 내용이 이와 같다는 것은 방언을 통역해보면 금방 알 수 있을 것입니다.

그러므로 방언은 성령으로 바르게 하면 영적으로 매우 유익한 것입니다. 그래서 사도바울은 방언은 자기 자신의 영혼을 세워주는 것이라고 했습니다. 한편 방언은 실용적인 측면에서 유익하다고 할 수 있습니다. 방언이 우리의 기도생활을 한층 더 풍성하게 해 주기 때문입니다. 마음과 입술로 기도하는 일반적인 기도가 되지 않을 때에 방언으로 이어서 기도를 하게 되면 오래 기도할 수 있으며, 깊이 기도할 수 있습니다.

첫째, 귀신도 방언을 말할 수 있는가? 귀신도 방언할 수 있다고 보아야 합니다. 남미 아마존강 유역에서 고립된 원시인처럼 사는 원주민이 코카인에 취해 병자를 치유하는 동영상을 보면 모두 한 결 같이 방언을 합니다. 이런 점으로 보아 방언은 종교

이전부터 이미 인류가 해왔다고 봅니다. 지금도 신 내렸다는 무속인들의 방언과 같은 맥락입니다. 이런 원시적 방언은 곧 종교로 이어져 이슬람교, 힌두교, 불교 등에서 널리 하고 있습니다. 그렇기 때문에 성령으로 세례를 받지 않고 성령의 이끌림이 없이 방언기도하면 다른 영이 말하는 방언기도를 할 수가 있다는 것입니다.

귀신방언이 있다 없다 논쟁이 심합니다. 필자가 개별성령치유사역을 하면서 체험한 바로는 이렇게 설명할 수가 있습니다. 그래서 두 가지 견해로 설명이 가능합니다. 첫째로 최초 방언기도를 분출시킬 때 잘못된 경우입니다. 최초 방언기도를 분출시킨 사역자를 조종하는 귀신이 침입을 한 것입니다. 개별사역을 하다가 보면 이런 경우가 의외로 많습니다. 특정한 기도원이나 교회에서 최초 방언기도를 분출시킨 사람들이 거의 동일한 소리로 방언기도를 하기 때문입니다. 이런 경우에 축사하는 데 시간이 많이 소요됩니다. 강력한 성령의 역사가 완전하게 지배하고 장악하지 않으면 절대로 떠나가지 않습니다. 또 하나는 귀신이 그 사람을 장악한 다음 방언기도 소리를 흉내 내는 것입니다. 귀신이 방언기도를 따라한다는 것입니다. 태중에서부터 들어와 잠재의식을 장악하고 있는 귀신은 방언기도를 만들지 못합니다. 최초부터 자신의 혈통으로 역사하던 귀신은 스스로 방언기도를 하지 못합니다. 그래서 방언기도를 따라하는 것입니다. 물론 이것도 귀신의 방언이라고 할 수 있는데 정확히는 가짜방언인 셈입니다.

그렇다면 어떻게 귀신이 방언을 할 수 있다는 말일까요? 그것은 귀신이 그 사람 속에 이미 들어가 있는 상태라면 언제든지 가능한 일임을 인정하는 것이 좋습니다. 사람은 누구에게나 의지를 가지고 있습니다. 그런데 그 의지를 귀신에게 **빼앗겨버리게** 되면 자기도 모르게 귀신이 자기의 입술을 통해서 말을 하게 되는 것입니다. 이것이 기도의 형태처럼 나오게 되면 그것이 곧 귀신방언이 되는 것입니다. 무당이 귀신을 부르는 소리 같이 말입니다. 잘못하면은 자신이 방언으로 귀신을 부르면서 기도하는 형태가 될 수도 있다는 것입니다. 그래서 필자가 날마다 강조하는 것이 마음으로 예수님을 생각하면서 기도소리에 집중하면서 성령의 이끌림을 받으면서 기도하라고 하는 것입니다.

그렇다면 어떤 사람이 자신의 기도가 귀신의 영향을 받는 방언을 하고 있는지 아닌지는 어떻게 구별할 수 있습니까? 4가지로 확인해보면 알 수 있습니다. 첫째는 방언하는 사람의 모습을 보면 알 수 있습니다. 기도하면서 얼굴에 평안이 없고 질려서 기도하는 경우입니다. 팔을 강하게 흔들면서 기도하는 경우입니다. 이는 무속의 영의 영향일 가능성이 있습니다. 필자는 이런 분들 여럿을 축사하여 온전하게 한 체험을 가지고 있습니다. 둘째는 방언 기도하는 사람의 기도 소리를 들어봐도 짐작할 수 있습니다. 쉿쉿쉿… 쉿쉿쉿… 뱀 소리를 하면서 입에서 무엇을 끄집어내면서 기도한다든지, 방언기도 소리를 듣고 있노라면 기분이 좋지 않고 소름이 듣기에 거북한 소리와 소름을 끼치게 하는 소리를 내고 있으면 귀신방언일 확률이 높습니다. 필자가 매주 토요일 개별 집중 치유할 때 보면 이런 소리를 내는 방언 기도할 때 조금 있다가 귀신들이 따나갔습니다. 본인도 목사님 듣기 싫고 등골이 오싹한 방언기도가 나오더니 귀신이 떠나갑니다. 이는 성전에서 성령으로 분출되는 방언기도의 권능에 잠복하여 있던 독한 귀신이 정체가 폭로되니 떠나가는 경우도 있습니다. 여러 가지 복합적인 역사이므로 한 가지로 확증하는 것은 금해야 합니다. 보편적으로 귀신이 사람의 인격을 장악한 경우는 말을 할 때 상당히 빈정거리는 소리나 비웃는 것과 같은 소리를 냅니다. 듣고 있노라면 기분이 나쁜 소리가 나오는 것입니다. 그래서 성령치유 사역자는 인내력이 강한 사람이어야 합니다. 그리고 꼭 그러한 경우는 아니지만 단순한 단어를 계속해서 반복하는 경우나 아주 빠른 말소리도 한 번쯤은 의심해 볼 필요가 있습니다. 만약 자신이 지금 귀신방언을 하고 있다면 일반적으로 드리는 언어기도를 잘 못할 것입니다. 그리고 잠재의식의 영향으로 방언기도를 하고 있는 것입니다. 그리고 귀신이 생각을 다른 곳으로 유도하기 때문에 기도에 집중도 안 되는 것이 보통입니다. 그래서 필자는 주여! 주여! 하면서 기도소리에 집중하라고 하는 것입니다. 교회 가기도 싫어지고, 교회 가서도 교회는 왔지만, 설교소리가 들리지를 않아서 다른 행동을 하다가 가는 것입니다.

그리고 계속해서 영적인 질병이나 정신적인 질병과 육체적인 질병이 주기적으로 일어날 것입니다. 그러므로 귀신방언은 중단되도록 처리해야 합니다. 사역자가 분별하여 말해 줄 때 본인이 인정해야 떠나갑니다. 셋째는 온전한 성령사역자와 성령 충만한 크리스천들이 모여서 뜨겁게 방언으로 기도하다든지, 안수기도를 받아보면 금방 들통이 납니다. 그 속에 들어있는 귀신이 견딜 수 없어하기 때문입니다. 넷째로 방언기도는 유창하게 잘하는데 전인격에 변화가 없고 항상 얼굴에는 두려움과 불안이 덮여져 있는 사람입니다. 원래 얼굴은 자신의 마음 속 영적 상태가 얼굴에 나타나는 것입니다. 쉽게 설명하면 자신의 잠재의식에 무엇이 있느냐에 따라서 얼굴에 나타난다는 것입니다. 우리 충만한 교회 오래 다닌 분들은 얼굴에 광채가 납니다. 성령이 충만한 것이 얼굴에 나타나기 때문입니다.

둘째, 귀신방언을 하고 있다면 이렇게 하라. 그렇다면 이제 만약 자신이 귀신의 방언을 하고 있는데, 그것을 성령이 주셨던 방언으로 잘못 알고 있었다고 한다면 어떻게 해야 하는지를 살펴보겠습니다. 그때에는 내 안에 들어있는 귀신을 쫓아내려고 관심을 가져야 합니다. 거울을 보라고 하는 분들이 계시는데 이는 근거 없는 사람의 말입니다. 개별 축사사역을 해보지 않고 사람 소리 듣고 말하는 것입니다. 신빙도가 떨어집니다.

그러면 어떻게 해야 할까요? 성령이 강하게 역사하는 장소에 가셔서 아랫배에 의식을 두고 아랫배에 힘을 주면서 코로 호흡을 강하게 들이쉬고 내쉴 때는 힘을 빼고 내쉬는 것입니다. 절대로 혼자 기도해서는 귀신이 정체를 폭로하지 않습니다. 우리 충만한 교회와 같이 성령의 역사가 강하게 일어나는 장소에 가셔서 그곳에 계시는 분들과 뜨겁게 소리 내어 필자가 알려준 대로 기도하는 것입니다. 그렇게 기도하면 70%는 귀신이 정체를 폭로합니다. 성령이 충만한 장소에는 담당 목회자가 성령으로 충만하여 축귀를 쉽게 하는 분들입니다. 그분에게 안수를 받는 것입니다. 자신이 인정한 것이므로 쉽게 축사가 됩니다. 귀신도 순수하기 때문에 쉽게 정체를 폭로하고 쉽게 떠나가는 것입니다. 필자는 자신에게 역사하는 귀신은 자신의 성향과 비슷하다고 생각하면 100% 맞는다고 생각하는 편입니다.

그런데 이렇게 자신이 힘을 다하여 기도해도 귀신이 정체를 폭로하지 않으면 어떻게 하느냐 입니다. 보통 이렇게 기도해도 귀신이 정체를 폭로하는 않는 경우는 이곳저곳에 은혜와 능력을 받는 다고 돌아다녀서 자신에게 역사하는 귀신이 내성이 길러져서 꼼작하지 않는 것입니다. 항생제 내성이 길러진 것과 같은 이치입니다. 여러 곳을 다녀서 알기는 조금 아니까, 전하는 말씀을 분별하고 의심하고 뚜드려 보고 별별 이상한 질문을 다하는 순수하지 못한 분들입니다. 사역간 필자를 제일로 힘들게 하는 분들입니다. 이런 분들은 잠간잠간 안수하고 기도해서는 효과가 없고 최대 2시간 이상 안수를 해야 정체를 폭로합니다. 본인이 인정해야 2시간 만에 정체를 폭로합니다. 대체적으로 이런분들이 자신에게 귀신이 역사하지 않는다고 믿고 있습니다. 왜냐하면 기도하고 안수해도 아무런 현상이 나타나지 않기 때문입니다. 아주 의인이 된 것과 같이 교만합니다. 이런 분들은 자신의 삶을 뒤돌아 보면 금방 이해 할 수가 있습니다. 열매가 좋지 않기 때문입니다. 우리 충만한 교회에서는 이런 크리스천들을 위하여 매주 토요일 예약하여 2시간 30분씩 개별집중치유를 하는 것입니다.

그런데 자신에게 귀신이 역사하고 있다고 인정하고 축귀를 받으면 사람이 점점 영적으로 변한다는 것입니다. 얼굴이 달라집니다. 성령의 역사가 얼굴에 나타나기 때문입니다. 그러면 왜 귀신의 영향아래 있을 때는 그렇게 은혜로운 얼굴이 나타나지 않았을까요? 더러운 영의 역사가 잠재의식을 장악하여 그 사람 안에 성전에서 성령의 역사가 100% 밖으로 나타나지 못하기 때문입니다. 그래서 필자는 방언으로 기도할 때 잠재의식을 정화해야 한다고 강조하는 것입니다. 생명의 말씀과 성령으로 잠재의식이 정화되어야 자신 안에 계신 성령의 역사가 100% 나타납니다. 방언기도는 아무렇게나 소리만 잘하면 안 되는 것입니다. 반드시 성령으로 세례를 받고 자신 안에 성전에서 성령으로 분출되는 방언기도를 습관화해야 합니다. 그래야 방언기도 할 때 잠재의식이 정화되면서 성령의 지배와 장악이 되어 항상 성령하나님과 동행하는 상태가 되는 것입니다. 열매가 좋게 되는 것입니다. 참으로 방언기도는 중요합니다. 중요한 만큼 정확하게 해야 합니다.

셋째, 귀신방언을 하는 크리스천을 어찌해야 하나. 결론부터 말하자면 절재하며 못하게 하지 말고 그냥 하도로 내버려 두라는 것입니다. 귀신방언 한다고 못하게 하면 그 사람의 고통은 이만저만이 아닙니다. 필자가 성령치유 사역을 하다가 보니 교회에 방언통역을 한다는 성도들로 하여금, 교회 성도들에게 상처를 주고, 피해가 막심하다는 것입니다. 작년 추석 집회할 때 어느 여전도사가 와서 저에게 이렇게 상담을 했습니다. 목사님 우리 교회 전도사 중에 나름대로 방언 통역을 한다는 여전도사가 있는데, 새벽 기도할 때 성도들의 방언기도를 들어보고 나름대로 평가하여 담임 목사님에게 이야기 하면 목사님이 그 성도에게 방언기도를 하지 못하게 한다는 것입니다. 그 피해자 중에 자기도 포함이 된다는 것입니다. 그래서 자기가 방언으로 기도를 못하니 가슴이 답답하여 미칠 지경이라 휴일을 택해서 치유 받으러 왔다는 것입니다.

그래서 말씀 듣고 안수하고 막힌 영의통로를 뚫어서 잠재의식을 성령으로 치유하고 제가 그 전도사의 방언을 들어보니 이상이 없는 성령으로 하는 영의 방언이었습니다. 그래서 이제 걱정하지 말고, 누구의 말에도 눌리지 말고 누가 무어라고 해도 방언으로 기도를 막하라고 조언한 일이 있습니다. 필자가 성령치유 사역을 오래하다가 보니 개척교회나 큰 교회나 할 것이 없이 목회자 분들이 영안이 열렸다, 방언 통역을 한다하는 성도들의 말을 잘도 믿는 다는 것입니다. 분별해 보지도 않고 그 소리를 다 믿는 다는 것입니다. 좌우지간에 문제가 많습니다.

귀신방언을 하면 안수하여 귀신을 쫓아내어 정확한 방언기도를 하도록 하는 곳이 교회입니다. 그런 일을 하라고 직분 자들과 담임목사를 세운 것입니다. 귀신방언 한다고 못하게 하는 곳이 교회가 될 수가 없습니다. 저의 임상적인 견해로는 방언을 어떤 소리로 하든지 상관할 필요가 없다는 것입니다. 방언은 계속적으로 바뀝니다. 방언을 하다가 불같은 성령을 강하게 체험하고 영의 통로가 열리면 방언이 달라지고 바른 방언이 됩니다.

그러므로 방언하는 것 들어보고, 귀신 방언인가 아니가 판단하여 절재 시키지 말고, 귀신 방언하나 알려고 방언 통역을 할 것이 아니고, 목회자가 불같은 성령을 체험하고 성령의 능력을 받아 안수기도하면서 영의 통로를 뚫어주면 성령의 강력한 역사에 의하여 잘못된 방언도 바른 영적인 성령의 인도를 받는 영의 방언으로 바뀌더라는 것입니다. 절대로 교회에서 자기 나름대로 방언 통역한다는 사람들의 심령 상태를 진단해 보아야 한다고 저는 강력하게 주장을 합니다. 왜냐하면 방언을 가장 듣기 싫어하는 것들이 귀신입니다. 귀신들은 방언하는 소리를 가장 듣기 싫어합니다. 그래서 귀신에게 눌렸던 성도들이 방언을 받으면 귀신들이 많이 축사되는 것입니다.

특히 영으로 속으로 하는 방언에는 귀신들이 정말로 듣지 못하고 축사됩니다. 그러므로 방언 통역한다고 들어보고 귀신 방언 한다고 못하게 하는 그 성도가 바로 귀신 방언을 하는 것입니다. 방어기도를 어떻게 분별하느냐, 이것은 본인이 분별하는 것입니다. 본인이 방언기도를 하고 나면 마음이 뜨겁고 성령의 충만함이 나타나면 영으로 하는 방언입니다. 그러나 방언 기도를 하면 할 수 록 심령이 갑갑하고 영성에 변화가 없으면 잘못된 방언입니다. 그래서 본인이 분별 가능한 것입니다. 이렇게 잘못된 방언을 하다가도 어느날 불같은 성령을 체험하면 바른 방언으로 바뀌니까, 너무 성급하게 판단하여 낙심하거나 의기소침하면 영성에 해가 되니 참고하시기를 바랍니다.

24장 꿈 환상통한 영적검진하기

(욥 33:13-18)"하나님은 모든 행하시는 것을 스스로 진술치 아니하시나니 네가 하나님과 변쟁함은 어찜이뇨 사람은 무관히 여겨도 하나님은 한번 말씀하시고 다시 말씀하시되 사람이 침상에서 졸며 깊이 잠들 때에나 꿈에나 밤의 이상 중에 사람의 귀를 여시고 인치듯 교훈하시나니 이는 사람으로 그 꾀를 버리게 하려 하심이며 사람에게 교만을 막으려 하심이라. 그는 사람의 혼으로 구덩이에 빠지지 않게 하시며 그 생명으로 칼에 멸망치 않게 하시느니라."

하나님은 꿈을 통하여 우리의 영육을 치유하시기도 합니다. 꿈의 의미는 뭘까요? 잠을 자기 시작하면 우리 두뇌의 활동이 정지돼서 조용하고 평화로운 상태가 된다고 생각 하지만 사실 알고 보면 잠자는 동안 사람들의 뇌 속에서는 엄청난 일들이 일어나고 있습니다. 줄거리가 있기도 하고 또는 황당하게 진행되기도 하고 심지어는 불안 두려움 등 밤마다 이뤄지는 일들이 있기도 합니다. 이 꿈은 그냥 상상 속의 세계가 아니라 정보를 전달해 주는 일종의 방법이라고 합니다. 무의식이거나 아니면 잠재의식이 갖고 있는 정보를 우리들의 현실세계에 전달해주기 위한 수단으로 꿈이 라는 것을 사용하는 것입니다. 그래서 꿈속에는 자신의 미래를 예시해주는 정보들이 가득하므로 어떻게 해석하느냐가 중요합니다.

첫째, 꿈을 통해 치유하신다. 꿈에서 치유를 경험하는 사람은 많습니다. 그러나 꿈은 치유의 힘만 가진 것이 아닙니다. 꿈은 우리가 하나님을 체험하는 자리입니다. 우리는 꿈을 꾸면서 하나님의 진리와 하나가 되고 사물의 진정한 본질과도 하나가 될 수 있습니다. 하나님은 꿈속에서 우리를 가르치십니다. 하나님은 꿈을 통해서도 하나님의 뜻을 전하십니다. 우리는 꿈을 잘 해석하여 하나님의 뜻이 무엇인지 분별해야 합니다. 영적인 꿈이란, 기도를 많이 하는 영적으로 깊은 성도가 하나님이 알려주시는 자신의 현재의 상태와, 앞으로 어떻게 해야 할 방향과, 하나님의 계획을 알려주는 것입니다. 모든 사람이 꿈을 꿉니다. 보통 우리가 하루 8시간씩 잠을 잔다면 하루에 30분 내지 1시간에 걸쳐 5-6회 정도 꿈을 꾼다고 합니다. 꿈을 꾸어도 기억하지 못하는 사람이 있습니다.

그래서 전혀 꿈을 꾸지 않는 것으로 오해합니다. 우리가 하루에도 여러 번 꿈을 꾸는데 기억되는 것은 대개 잠에서 깨기 직전의 꿈입니다. 이 마지막 꿈은 여러 가지 꿈을 하나로 요약해 주는 중요한 꿈이라고 볼 수 있습니다.

① 심층심리학에 따르면 꿈은 우리가 잠잘 때 의식의 힘이 약해진 틈을 타서 의식의 수면 위로 떠오른 무의식의 내용입니다. 그렇기 때문에 우리는 꿈을 통해서, 본인의 무의식을 잘 이해할 수 있게 됩니다. 우리가 꿈을 무시하면 우리의 무의식과 심층심리를 알 수 없습니다. 그래서 의식과 무의식을 하나로 통합하는 자기실현의 기회를 상실하게 됩니다. 꿈은 우리의 심층심리를

이해하고 통합하는 데 도움을 줍니다.

② 꿈은 하나님께서 우리에게 메시지를 전달하시고 우리와 소통하시는 하나의 방식입니다. 우리는 인생의 중요한 고비에서 꿈을 통해 하나님의 음성을 듣습니다. 우리는 꿈 해석을 통해 하나님과 더 깊은 관계를 맺을 수 있습니다.

③ 꿈은 우리가 영적으로 더 일관성 있게 살아갈 수 있도록 이끌어 줍니다. 꿈은 영혼의 언어요, 하나님의 선물이기에 에너지를 내포하고 있습니다. 또 창조적인 생각을 드러내 줍니다. 꿈을 통하여 어려운 문제를 풀 수 있는 응답을 받기도 합니다.

④ 꿈은 자기 자신의 보다 정직한 표현이라고 볼 수 있습니다. 그렇기 때문에 꿈을 무시하면 자기실현의 기회를 상실하게 됩니다. 우리는 꿈을 꿀뿐만 아니라 바르게 해석해야 합니다. 해석되지 않은 꿈은 읽지 않은 편지와도 같습니다. 우리는 꿈을 해석함으로써 우리를 치유하시고 위로하시는 하나님을 만나게 됩니다.

⑤ 우리는 꿈을 해석함으로써 의식과 무의식의 통합을 꾀할 수 있습니다. 우리 내면의 결함을 알게 되고 그것을 수정할 수 있는 안내를 받습니다. 부정적인 자아상을 벗고 긍정적인 자아상을 갖게 됩니다. 잘못되고 병든 인간관계를 바로 잡게 됩니다.

⑥ 불안과 공포의 뿌리를 보고 사랑과 평안과 신뢰를 회복하게 됩니다. 인생의 전환기를 지날 때 격려와 안내를 받음으로써 추락하지 않게 됩니다. 지금까지 깨닫지 못했던 엄청난 에너지의 근원을 만나게 됩니다. 숨어 있는 에너지를 끌어내 위기를 슬기롭게 극복하게 됩니다.

⑦ 창조적인 지혜와 통찰력을 얻게 됩니다. 인생에서 더욱 중요한 것이 무엇인지 알게 되는 분별력이 생깁니다. 더 이상 방황하지 않고 인생의 궁극적인 목적을 향해 나아가게 됩니다. 하나님의 뜻에 보다 더 의식적으로 참여하게 됩니다.

둘째, 꿈의 해석과 치유. 어느 목사님이 성도가 꾼 꿈에 대한 상담 예입니다. 돌아가신 친정어머니가 꿈에 보이면 그 날은 몸도 아프고 여러 가지로 좋지 못한 일이 일어납니다. 아들이 군에 갔는데 아들에게 할머니가 가끔 꿈에 나타나면 좋지 못한 일이 생긴다고 합니다. 그래서 교회에 와서 목사님이 축사를 하면 한 삼일은 잘지나가다가 다시 꿈에 보여 그런 경우가 생기는 데 어떻게 해야 하느냐고, 지방에서 목회하시는 목사님이 치유와 능력을 받으러 오셨다가 저에게 질문을 했습니다. 내가 이렇게 답변을 했습니다. 인간의 문제를 치유하는 사역자는 전문성이 있어야 합니다. 무턱대고 축사만 할 것이 아닙니다. 목사님 내적치유를 아십니까? 목사님이 모른다고 하셨습니다. 목사님에게 치유를 하려면 전문적인 지식과 체험이 있어야 합니다. 배우시고 체험해야 합니다. 그냥 치유사역자가 되는 것이 아닙니다. 꿈을 통해 치유하는 방법을 다음과 같이 상세하게 설명을 해드렸습니다.

1) 죽은 사람이 꿈에 나타난다. 이것부터 영적으로 이해를 해야 합니다. 꿈에 나타난 친정어머니는 진짜 친정어머니가 아닙니다. 친정어머니의 생전에 영육의 고통을 가하던 타락한 영이

친정어머니 모습으로 나타난 것입니다. 왜냐하면 미혹하기 위해서 그러는 것입니다. 자손들에게 환영을 받으면서 활동하려고 그러는 것입니다. 죽은 사람의 영은 천국이 아니면 지옥에 가 있습니다. 나오지 못합니다. 무속 같은 이론에 속지 마시기를 바랍니다. 이것은 성경에 어긋나는 잘못된 무당, 이단의 이론입니다. 절대로 현옥되지 마시기를 바랍니다. 절대로 죽은 사람의 영은 세상에 나올 수가 없습니다. 고로 죽은 어머니의 형상을 가지고 꿈에 나타난 타락한 천사입니다. 강령하게 영적인 전쟁을 해야 합니다.

2) 이 꿈에서 나타날 수 있는 영적인 문제들. 친정어머니가 가지고 살다가 고생하던 모든 문제가 이 성도에게 왔다고 봐야 정확하게 문제를 해결하고 치유할 수 있습니다.

① 상처의 문제… ② 부부의 문제… ③ 질병의 문제… ④ 재정에 관련된 문제… ⑤ 영적인 문제… ⑥ 정신적인 문제… ⑦ 자녀들의 문제… 육체적, 정신적, 환경적, 부모와의 관계성의 문제 등…이 모든 문제가 이 성도에게 왔습니다. 본인과 치유사역자가 인정하는 것이 치유를 위한 지름길입니다. 이것을 이해시키고 치유를 해야 합니다. 가족 전원이 함께 하는 것이 효과적입니다.

3)꿈을 해석하여 치유하는 순서.

첫째는 성령을 체험하게 해야 합니다. 그리고 내적 치유를 해야 합니다. 부모의 상처가 자손에게 전이 됩니다. 어머니부터 치유를 해야 합니다. 다음에 자녀들을 치유해야합니다. 집안 사정이 되면 어머니와 자녀들을 동시에 해도 됩니다. 동시에 하면 치유효과가 더 커집니다.

둘째, 영적인 문제를 해결입니다. 죄악을 회개하고, 환란과 풍파의 줄을 절단하고, 귀신을 몰아내야 합니다.

셋째, 그리고 질병을 치유합니다. 이것도 귀신의 저주를 절단하고 몰아내야 합니다.

넷째, 지속적인 영적 전쟁과 축사를 해야 합니다. 한번에 떠나가지 않습니다. 시간이 걸립니다.

다섯째, 치유 후에 영적인 관리가 더 중요합니다. 치유 받고나아져서 영적인 치유를 그만두면 더 심해질 수가 있습니다. 지속적인 치유를 해야 합니다. 영적인 생활을 잘해야 합니다.

4) 꿈에 나타나면 꿈에서도 강하게 거부하고 몰아내야 합니다. 아침에 일어나서 축사를 해야 됩니다. 아니면 목회자의 도움을 받으면 더욱 좋습니다.

5) 꿈을 꾼 다음날 바로 내적 치유와 축사를 받아야 효과적입니다. 제가 지금까지 치유사역하며 임상적으로 경험한 바로는 많은 성도들이 꿈에 죽은 사람이 나타난 후, 질병과 환란으로 고생합니다. 우리 교회에 다니는 권사님으로부터 주일 아침 9시경에 전화가 왔습니다. 아침에 일어나려는 데 심신이 나른하고 다운되어 꼼짝을 못하여 교회를 오지 못하겠다는 것입니다.

그런데 전화를 받는 순간 무엇인가 좋지 못한 예감이 왔습니다. 그래서 조금 있다가 봉고차를 운전하여 권사님 댁으로 갔습니다. 집 앞에 봉고차를 세워놓고 아파트에 들어갔습니다. 권사님이 사시는 아파트는 1층입니다. 그래서 초인종을 눌렀습니다.

누구세요. 예 저 강 목사입니다. 문 열렸어요. 그래서 문을 열었습니다.

문을 열고 보니 권사님이 나를 탁 쳐다 보았습니다. 그런데 순간 보이는 것이 마귀할멈의 형상이 보였습니다. 그래서 신을 벗고 들어가 다자 고자 할 것 없이 머리에 손을 얹고 기도를 했습니다. 성령이여 임하소서, 힘이 없게 하고 교회가지 못하게 하는 더러운 악마야 예수 이름으로 명하노니 떠나가라. 힘이 없게 하고 교회가지 못하게 하는 더러운 악마야 예수 이름으로 명하노니 떠나가라. 힘이 없게 하고 교회가지 못하게 하는 더러운 악마야 예수 이름으로 명하노니 떠나가라. 이렇게 명령을 하니 권사님이 아멘으로 화답을 했습니다. 그리고 권사님을 보니 얼굴이 정상으로 돌아 왔습니다. 그러자 권사님이 저에게 하시는 말씀이 "목사님! 어젯밤 꿈에 미국에 이민 가서 살다가 교통사고 당하여 죽은 딸이 검정 드레스를 입고 저에게 찾아 왔습니다. 그래서 너무나 반가워서 끌어 앉았습니다. 그랬더니 순간 없어졌습니다." 그래서 제가 막 나무랐습니다. 권사님 꿈에 죽은 사람이 나타나거든 예수 이름으로 물리치라고 했지 않습니까? 그러니까, "권사님이 하시는 말씀이 이렇습니다. 목사님 우리 딸은 예수 믿고 죽었습니다."

성도님들의 영적인 수준이 이렇습니다. 아니 예수 믿고 죽은 사람이 천국에 가 있는데 어떻게 옵니까? 올 수가 없습니다. "그뿐 아니라 너희와 우리 사이에 큰 구렁텅이가 놓여 있어 여기서 너희에게 건너가고자 하되 갈 수 없고 거기서 우리에게 건너올 수도 없게 하였느니라."(눅16:26). 천국에서 지옥도 갈수도 없고 올수도 없는데 어떻게 죽어 천국에 있는 사람이 세상에 나옵니까? 권사님이 꿈에 본 자신의 딸은 진짜가 아니고 마귀가 권사님에게 들어오려고 가장하여 나타난 귀신입니다. 그러니까 그 꿈을 꾸고 난 다음에 온몸이 나른하고 힘이 들어 교회를 나오지 못할 정도가 되지 않습니까? 속지 마세요. 그래서 권사님 댁에서 나와서 성도들을 봉고 차에 태워서 교회에 와서 주일 예배를 드렸습니다. 그리고 예배를 마치고 성도들을 이끌고 권사님 댁에 가서 성령집회를 하고 안수를 해서 귀신을 몰아내 주었습니다. 그러자 바로 온몸이 나른하고 다운되게 했던 질병들이 치유 되었습니다.

꿈에 죽은 시아버지가 나타나 반갑게 맞아 들였더니 감기 몸살로 4달을 고생하는 것을 보았습니다. 우리 교회 여 전도사가 꿈에 돌아가신 시아버지가 나타나서 반갑게 맞이한 후로 독감이 걸려서 4달을 고생하였습니다. 그것도 창피해서 말을 하지 않다가 제가 다그치니 그때야 이야기하여 축사하고 독감이 나았습니다. 꿈속에서 깨어서 영적전쟁을 해야 합니다.

인천에 사시는 60대 중반의 사모님의 이야기입니다. 이 사모님의 어머니는 중풍으로 3년 전에 세상을 떠났답니다. 그런데 꿈에 나타난 것입니다. 새벽 3시에서 4시경이 되었는데 친정어머니가 다리를 절뚝거리면서 문을 열고 방안으로 들어오는 것입니다. 그래서 이 사모님이 야~ 이 더러운 귀신아! 여기가 어디인데 들어오려고 하느냐! 내가 예수이름으로 명하노니 나의 집에

서 나가라! 나가! 나가! 나가! 했더니 갈게! 갈게! 갈게! 하더니 나
가더랍니다. 그런데 새벽 6시가 조금 넘어서 전화가 왔는데 자
기 여동생이 중풍이 걸려서 병원에 입원했다는 것입니다. 이 사
모님이 알고 몰아내자 동생에게 간 것입니다. 우리도 경각심을
갖아야 합니다.

셋째, 꿈과 관련된 간증

1)꿈에 방안에 뱀들이 돌아다니는 것입니다. 저는 성도들의
가정을 놓고 기도를 많이 합니다. 왜냐하면 성도들의 가정에 문
제가 발생하기 전에 치유하기 위해서입니다. 어느날 이런 꿈을
꾸었습니다. 우리 성도 가정인데 뱀들이 막 돌아다니는 꿈입니
다. 내가 심방을 다녀왔기 때문에 그 집 구조에 대하여 잘 알지
않습니까? 꿈에 보니 안방 침대에 뱀들이 막돌아 나닙니다. 이
부자리 속으로 들어갑니다. 그런데 주인인 성도들은 웃고 아무
런 조치도 하지 않습니다. 내가 너무나 안타깝고 답답하다는 생
각을 하면서 꿈에서 깨어났습니다. 교회에 와서 사모에게 꿈 이
야기를 했습니다. 아마 그 집이 영적으로 문제가 있는 것 같다
고 심방을 가야겠다고 알려주라고 했습니다. 심방을 하고 나서
꿈 이야기를 하면서 영적인 전쟁을 하라고 했습니다. 그랬더니
여 집사가 이러는 것입니다. 2층에 집 주인이 사는데 아주 좋다
는 것입니다. 그래서 마음을 열고 대화를 한다는 것입니다. 그런
데 문제는 주인집이 절을 다니기 때문에 집에 오만가지 절의 우
상 물건들이 있다는 것입니다. 자신은 사람들이 너무 좋기 때문

에 마음을 열고 다녔는데 그 집에 역사하는 불교의 영들이 자신의 집으로 들어 온 것 같다는 것입니다. 그러면서 큰일 날 뻔 했다는 것입니다. 제가 이제 잘 알았으니 성령이 충만한 가운데 영적인 전쟁을 지속적으로 하라고 했습니다. 그 후 그 가정은 사업이 잘되어 아파트를 사서 이사를 했습니다. 이렇게 꿈을 꾸었으면 영적인 조치를 해야 합니다.

2)어느 여 집사님이 당한 일입니다. 꿈에 뱀 두 마리가 막 도망을 가습니다. 그래서 가정 예배를 드리고 대적 기도하였습니다. 그리고 시간이 얼마큼 자닌 다음에 꿈을 꾸었는데 큰 뱀이 또 아리를 틀고 자기 옆에 앉아 혀를 날름 거렸습니다. 꿈에서 깨어나 이상하여 성경공부 시간에 자기 담임목사님에게 꿈 이야기를 했습니다. 그랬더니 담임목사 하는 말씀이 무시하라고 했습니다. 무시하고 얼마가 지나서 몸이 불편하여 검사를 해본 결과 자궁 난소에 암이 생겼는데 3기가 지나고 있었습니다. 그래서 수술하고 우리교회에 와서 영적치유를 한 일 년 간 치유 받고 갔습니다. 이는 성령께서 악 한영이 침입하여 집을 지은 것을 알려준 것입니다. 아주 편안하게 있었다는 것은 집을 완전하게 지었다는 것입니다. 이런 분을 빨리 영적전쟁을 해야 합니다. 악한 영이 집을 완벽하게 지은 것이므로 상당히 오랜 기간 영적치유를 받아야 합니다. 영적인 일은 방심과 무시는 금물입니다. 정말 영적인 무시는 큰일을 만듭니다.

3)**어느 집사님의 집에서 일어난 일입니다.** 집사님이 이사를 가서부터 계속 꿈에 뱀들이 나타나 집안을 돌아다니는 것입니다. 이런 꿈을 두 달 정도를 계속해서 꾸다가 보니까 이 집사님이 불면증에 시달리다가 급기야는 우울증까지 왔습니다. 교회 목사님이 그 집에 가서 성가대 연습을 하고 별짓을 다해도 꿈에 뱀은 계속 나타나 났습니다. 그러다가 집안 대 청소를 해야겠다고 생각하고 거실에 있는 장식장을 열고 청소를 하는데 장식장 속에 보니 부적들이 잔뜩 붙어있었습니다. 앞에 살다가 이사 간 사람들이 붙여놓은 부적입니다. 그래서 부적을 다 뜯어내고 목사님을 청해서 심방을 하니, 그날부터 꿈에 뱀이 나타나지 않고, 이 집사님도 불면증이 없어지고, 우울증도 치유되고 건강하게 되었습니다. 이사를 가면 잘 점검해 보시기를 바랍니다. 지금은 부적이 아주 작습니다. 유심히 찾아보아야 찾을 수가 있습니다. 영안을 열고 찾아보아야 보입니다.

25장 올라오는 소리를 통한 영적검진

(고전 2:10)"오직 하나님이 성령으로 이것을 우리에게 보이셨으니 성령은 모든 것 곧 하나님의 깊은 것까지도 통달하시느니라"

한국교회의 성도들이 지금 하늘나라 천국을 만끽하지 못하고 변화되지 않는 것은 나타나는 현상에 치중하기 때문입니다. 트랜스현상과 같은 몽롱하고 신비한 현상이 나타나면 다된 것으로 알기 때문입니다. 기도하면서 나타나는 현상에 치중하고, 무슨 소리나 들으려고 하기 때문에 변하지 않는 것입니다. 무슨 현상이 나타나면 거기에 만족하기 때문입니다. 성령의 역사에 대하여 바르게 알고 체험해야 합니다. 우리나라 일부 교회의 무분별한 성령체험 현상으로 영적분위기가 혼탁한 경우가 많습니다. 그리고 기도하다가 환상을 보고 음성을 한번 들으면 영적으로 성숙된 성도라고 자처하는 분들이 있습니다. 저는 하나님의 은혜로 성령사역을 20년을 하고 있는 목사입니다. 저 역시 초기 성령사역 시에는 분별력이 없어서 성도들에게 일어나는 영적현상에 대한 바른 진리를 알려주지 못한 것이 사실입니다. 이는 우리나라에 성령사역을 전문으로 하신 목회자가 별로 없었다는 것입니다.

그래서 저도 외국 목사님들이 쓰신 영적인 서적을 사서 읽고 영적인 면을 터득했습니다. 그런데 지금에 와서 보면 제가 그때 읽은 외국 목사님의 책은 성령의 역사와 체험에 대한 아주 기초적인 내용으로 저술되었다는 것입니다. 이제 제가 집중적으로 성령사역을 하고 임상적인 경험을 하여 성령의 역사와 체험을 정리해보니 일부 교회는 잘못된 성령의 역사를 참인 줄 알고 따라가고 있다는 것입니다. 얼마 전에 인터넷에 보니까 조금 이해하기 힘든 현상이 나타나는 것을 성령 체험할 때 일어나는 현상으로 자랑스러워 자랑하는 내용이 있었습니다.

> "저의 두 팔이 슬슬 움직여지면서… 나중에는 급기야 아주 빠르게 빙빙빙 돌려지면서… 꿇어앉은 저의 무릎의 앞쪽이 진동과 함께 들려지면서… 몸이 붕붕 뜨면서… 약 30센티미터 정도… 운동을 심하게 했을 때 근육이 뻐근하고 결리는 것과 같은 통증도 수반될 때도 있답니다. 지각이 흔들리고 온 지구가 들썩거릴 것과 같은 환상체험이 오면서… 꼭 콘크리트 바닥을 내 옆에서 거대한 굴착 기계로 파 들어갈 때 흔들림처럼, 온 몸이 덜덜덜덜 두두두두 떨리다가 저의 손이 바람개비처럼 빠르게 돌려지며 펄럭이듯 했습니다. 흡사 선풍기를 틀어놓은 것처럼 빙글빙글 돌며 온 몸이 붕붕 뜨듯 들리며 진동을 했습니다."

저도 처음 성령사역을 할 때는 이런 현상이 성령을 체험할 때 보통 일어나는 현상이라고 알고 행하고 있었습니다. 지금에 와서 보니 참으로 위험천만한 성령의 역사가 교회에서 일어나고 있다는 것입니다. 위의 현상은 분명하게 양신역사입니다. 성령이 임재 하니 사람 속에 숨어있던 악한 영이 정체를 폭로할 때 일어나는 현상입니다. 제가 얼마 전에 성령사역을 하면서 위와 같은 현상을 일으키는 성도를 안수 했습니다. 그랬더니 악한 영이 말로 표현할 수 없을 정도로 떠나갔습니다. 3일 동안 지속적으로 안수하니 위와 같은 영적현상이 일어나지 않았습니다. 일어나지 않을 뿐만 아니라, 본인의 마음이 너무 편안하고 기도가 술술 나온다고 간증을 했습니다.

그래서 본인에게 기도할 때 이런 현상이 일어난 것이 얼마나 되었느냐고 질문했습니다. 3년 정도 되었다는 것입니다. 3년 동안 귀신에게 속은 것입니다. 이 성도가 잘못된 것이 아닙니다. 이런 현상을 보고 양신역사라고 하면서 바로잡아줄 영적인 사역자가 없었다는 것입니다. 이 성도의 말에 의하면 3년 동안 성령의 역사가 있다는 곳은 안 가본 곳이 없을 정도로 다 다녀 보았다는 것입니다. 그런데 어느 한곳에서 바로 잡아주는 곳이 없었다는 것입니다.

이 성도가 하는 말이 성령의 역사가 있다는 곳에 가서 2박 3일 또는 3박 4일 은혜를 받고 오면 한 일주일은 충만하게 지낸답니다. 이것이 바로 7장에서 설명 드린 전형적인 트랜스현상입니다. 그런데 2주가 되면 슬슬 마음이 답답하고 기도가 잘되지 않아서, 또 다른 곳을 가게 되었다고 했습니다. 이 현상은 이렇게 설명할 수 있습니다. 성도는 영의 만족을 누려야 모든 것이 좋아집니다. 자기 나름대로 성령이 충만하다고는 하지만, 저와 같은 전문적인 성령사역을 하는 분들의 눈에는 이렇게 보입니다. 이 성도의 마음 안에 있는 성령의 역사가 밖으로 나타나지 않는 것입니다.

즉, 영의 통로가 막혔다는 것입니다. 성도는 마음 안에 있는 성령의 불과 성령의 생수가 심령에 부어져야 영의 만족을 누리는 것입니다. 그런데 영이 막혀서 심령에서 성령의 역사가 밖으로 나오지 못하니 은혜 받을 때는 괜찮은데 시간이 지나면 답답해지는 것입니다.

이 문제가 왜 생길까요. 첫째, 성령의 불을 밖에서 받는다는 잘못된 이론 때문입니다. 둘째, 성령의 불을 받으려고 밖에만 관심을 가지니 정작 자신의 심령에 관심을 갖지 않으니 영의 통로가 열릴 이유가 없는 것입니다. 셋째, 자신의 심령 상태에는 관심을 갖지 않고, 그저 보이는 면, 역사가 나타나는 것에만 관심을 가진 결과입니다.

지금 많은 교회와 성령사역을 하는 곳들이 모두 이렇습니다. 성령의 불을 밖에서 받으려고 능력이 있고 불이 있다는 강사에게만 관심을 가지기 때문입니다. 저도 초기 성령사역을 할 때와 성령의 능력(불)을 받으러 다닐 때 모두 이런 식이었습니다.

저는 다행하게도 내적치유를 하면서 내면에 관심이 많았기 때문에 쉽게 내면관리를 하다 보니까, 성령의 불은 자신의 영 안에 계신 성령으로부터 나와야 된다는 것을 알게 된 것입니다. 그래서 내면관리를 집중해서 하다 보니까, 앞의 성도와 같이 잘못된 성령의 역사를 분별하여 치유할 수가 있었습니다. 이런 분들이 우리교회 집회에 오면 먼저 기도 시간에 제가 안수를 일일이 하면서 성령의 역사가 성도의 마음 안에서 일어나도록 합니다.

조금만 지나면 강력한 성령의 역사가 일어나 속에서 더러운 상처와 귀신들이 떠나갑니다. 이렇게 2일만 하면 거의 모두 이해할 수 없는 성령의 역사가 정리됩니다. 점차 안정을 찾아 심령에서 불이 나오는 성도들로 바뀌게 됩니다. 기도는 성령으로 해야 합니다. 자신의 마음 안에 계신 성령의 역사가 밖으로 나오면서 치유도 되고, 귀신도 떠나가고, 자신의 안에 계신 성령으로부터 '레마'도 들리게 되는 것입니다.

귀신은 축사하면 능력 있는 목사가 불러내어 쫓아내는 줄로 알고 있습니다. 이것은 잘못알고 있는 것입니다. 자기 안에 계신 성령의 역사가 밖으로 나오면서 귀신을 몰아내는 것입니다. 귀신은 전적으로 귀신의 영향을 받는 성도의 성령의 권능에 의하여 밀려 나오도록 해야 합니다. 그래서 성령의 세례가 중요한 것입니다. 성령의 세례가 임해야 귀신을 축귀할 수 있기 때문입니다.

영적인 사역자는 어떻게 하면 피 사역자에게 성령의 역사가 강하게 일어나게 할 수 있는지 비결을 터득하고 행할 수 있는 사람이 진정 영적인 사역자입니다. 방법은 그리 어렵지 않습니다. 피 사역자의 심령에서 성령의 역사가 일어나 밖으로 나오게 하면 되는 것입니다. 그런데 성령의 불을 밖에서 받는다고 인식하고 밖에만 관심을 가지고 있으니 영의 통로가 뚫리는데 시간이 많이 걸립니다.

성도들이 영의 만족을 누리지 못하고 방황을 합니다. 성령의 불을 밖에서 받으려고 관심을 밖에 두니 심령을 치유할 수가 없습니다. 심령치유가 되지 않으니 예수를 20년을 믿어도 변화되지를 않는 것입니다. 구습은 반드시 성령의 역사가 일어나야 치유가 됩니다. 바른 성령의 역사를 알고, 바르게 기도하고, 성령을 체험하면 성도가 변하지 않으려고 해도 변화될 수밖에 없습니다.

이를 시정하여 해결해야 될 문제는 첫째, 성령의 불은 심령에서 나와야 합니다. 물론 처음에는 밖에서 역사하는 불을 받아야 합니다. 그러나 시간이 경과되면 자신 안에서 성령의 불이 나오도록 영성관리를 해야 합니다. 그래야 영이 자랍니다. 영은 생명의 말씀과 성령의 역사에 의하여 영이 깨어나고 자라게 됩니다. 둘째, 기도를 바르게 해야 합니다. 성령으로 심령에 관심을 두고 기도해야 합니다. 머리를 써서 아무리 장구한 말을 많이 한다고 해도 변화되지 않습니다. 왜냐하면 인간적인 3차원의 기도이기 때문입니다. 성령으로 기도하여 심령에서 초자연적인(5차원) 성령의 역사가 일어나야 변화되기 시작 합니다.

제가 지금까지 설명한 말을 오해해서 들을 수가 있어서 다시 한 번 말씀 드립니다. 성령님은 인격체이시지만 실제적인 어떤 능력과 에너지로써 충만하게 임하면 우리가 육체적으로도 어떤 느낌과 감각을 느끼게 됩니다. 일반적으로 불의 뜨거운 느낌, 전류가 흐르는 것과 같은 느낌, 몸이나 신체의 일부가 가벼워지는 부양감, 또는 반대로 무거워지는 것과 같은 느낌, 환한 빛이 비추어져 오는 것과 같은 느낌, 때로는 향기가 풍겨오는 것과 같은 느낌, 한없이 포근한 느낌, 시원한 느낌, 때로는 편안하여 졸리는 것과 같은 느낌 등 다양하게 느껴집니다.

그러나 이와 같은 현상은 성령체험의 초기에 나타나는 현상입니다. 어느 정도 신앙이 자라고 영이 깨어나 성령이 자신을 장악하면 서서히 몸으로 느끼거나 볼 수 있는 가시적인 현상이 없어집니다. 왜 그럴까요? 성령이 자신을 완전하게 장악하여 성령님과 친밀하게 되니, 육체가 성령에게 장악당하여 성령과 하나가 되었기 때문입니다.

제가 그동안 성령사역을 하면서 체험한 결과 성령의 체험현상은 항상 일어나는 것이 아닙니다. 성령으로 변하여 영이 자라면 자란 만큼씩 몸으로 느끼거나 볼 수 있는 가시적인 현상이 현저하게 줄어듭니다. 그래서 자신이 몸으로 느끼거나 볼 수 있는 가시적인 현상이 나타났다고 영적으로 다된 것이 아니라는 것입니다. 이는 이 책을 읽고 있는 분이 말씀과 성령으로 깊은 영성을 개발하여 성령님과 인격적이고 친밀한 관계가 되면 이해할 수가 있습니다. 이는 성령님과 이런 관계가 된 것입니다. 성령이여! 임하소서. 하면 이미 성령님이 자신을 장악한 것으로 믿는 것입니다.

이를 믿고 담대하게 성령님이 주신 레마를 가지고 사역을 하면 성령이 역사하여 주시는 관계이기 때문입니다. 한마디로 성령님과 주거니 받거니 하는 관계가 되었기 때문에 성령의 임재현상이 필요가 없는 것입니다. 너무 성령의 임재현상에 관심 갖지 마시고 말씀과 성령으로 변하여 성령님과 인격적인 관계가 되려고 노력해야 합니다. 성도들을 이렇게 지도해야 성도들의 믿음이 자라서 영의 자립을 하면 영적인 군사가 되어 하나님에게 쓰임을 받을 수가 있는 것입니다.

히브리서 저자는 5장 12절에서 이렇게 말합니다. "때가 오래 되었으므로 너희가 마땅히 선생이 되었을 터인데 너희가 다시 하나님의 말씀의 초보에 대하여 누구에게서 가르침을 받아야 할 처지이니 단단한 음식은 못 먹고 젖이나 먹어야 할 자가 되었도다"

성도는 영이 자라야 합니다.

능력 있다는 목사님만 바라보고 성령의 불 받으려고 하는 무지한 성도들을 만들지 말아야 합니다. 스스로 자기에게 임재 하여 계신 성령님으로부터 불을 받고 레마를 받아 살아가는 성도를 만들어야 합니다. 다시 말하면 영적인 자립을 하는 성도를 만들어야 한다는 것입니다. 그래야 어디를 가더라도 자기 안에 계신 성령님과 친밀한 관계를 가지면서 자기가 위치해 있는 곳을 하나님의 나라를 만드는 군사가 될 수 있는 것입니다.

성령은 성도의 마음 안에 있는 영 안에 임재 하여 계십니다. 임재 하여 계시는 성령님과 인격적인 관계를 만들도록 영성훈련을 해야 합니다. 그래야 성도 한사람, 한사람이 하늘나라가 될 수 있는 것입니다. 이것이 하나님의 뜻입니다. 하나님은 성도의 심령에 관심이 많습니다. 하나님은 육체에 성령의 불을 뒤집어쓴 성도를 원하시지 않습니다. 심령이 하나님의 나라가 되게 하려면 심령에서 성령의 불이 나와야 하나님의 나라가 될 수가 있습니다. 심령에서 성령의 불이 나오도록 기도하고 영성훈련을 합시다. 그리하여 하나님을 기쁘시게 해드립시다.

성령이 임재 하여 지배하고 장악하시면 이상한 소리를 하는 경우가 있습니다. 소리를 잘 분별하여 해결해야 합니다. 흐흐흐 하면서 흐느끼기도 합니다. 이는 상처로 인하여 흐느끼기도 합니다. 귀신이 정체가 폭로되니 흐느끼기도 합니다. 쉬쉬쉬! 쉬쉬쉬! 하면서 뱀 소리를 내는 경우도 있습니다. 이때 "예수 이름으로 명하노니 더러운 영은 떠나가라," 하며 명령하면 피사역자가 입에서 뱀을 뽑아내는 시늉을 하는 경우가 많습니다. 아이고~ 아이고~ 하면서 곡을 하기도 합니다. 사람이 죽었을 때 장례식장에서 하는 곡소리입니다. 그당시 침입한 귀신이 하는소리입니다. 으으흥~ 으으흥~ 하면서 앓는 소리를 하는 경우도 있습니다. 병들어 누워서 지내다가 돌아간 사람이 있을 경우입니다. 사역자나 환자나 할 것없이 소리를 잘 분별해야 합니다. 모두 더러운 영의 역사이고 소리입니다. 성령의 임재가 깊어지면 떠나갑니다. 떠나가면 더 이상 소리가 나오지 않습니다. 상처가 많은 분들은 별별 소리가 다 납니다. 엉엉엉! 우는 경우도 있습니다. 우는 소리가 들리지 않고 등에다가 손을 얹으면 손으로 우는 소리가 감지되어 전해옵니다. 조금 지나면 울을 소리가 밖으로 나오면서 웁니다. 울도록 내버려두다가 우는 소리가 약해지면 서러움의 영을 몰아내야 합니다. "예수 이름으로 서러움의 영은 떠나갈지어다." 하면 기침을 사정없이 하면서 떠나갑니다.

바르게 알아야 할 것은 울 때는 서러움의 상처가 치유되는 것입니다. 운다고 상처 뒤에 역사하는 서러움의 영은 떠나가지 않습니다. 예수 이름으로 떠나보내지 않으면 성령의 임재만 되면 웁니다. 반드시 축사를 해야 합니다.

우리 교회는 매주 토요일 날 "개별집중정밀치유"사역을 합니다. 얼마 전 토요일 날 집중치유를 하는데 따따다! 따따다! 하면서 방언기도를 했습니다. 그런데 성령께서 악한 영의 역사이니 속지 말라고 감동하십니다.

그래서 예수 이름으로 명하노니 지금 방언기도로 속이는 더러운 영은 떠나가라. 했더니, 막 기침을 하는데 사정없이 하면서 귀신들이 떠나갔습니다. 성령치유 사역을 하면서 소리분별을 잘해야 합니다. 성령의 임재로 방언기도 한다고 믿어버리면 귀신에게 속는 것입니다.

많은 성도들이 기도하다가 환상을 보거나 깊은 임재나 음성을 들으면 다 된 것으로 믿어버립니다. 얼마 전에 성령사역을 한다는 교회를 다니는 성도가 치유를 받으러 왔습니다. 상담을 요청하여 상담을 하는데 자기는 환상을 볼 때도 있고, 음성을 들을 때도 있다는 것입니다. 저희 교회에 치유 받으러 온 것은 다름이 아니고 얼마 전에 기도하다가 음성을 들었는데 종말을 준비하라고 들었다는 것입니다. 자기는 하나님이 종말을 준비하라고 하시니 지금 하고 있는 일을 그만두고 다른 일을 하려고 하다가 저에게 상담을 해보고 결정하려고 왔다는 것입니다.

제가 성령님에게 질문을 했습니다. 이 성도가 하는 말이 맞습니까? 아니다. 지금 이 성도는 이랬다가 저랬다가 하는 양신역사를 일으키고 있다. 그러면 어떻게 합니까? 다시 물어보라는 것입니다. 종말에 대하여 음성을 이번에 처음 들었느냐고⋯ 성도에게 질문을 했더니 육년 전에도 종말을 준비하라는 음성을 듣고 사업

하던 것을 정리하여 많은 손해를 보았다는 것입니다.

제가 이렇게 말했습니다. 성도님은 지금 양신역사가 일어나고 있습니다. 종말을 준비하라는 소리는 마귀가 하는 소리입니다. 만약에 지금 하는 일을 그만두면 육년 전과 같이 큰 손해가 납니다. 쓸데없는 곳에 관심두지 말고 지금 하는 일이나 열심히 하십시오. 일을 그대로 하면서 심령을 말씀과 성령으로 치유하세요. 그러면 양신역사가 정리 될 것입니다. 성도가 이렇게 말합니다. 아니 목사님! 기도하면서 환상도 보고, 음성도 듣는데 양신역사가 일어날 수 있습니까?

그래서 나는 성령의 음성을 듣고 성령사역을 시작했는데 그때부터 귀신에게 말도 못하게 공격을 당했습니다. 그래서 내적치유를 1년을 받았습니다. 그래도 귀신이 떠나가지를 않았습니다. 7개월을 교회에서 잠을 자지 않으면서 기도하여 내면을 정리했습니다. 음성을 듣고, 환상을 보고 해도 양신역사가 일어납니다. 하나님은 환상과 음성을 들으면서 자신의 심령을 치유하라고 환상과 음성을 들려주시는 것입니다. 경거망동하지 말고 내말을 듣고 순종하라고 조언한 적이 있습니다. 요즈음 많은 목회자와 성도들이 환상을 보고 음성을 들으면 다 된 줄로 착각을 합니다.

이는 한마디로 착각입니다. 하나님은 심령에 관심이 많습니다. 심령관리에 시간과 물질과 마음을 투자하시기를 바랍니다. 또 바르게 알아야 할 것은 성령의 인도를 받으면 종말 준비 하지 않아도 성령께서 천국으로 인도하십니다. 종말이 무어니 하는 감언이설에 속지 마시기를 바랍니다.

6부 정신심리건강 정밀검진하기

26장 우울증 발생여부 검진하기

(시 42:11)"내 영혼아 네가 어찌하여 낙심하며 어찌하여 내 속에서 불안해 하는가 너는 하나님께 소망을 두라. 나는 그가 나타나 도우심으로 말미암아 내 하나님을 여전히 찬송하리로다."

삶을 성공적으로 이끈 사람들은 모두 자신의 내면을 잘 관리한 사람들입니다. 그래서 내면 관리가 중요한 것입니다. 우리는 성장 과정에서 많은 어려운 일을 겪고 많은 부정적이며, 자신에게 상처 주는 말을 듣고, 보고, 경험했던 사건들이 내 안에 형성되어 있습니다. 돌, 가시덤불, 너는 못났다. 바보다. 귀찮다. 저리가라. 쓸모가 없다. 너는 아무 것도 못할 거야. 너는 되는 일이 없어. 이번에도 실패 할 것이다. 차라리 죽어 버려라. 이러한 부정적이고 비관적인 언어가 우리의 마음에 깊이 심겨져 있습니다.

말은 단순히 말로 그치지 않고 마음에 깊이 남게 됩니다. 그리고 그 사람의 인생에 큰 영향을 주게 됩니다. 말은 자신과 가까운 상태의 사람의 말은 깊이 무의식에 심겨 집니다. 어머니, 아버지의 말은 아이는 그대로 믿고 그 말을 받아들입니다. 우울증과 그리스도인이란 두 단어는 서로가 성립되지 않는 말들이고 함께 어울릴 수 없는 말들입니다. 진정으로 성령님에 의해 거듭난 체험을 하고 확실히 성령의 충만함을 경험한 사람이라면 절대로 우울증에 빠지는 일이 있을 수 없습니다. 이 말이 맞습니까? 그렇지 않습니다. 그리스도인도 믿음이 떨어지는 순간 우울증이 찾아옵니다.

첫째, 우울증이 발생하는 환경적인 원인. 생활환경이 갑자기 변할 때 충격으로 발생하기도 합니다. ①실직, 부도, 심한질병, 가정 문제, 직장에서의 은퇴 했을 경우에 발생하기도 합니다. ② 심하게 놀라거나 죽음을 목격한 경우에 발생하기도 합니다. ③ 자녀들이 출가하여 다 떠났을 때(빈둥지) 발생합니다. ④인간은 삶에 순환, 사이클이 있어야 합니다.

밥을 먹고 소화를 시키고 일을 하고 휴식을 취하고(긴장-이완-긴장-이완)가 규칙적으로 일어나야 합니다. 그러나 긴장만 있어서도 안 되고, 이완만 있어서도 안 됩니다. 긴장이나 이완된 상태에서 계속될 때, 심리적인 문제가 생깁니다. 다음에 질병이 찾아오게 됩니다. 그러므로 항상 성령이 충만한 믿음 생활로 내면관리를 해야 하는 것입니다. 무엇보다도 예방 신앙이 중요합니다. 제가 치유사역을 하다 보면 막연하고 안일하게 신앙생활을 하다가 질병이 발생한 다음에 후회하는 분들이 있습니다.

둘째, 우울증의 대표적인 현상. ① 앞으로 아무런 희망도 없다고 느껴질 때 우울증을 의심해 보아야합니다. ② 차라리 죽는 것이 낫다고 생각될 때 우울증을 의심해 보아야합니다. ③ 세상에

나 혼자라고 느껴질 때 우울증을 의심해 보아야합니다. ④ 그대로 있으면 무슨 일을 저지를 것 같을 때 우울증을 의심해 보아야합니다. ⑤ 괴로움을 혼자 견디기 힘들 때 우울증을 의심해 보아야합니다. ⑥ 불면증에 시달릴 때 우울증을 의심해 보아야합니다. ⑦ 체중의 감소 혹은 증가가 심할 때 우울증을 의심해 보아야합니다. ⑧ 지나친 죄책감에 시달릴 때 우울증을 의심해 보아야합니다. ⑨ 병원에서 진찰을 받은 결과 몸에 이상이 없다고 하는데도 몸이 계속 아프거나 심각한 병이 있다는 생각에 빠져들 때 우울증을 의심해 보아야합니다. ⑩ 누가 자신을 놀리거나 남들이 나에게 피해를 주고 있다는 생각 때문에 괴로울 때 우울증을 의심해 보아야합니다. ⑪ 주위에 아무도 없는데 사람의 목소리가 들리는 경험을 할 때 우울증을 의심해 보아야합니다. ⑫ 아무 일도 하기 싫어 주부가 집안일을 못하거나 직장인이 업무를 제대로 못하거나 학생이 공부를 할 수가 없어 성적이 떨어지는 경우에 우울증을 의심해 보아야합니다. ⑬ 말수가 줄어들거나 짜증이 늘어나는 등 성격이 변한 것 같은 경우에 우울증을 의심해 보아야합니다. ⑭ 술, 담배, 기타 여러 약물(진통제 등)을 상습적으로 복용 또는 남용하는 경우에 우울증을 의심해 보아야합니다. ⑮ 고혈압, 당뇨 등 신체적인 질환이 있는 사람이 우울해할 때 우울증을 의심해 보아야합니다. 의사의 말을 믿을 수 없을 때 우울증을 의심해 보아야합니다. 자신의 상태를 누구에게 물어봐야 할 지 모를 때 우울증을 의심해 보아야합니다. 나는 이상이 없다고 생각하는데 남들이 병원에 가 보라고 권할 때 우울증을 의심해 보아야합니다. 병원에 가야 하는 것을 알면서도 병원에 가기 싫을 때 우울증을 의심해 보아야합니다.

여기에 추가적인 우울증의 증상은 이렇습니다. 우울증 환자 90%가 신체 통증을 호소한다는 것입니다. 대한우울·조울병학회에서는 여의도성모병원과 서울아산병원 등 13개 병원에서 치료중인 우울증 환자 393명을 대상으로 역학조사를 한 결과 우울증 환자 대부분이 가슴이 답답하거나 호흡이 곤란한 신체증상을 동반하는 것으로 나타났다고 2010년 3월 18일에 밝혔습니다. 조사결과에 따르면 응답자의 90%(340명)는 머리와 가슴, 목, 어깨 등의 부위에서 통증을 느끼고 있는 것으로 분석됐습니다. 부위별로는 두통을 호소하는 환자가 71.4%(275명)로 가장 많았으며, 목이나 어깨 통증 67.8%(262명)명, 근육통 48.9%(188명), 가슴 통증 46.9%(180명), 요통 46.1%(177명) 순으로 흔했습니다.

성별로 보면 남성이 여성보다 허리통증을 더 많이 느꼈으며, 우울증이 심하다고 응답한 사람일수록 신체 통증을 더 많이 느끼는 것으로 조사됐습니다. 응답자 중에는 자살을 생각해 본 적이 있는 응답이 40%에 달했으며, 이중 8% 정도는 실제 자살을 시도했던 것으로 집계됐습니다. 학회에서는 "우울증 환자에게 나타나는 통증은 우울증을 더욱 깊게 만들고, 이는 더욱 심각한 통증 및 다른 신체 증상으로 이어지는 악순환으로 작용한다"면서 "우울증 환자가 조속한 시간 내에 적절한 치료를 받을 수 있는 시스템과 교육이 필요하다"고 말했습니다.

그래서 우리 그리스도인에게 기쁨과 평안은 필수적입니다. 그러나 우리의 내면이 그렇지 못합니다. 요즈음 우리는 우울한 소식이 많이 들립니다. 그리스도인들도 우울해질 수 있습니다. 다윗은 지금 자신의 감정을 시로 표현합니다. 이는 믿음의 사람 다윗이 낙심하며 매우 불안해하고 있다는 증거이기도 합니다. 우울증은 특정한 사람이 걸리는 심리적인 병이 아닙니다. 여자, 마음이 약한 사람, 내성적인 사람, 믿음이 약한 사람, 특정한 사람이 걸리는 병이 아니라 누구든지 걸릴 수 있는 질환입니다. 심리적인 질환에서 가장 우리나라 사람에게 많이 있는 병입니다.

공통적인 질병은 감기입니다. 감기는 어린아이부터 성인에까지 걸리기 쉬운 병입니다. 병중에 가장 기본적인 병이나 모든 병을 일으키는 근원이 되며, 가장 치사율이 높은 병입니다. 감기처럼 우울증도 역시 모든 정신적인 질환에서의 기본적인 병입니다. 감기는 언제 잘 걸립니까? 환절기 기온의 차이가 많을 때, 몸의 상태가 나쁠 때, 과로할 때 많이 걸립니다.

우울증 역시 환절기에 많이 걸립니다. 기분의 차가 심할 때. 복잡한 일이 있을 때. 기온의 차이가 심할 때. 영적인 상태가 약할 때에 잘 나타납니다. 이러한 현상은 누구에게나 찾아올 수 있습니다. 환절기에 감기에 걸리는 것처럼 말입니다. 골리앗을 쓰러트린 담대한 다윗이 우울증에 빠졌던 경우가 있었습니다(시 57:1-2). 갈멜산에서 850명의 이방신 제사장들과 싸워 이긴 엘리야도 우울증에 시달렸습니다(왕상19:4). 요나와 같은 선지자들도 어려움에 빠져 심리가 불안정하게 되었던 경우가 있었습니다(욘4:3). 모두 마음이 하나님으로 채워지지 않았을 때 우울증을 경험했습니다.

셋째, 치유를 위한 노력과 태도. 성령으로 세례를 받고 내면을 치유하여 마음의 밭을 옥토로 만들어야 합니다. 어떻게 옥토로 만듭니까? 말씀과 성령의 역사로 만듭니다. 왜 마음을 옥토로 만들어야 합니까? 마음이 넓으면 상처를 덜 받으니까? 그래서 하나님은 우리에게 항상 기뻐하라. 쉬지 말고 기도하라. 범사에 감사하라고 하시는 것입니다. 성령 충만한 믿음생활을 하면 우울증은 나타나지 않습니다. 성경 말씀은 모두 우리를 위하여 하나님이 주신 것입니다. 우리는 성령으로 충만하여 항상 기뻐해야 합니다. 항상 기뻐하면 건강에도 좋습니다. 우리가 기뻐할 때 몸에서 엔돌핀이 나옵니다. 그래서 육체에 활력을 주어서 건강을 유지하게 됩니다. 그것뿐만이 아니라 마음이 열리게 되므로 성령으로 충만하게 되는 것입니다. 그러나 반대로 혈기를 내거나 분노할 때는 아드레날린이 분비됩니다. 그래서 우리의 뼈와 뼈 사이에 들어가 뼈로 마르게 합니다.

모든 질병은 자율신경의 계통의 흐름과 부조화로 생깁니다. 모든 질병의 대부분이 자율 신경의 부조화에서 나오는 경우가 많습니다. 그렇기 때문에 내 영이 무거운 죄 짐이나, 불평이나, 원망의 무서운 독소에서 자유 함이 있어야 합니다. 자율 신경의 조화는 주로 마음의 평안과 영의 기쁨을 항상 유지하게 됩니다. 자율 신경의 교감신경은 불안, 좌절, 분노 등의 결과를 유발합니다.

부교감 신경은 주로 기쁨, 화평, 감사, 용서, 사랑, 절제, 인

내, 자비와 양선과 충성과 온유함을 주관합니다. 그래서 하나님
은 (빌4:4)"주 안에서 항상 기뻐하라 내가 다시 말하노니 기뻐하
라." 하시는 것입니다. 포도나무의 가지가 원줄기에 붙어 있어야
하듯이, 우리의 영적 생명과 성령의 역사는 생명의 근원 되시는
예수님에게 붙어 있어야 합니다. 그래서 영적 신령한 생명이 계
속 공급을 받아서 끊임없이 흘러나오거나 솟아나야 합니다. 그
런데 우리가 분노하거나 혈기를 내면 육성으로 돌아가기 때문에
이런 영적 생명이 공급되지 못하는 것입니다. 그래서 우리는 자
신의 건강을 위해서라도 분노하거나 혈기를 내면 안 되는 것입
니다. 성도는 마음에 보복의 칼을 품어서는 안 됩니다.

　이는 자신의 영성관리와 정신건강을 위해서 삼가야 합니다. 그
래서 우리는 항상 마음에 평안을 유지하려고 의지적인 노력을 해
야 하는 것입니다. 그래야 내 안에 계신 성령으로부터 영적생명
이 흘러나오는 것입니다. 이러한 생명의 흐름이나 성령의 흐름이
성경에서는 기름부음이라는 표현으로 설명되고 있습니다. 이러
한 예수의 생명이 흘러넘치는 역사가 충만하기 위해서는 속사람
(영)이 강건해야 합니다. 이 속사람은 자율신경의 부교감 신경에
주로 영향을 받게 됩니다. 자율 신경이 조화를 이루지 못하고, 분
노나 불안이나 좌절 등을 일으키면 육성으로 돌아가 기도가 막히
게 됩니다. 그래서 성령의 역사를 소멸하게 되는 것입니다.

　성령을 소멸하게 되니 자신도 모르는 사이에 마귀가 틈을 타
서 마귀가 역사하는 것입니다. 거기다가 건강에도 영향을 미쳐
서 위장, 간, 심장, 폐, 등 오장육부의 혈관 정맥, 근육 등에 뻗어

있는 자율 신경에 자극을 주게 되어, 신체에 이상을 일으키고 정신적인 질병을 유발시키는 것입니다.

모든 쓰라림과 원한은 첫째 분노로부터 시작, 이것이 신체에 공급되는 아드레날린을 지나치게 분비시킵니다. 신체는 분비된 아드레날린의 초과량을 흡수할 수 없습니다. 결과적으로 그것은 신장으로 가지만 그러나 신장은 이 초과량을 수용할 수 없습니다. 그 결과로 그것은 신체의 관절에 모여 관절염을 일으킵니다. 또 근육통을 일으킵니다. 관절염을 앓는 사람은 자신의 삶을 성찰하고, 혹 다른 사람에 대한 쓴 뿌리와 용서하지 않는 마음을 품고 있는지 여부를 알아보라고 성심성의로 충고하시기 바랍니다.

그러므로 분노나 혈기는 성령을 소멸하게 됩니다. 성령을 소멸하니 자신의 영 안에서 생명이 올라오지 못하므로 자신의 영적인 생활에도 지대한 영향을 줍니다. 우리는 자신의 건강과 성령의 충만함을 위해서라도 혈기나 분노는 다스려야 합니다. 그래서 자신의 영을 자신이 지키는 것은 자신의 힘으로는 불가능하고 성령으로 충만하여 성령의 인도가 있어야 하는 것입니다.

성령으로 충만하고 성령의 인도를 받기 위해서 마음의 평안을 유지해야 합니다. 마음의 평안은 말씀과 성령으로 심령이 치유되어 안정한 심령이 될 때 가능한 것입니다. 우리 말씀과 성령으로 충만하여 마음을 평안하게 유지합시다. 그래서 항상 내 안에서 성령의 기름부음(생수)이 올라오게 해야 합니다. 제가 지금까지 성령치유 사역을 하면서 우울증이나 정신적인 문제가 있는 분들을 상담한 결과 모두 불안과 두려움으로 고생을 하고 있었습니다. 마귀는 우리가 성령의 깊은 임재 가운데 들어가지 못하게 하려고 두렵게 하는 것입니다. 그래서 성령을 소멸하게 하는 것입니다.

마귀는 어떻게 해서라도 우리가 성령으로 충만하지 못하게 하려고 기를 쓰는 것입니다. 이렇게 불안과 두려움과 우울증으로 고생하는 분들이 저의 교회에 오셔서 말씀과 성령으로 내적치유를 받으면 모두 말 못할 평안을 찾았다고 간증을 합니다. 그러므로 성령이 우리를 장악하면 평안해지는 것입니다. 성령의 속성은 평안이기 때문입니다. 반대로 불안하거나 두려움은 마귀가 주는 것입니다. 그래서 우리는 두려움을 성령의 역사로 몰아내야 합니다. 성령의 임재 가운데 두려움에게 명령해야 합니다.

넷째, 우울증의 치유 방법. 자신의 마음이 상하고 분하게 한 상처를 성령님의 은혜로 기억하시기 바랍니다. 숨겨진 감정을 드러내는 것은 치유의 접근이지 치유의 방법은 아닙니다. 기억을 통하여 나를 불안(우울)하게 하는 상황에 가까이 가서 상처의 기억이 생생하여 질수록 치유가 더 강하게 일어납니다. 기억을 위하여 성령님께 도움을 요청하면 자신의 깊은 곳에 감추어져 있던 상처의 기억과 감정이 생생하게 살아나게 됩니다. 먼저 성령으로 세례를 받는 것은 필수입니다.

성령의 임재가 깊어지면 성령님의 도우심으로 특정한(분노, 불안, 두려움, 공포, 눌림, 혈기, 스트레스, 마음의 상처, 자존심의 상처 등) 사건의 현장으로 돌아가서, 그때 받았던 묻힌 상처의 기억을 떠올리며, 상처와 함께 그때에 겪었던 당황함, 부끄러움을 회상하시기 바랍니다. 하나씩 앞으로 회상해 나가면서 떠오르는 상처를 주님에게 드려야 합니다. 주님은 항상 나와 함께하셨습니다. 주님은 내가 고통당할 때 함께 하시면서 나와 고통을 함께 하셨습니다. 지금도 그 주님은 나와 함께 하십니다. 억울함, 분노, 두려움, 상처, 눌림 등으로 내가 울 때 함께 하시면서 우신 분입니다. 특히 어린 시절의 작은 상처, 부모가 자신을 거부했다고 하는 상처가 오늘의 자신에게 많은 영향을 주게 됩니다.

자 이제 상처를 예수께 드립니다. 드러난 상처를 주님께 가져가야 합니다. 주님은 많은 상처를 입은 분이십니다. 그러기에 상처 입은 사람들의 고통의 삶을 누구보다 안타깝게 여기고 계십니다. 예수 그리스도에게 성령님의 치유의 능력을 간곡하게 부탁해야 합니다. 우리가 지울 수 없는 상처를 주님께 드려야 합니다. 주님에게 상처가 드려 질 때 보혈의 능력으로 상처가 치유받게 됩니다. 상처의 자리에 주님의 위로와 은혜와 평안으로 채워야 합니다.

27장 조울증 발생여부 검진하기

(시 42:11)"내 영혼아 네가 어찌하여 낙심하며 어찌하여 내 속에서 불안하여 하는가 너는 하나님께 소망을 두라 나는 그가 나타나 도우심으로 말미암아 내 하나님을 여전히 찬송하리로다."

조울증이란 개인의 기분에 있어 변화가 심하게 반복되는 것입니다. 물론 조울증 환자에서 정상적인 기분 상태로 있을 때도 있지만 기분이 들뜨기도 하고, 가라앉기도 하며, 주기적으로 기복을 보이게 됩니다. 조울증은 뇌에서 생화학 물질이 변화하는 것과 같은 생물학적 요인, 유전적인 요인, 스트레스 등과 같은 심리사회적 요인들이 서로 복합적으로 작용하여 나타나는 것으로 알려져 있습니다.

조울증 환자라 하더라도 아무런 증상이 없을 때가 있으나 별 문제없이 잘 지내다가도 조증이나 우울증 상태가 되면 그 상태에 따라 다양한 증상이 나타납니다. 조증 상태에서는 기분이 들뜨고 유쾌해지며 자신감에 넘칩니다. 말이 많고 빨라지며 목소리도 커집니다. 잠이 줄어들고 이것저것 여러 가지 일을 하느라 바빠지지만 제대로 끝내는 것이 없습니다. 더 나아가 과대사고, 피해사고 등이 생길 수 있습니다.

반대로 우울상태에서는 거의 매일 우울한 기분이 지속되고 매사에 재미가 없어지며 입맛도 없고 잠을 못자고 피곤하며 의욕도 없고 집중력도 떨어지며, 죄책감에 시달리고 심할 경우에는 죽고 싶은 생각까지 들게 됩니다. 조울증 치료는 기분을 일정하게 유지해 주는 여러 가지 약물이 개발되어 치료에 이용되고 있습니다. 이와 더불어 다양한 정신치료 기법중 환자 개개인에 따라 적절하게 선택되어 제공되어야 합니다.

첫째, 조울증의 진단. 조울증(양극성장애)은 흔히 조증이 한 번 심하게 발병되거나 혹은 여러번 발병되는 질병을 칭합니다. 조울증 환자 중 일부에서는 우울증이 먼저 나타나기도 하고, 조증 삽화(중간/사이) 사이에 우울증을 겪기도 합니다. 이는 우울증환자가 어느정도 시간이 지나면 조증으로 진전된다는 뜻입니다. 조울증 환자의 60% 내지 70%의 경우는 우울증부터 발병합니다. 그러나 일부는 우울증이 전혀 나타나지 않는 경우도 있으며 이런 경우도 병명은 같습니다. 이들 모든 경우에 일반적으로는 조울증 혹은 양극성 장애라고 부릅니다. 결국, 조울증이란 우울증과 조증이 반복해서 일어나는 주기성을 가지는 재발이 가능한 질병입니다.

조울증의 진단은 의사의 면담과 신체적 질환 검사, 심리 검사 등을 통해 이루어집니다. 우선 신체적 질병이나 약물에 의한 것인지를 감별하여 진단하여야 합니다. 조울증은 심각한 정도에 따라 경도, 중등도, 중증으로 나뉘며 그 치료법도 다양합니다. 그러므로 정확하게 진단을 한 후, 면담을 통한 원인 규명과 치료 전략을 수립하는 것이 매우 중요합니다.

1) 조울증의 조증 시기의 진단: 조증이라고 하려면 우선 비정상적으로 의기양양하거나, 과대하거나 과민한 기분이 적어도 1주간(만약 입원이 필요하다면 기간과 상관없이) 지속되는 분명한 기간이 있어야 합니다. 그리고 이 기간 동안 다음의 증상 가운데 4가지(이상)가 지속되며 심각한 정도로 나타나야 합니다.

첫째로 조증 시기. ① 조용하고 차분하던 사람이 평소와는 달리 돈 씀씀이가 커져 자기 분수에 넘치는 값비싼 물건을 마구 사들이는 경우에 조울증을 의심해보아야 합니다. ② 무모한 사업 계획, 투자 계획을 세우고 실행에 옮기려고 하는 경우에 조울증을 의심해보아야 합니다. ③ 말도 많고 빨라지고 목소리도 커지며 자신감에 넘쳐 자기주장이 강해지는 경우에 조울증을 의심해보아야 합니다. ④ 쓸데없는 전화도 많이 하고 별로 잘 알지도 못하는 사람도 많이 만나며 활동적이 되는 경우에 조울증을 의심해보아야 합니다. ⑤ 자기가 세운 무모한 계획을 수행한다며 밤늦게까지 일하고 잠도 잘 안자는 경우는 조울증을 의심하여 보아야 합니다. ⑥ 성적으로 문란해지고 과음을 자주 하게 되는 경우에 조울증을 의심해보아야 합니다. ⑦ 자신에게 새로운 힘 또는 능력(초능력)이 생겼다거나 자신이 큰 힘 또는 권력을 가진 사람이라는 과대적인 생각에 빠진 경우에 조울증을 의심해보아야 합니다. ⑧ 자신을 누군가가 감시하고 도청을 하며 괴롭히고 있다는 생각을 갖고 있는 경우에 조울증을 의심해보아야 합니다. ⑨ 아무도 없는 조용한 방에서 다른 사람이나 신의 목소리를 듣게 되는 경우에 조울증을 의심해보아야 합니다. ⑩ 과격한 행동, 난폭한 행동, 이상한 행동을 하는 경우에 조울증을 의심해보아야 합니다.

둘째로 우울증 시기: 앞 26장 우울증 발생여부 검진하기를 참고하세요. 상세하게 설명이 되어있습니다.

2)조울병 자살 위험 '우울증 3배': 우울증이 자살을 부르는 원인이 된다는 건 비교적 잘 알려져 있습니다. 그렇지만 이보다 더 무서운 것이 조울병입니다.

3)발병연령: 첫 번째 조증 증상이 나타나는 평균 연령은 20대 초반이지만 청소년기나 50세 이후 갱년기에 시작되기도 합니다. 조증 증상은 전형적으로 갑자기 시작되고 수일이내에 증상이 빠르게 악화되며, 심리사회적 스트레스에 뒤따라 자주 일어나는 것으로 알려져 있습니다. 조증의 기간은 보통 2-3주부터 5-6개월까지 지속되고 우울증의 기간보다 더 짧고 갑작스럽게 끝나지만 50-60%에서 우울증이 조증 증상 이전이나 이후로 정상 기분의 기간 없이 연속으로 나타날 수 있습니다. 만약 조증 증상이 산욕기에 나타난다면 그다음 산욕기에 재발될 위험성 또한 높습니다.

4) 재발빈도: 조울증에서 한번 조증 증상을 경험한 사람들의 90% 이상이 장차 조울증의 증상을 재경험하게 되는데 특히 40-50%가 첫발병 후 2년내 두 번째 발병이 있다고 합니다. 또 조증 증상을 보인 환자들 중 약 60-70%는 우울증 직전이나 직후에 발생하는데 개인마다 특징적인 양상으로 우울증에 선행하거나 뒤이어서 나타납니다. 조울증의 평생 빈도는 재발성 우울증에

비해 높은 경향이 있습니다. 여러 연구에서 리튬 치료를 받기 이전의 조울증의 경과를 보면 평균 10년 동안 네 번 조울증의 증상이 발생하며 조울증의 증상 사이의 시간 간격은 나이가 증가하면서 감소하는 경향을 보이고 있습니다.

조울증을 가진 사람들 가운데 약 5-15%는 1년 동안 여러번 (네 번 이상) 기분 증상(우울증, 조증, 혼재성 인격장애, 또는 경조증)을 경험하며 만약 이러한 양상이 나타난다면 급속 순환성으로 진단됩니다. 급속 순환성은 예후가 보다 불량하다고 알려져 있습니다. 또 대다수의 환자는 우울증과 조증이 함께 있지만 10-20%는 단지 조증만 나타납니다.

5) 조울증의 예후: 조울증을 앓았던 대다수의 개인들은 증상 사이 기간에 완전히 정상으로 돌아오지만 일부(20-30%)는 불안정한 기분과 대인 관계에서의 장애 및 직업에서의 장애가 계속됩니다. 정신병 증상이 없는 조증이 생기고 난 후 며칠이나 몇 주가 지나서 환청이나 망상 등 정신병적 증상이 나타나기도 하는데, 이런 양상이 있는 조증을 경험한 환자는 그 다음의 조증 증상에서도 정신병적 양상을 나타내는 경향이 있습니다.

또 현재의 조증 증상이 기분증상과 조화되지 않는 정신병적 양상을 동반할 때 불완전하게 회복되는 경우도 흔합니다. 조울증 증상이 있는 사람들의 자살 성공률은 10-15%이며. 아동 학대, 배우자 학대, 기타 폭력적인 행동은 환청, 망상 등 정신병적 증상과 함께 나타나며 또는 심한 조증 기간 중에도 나타날 수 있습니다. 연관되는 다른 문제로는 학교 무단결석, 학업 실패, 직업적 실패, 이혼, 또는 반사회적 행동 등을 포함하며 관련되는 다른 정신장애들은 신경성 식욕부진증, 신경성 폭식증, 주의력- 결핍 및 과잉행동장애, 공황장애, 사회공포증, 물질 관련 장애 등이 있습니다.

특히 조증인 경우 무모한 투자를 하거나 싼 값에 부동산을 처분하는 등 회사일이나 재산상의 막대한 손실을 끼칠 수가 있으므로 법적인 조치까지 해야할 필요가 있습니다.

둘째, 조울증의 치유. 모든 정신장애의 치료가 그러하듯이 조울증의 치료도 크게 약물 치료와 정신치료와 영적치유로 나눌 수 있습니다. 조울증에서는 조증이나 우울증이 반복되므로 약물치료는 환자의 상태에 따라 달라질 수 있습니다. 현재 조증이나 우울증에서 이용되는 치료약물이 개발되어 있으며 이런 약물들은 증상의 치료 뿐아니라 재발의 예방에도 효과가 있습니다. 대개 치료에 대한 반응이 좋으며 병의 경과 또한 양호한 편이므로 이 질환의 치료에 대해 크게 걱정하지 않아도 좋으나, 재발이 잦은 질환이므로 이 질환에 대한 이해를 높이는 것이 환자나 가족에게 도움이 될 수 있습니다.

영적으로 치유를 하려면 먼저 환자와 보호자가 자신들의 상태를 인정해야 합니다. 그리고 예수님만이 자신의 병을 치유할 수 있다고 믿어야 합니다. 치유에 앞서 반드시 예수를 영접해야 합니다. 예수를 영접한 후에 집중적인 치유에 들어가야 합니다. 먼저 성령으로 세례를 받아야 합니다. 성령의 역사가 있어야 내면의 상처가 치유되면서 조울증의 증상들이 치유되기 시작을 합니다. 환자와 보호자가 의지를 가지고 지속적으로 말씀을 들으면서 성령의 역사에 순종하며 치유를 받아야 합니다. 성령의 역사를 체험하면 상태가 악화되는 경우도 있습니다. 상태가 악화되었다고 당황하지 말고 지속적으로 치유를 받으면 점점 평안해지면서 자신이 치유되고 있다는 것을 체험적으로 알게 됩니다. 기도는 소리를 내서 기도를 해야 합니다. 주여! 주여! 주여! 하면서 소리를 내서 기도를 해야 잡념에 사로잡히지 않습니다. 이렇게 지속적으로 내적치유를 받다 보면 악한 영들이 축사되기 시작 합니다. 축사되기 시작하면 점점 상태는 호전 됩니다. 절대로 단 시일에 치유를 받으려는 생각은 금물입니다. 자신이 말씀과 성령으로 장악되는 만큼씩 치유됩니다. 절대로 단시일에 치유되지 않습니다.

만약에 단시일에 치유가 되었다고 하더라고 얼마 지나지 않아서 다시 발생합니다. 그러므로 장기적인 치유를 받으려고 해야 합니다. 환자가 사역자가 전하는 말씀을 알아들으면서 아멘으로 화답하기 시작해야 치유가 시작되는 것입니다. 저의 경험으로 보아 환자가 의지를 가지고 집중적인 치유를 받았을 때 모두 치유가 되었습니다. 정신신경과 약을 복용하는 사람은 일정기간 약을 먹어 가면서 치유를 받아야 합니다. 상태가 호전 되었다고 담당의사의 지시 없이 약을 중단하면 안 됩니다. 약을 십년을 먹었어도 환자가 의지만 있으면 치유가 됩니다. 조울증으로 고생하는 분들은 희망을 가져야합니다. 죽은 자를 살리시는 예수님이 나의 병을 꼭 치유하여 주신다는 믿음을 가지고 치유에 응해야 합니다. 절대로 환자의 의지 정도에 의해서 치유가 되느냐 안 되느냐가 결정이 되는 것입니다. 좌우지간 성령의 역사가 일어나야 합니다. 성령의 역사 없이 말만 가지고는 치유되지 않습니다.

조울증을 예방하려면 제일 중요한 것은 내면을 하나님의 은혜로 채우는 일입니다. 어떤 치유보다도 영성이 중요합니다. 하나님 중심의 생활을 해야 합니다. 하나님 안에 건강과 축복이 있습니다. 성령이 충만한 교회에서 정기적인 예배를 빠지지 말고 드려야 합니다. 성령치유 집회를 한다면 열심히 참석하여 성령으로 충만하게 지내야 합니다. 사람을 사귀더라도 성령으로 충만하고 긍정적인 사람을 사귀어야 합니다. 지속적인 영성을 유지해야 합니다.

대략 조울증이 있던 사람들이 사람을 사귀는데 자신하고 처지가 같은 사람을 사귀는 경우가 많습니다. 그러나 그런 사람과는 멀리하고 하나님의 은혜로 영육이 강건한 사람과 사귀려고 노력을 해야 합니다. 대부분 조울증이 있던 분들은 아직 말씀과 성령으로 충만한 상태가 아니므로 다른 사람의 영육의 문제가 자신에게 전이되기 쉽습니다. 그러므로 믿음이 있는 축복 받는 사람과 가까이 지내기를 바랍니다. 자신을 영적으로 이끌어주는 지도자를 잘 만나야 합니다. 영성이 있고 정신적인 문제를 치유할 수 있는 권능이 있는 지도자를 만나는 것이 좋습니다.

자신의 영육을 성령으로 장악하게 해야 합니다. 그래야 재발하지 않습니다. 절대로 성령으로 충만하게 지내면 재발하지 않습니다. 그러므로 무엇보다도 성령으로 장악되는 것이 중요합니다. 하나님도 성령으로 천지를 장악하고 천지 창조를 했습니다. 당신이 성령으로 장악만 된다면 다시는 조울증으로 고통당하지 않습니다. 주의 말씀 안에 거하려고 노력해야 합니다. 하나님의 말씀은 우리를 보호하는 울타리입니다. 성령의 임재 하에 말씀을 묵상하여 심령에 말씀을 새겨야 합니다.

될 수만 있으면 하나님에게 아낌없이 드리려고 하시기를 바랍니다. 물질이 있는 곳에 마음이 있습니다. 가정의 분위기를 영적으로 유지하면 좋습니다. 항상 보혈이 있고 성령 충만한 찬양이 은은하게 들려지는 분위기를 만드시기를 바랍니다. 될 수 있는 한 TV는 멀리하는 것이 좋습니다. 보더라도 치유에 도움이 되는 프로를 보아야 합니다. 절대로 슬프거나 이별하는 드라마는 금물입니다. 영적인 책을 가까이 두고 읽으시기를 바랍니다.

치유에 관한 책도 좋습니다. 성령이 충만하게 하는 책을 가까이 두고 읽으려고 하시기를 바랍니다. 그리고 성령치유 집회 실황 녹음 CD를 듣는 것이 좋습니다. 충만한 교회에 많이 준비되어 있습니다. 항상 꿈과 믿음을 가지고 착하고 선하게 살아가려고 하십시오. 꿈이 있는 사람과 가정, 나라는 망하지 않습니다. 나는 건강하다는 것을 자신의 무의식에 심으려고 해야 합니다. 우리 주변 사람들과 좋은 관계를 유지하는 것이 정신 건강에 좋습니다. 절대로 사람들과 앙금이 쌓이지 않게 하십시오. 땅에서 풀면 하늘에서 풀립니다. 계속 입술로 선포하며 명령하시기를 바랍니다. 나를 우울하게 하는 악한 영은 떠나가고 기쁨의 영이 임할지어다. 잡념을 주는 악한 영은 물러가고 머리가 맑아질 지어다. 머리에 산소가 잘 공급이 될지어다. 머리에 피가 잘 순환 될지어다. 마귀의 유혹에 대적하여 싸우시기 바랍니다. 예수 이름으로 마귀와 싸워 이겨야 합니다.

환경이 어려워도 환경에 지지 말아야 합니다. 환경을 이기는 자가 되어야 조울증에서 해방을 받을 수가 있습니다. 아무리 어려워도 절망감을 가지지 말아야 합니다. 우리의 승리는 영적인 부분에서 시작됩니다. 우리를 둘러싼 환경은 실상이 아니라, 허상이라는 것을 알아야 합니다. 지나가는 스크린에 지나지 않습니다. 이러한 것들에게 충격을 받지 말아야 합니다. 환경을 두려워하지 말아야 합니다. 우리는 믿음으로 환경을 만들어가야 합니다.

이외에도 운동과 적당한 수면, 휴식을 통한 신체의 리듬과 건강의 유지, 긍정적인 사고, 효율적인 여가생활 등이 조울증의 예방에 도움이 됩니다. 조울증 시기에는 자살의 위험이 높고, 조증 시기에는 재산상의 손실 위험이 높습니다. 미혼 여성의 경우 분별없는 이성관계로 충격적인 상처를 당할 수도 있습니다. 이런 점에 특히 유념해야 합니다. 조울증은 안수한 번에 치유는 불가능합니다. 지속적으로 말씀을 듣고 기도하여 성령으로 충만해야 합니다. 전문적으로 내면세계를 성령으로 치유하는 목회자를 만나서 상주하면서 치유해야 완치가 가능하고, 재발이 안 됩니다.

28장 조현병 발생여부 검진하기

(시 38:8)"내가 피곤하고 심히 상하였으매 마음이 불
안하여 신음하나이다"

조현병(정신분열증)은 유전적인 경향성 뇌의 구조적인 이상
이나 기능적인 이상으로 신경전달 물질의 불균형 등의 생물학적
인 원인들이 밝혀지면서 하나의 뇌 질환으로 생각되고 있습니
다. 임상의 경우는 정신분열증에 걸리게 될 취약성을 가진 환자
가 환경으로부터 특별한 스트레스를 받을 때 발병하는 것으로
보고 치료를 하고 있습니다.

조현병(정신분열증) 증상에는 양성증상과 음성증상이란 두
가지 증상이 있습니다. 양성증상은 환각, 망상, 흥분, 폭력행위,
자살행동 등 누가 보든 금세 이상하다는 점을 눈치 챌 수 있는
증상입니다. 음성증상은 아무것도 하지 않고 자기 보금자리 속
에 틀어박히거나 감정이 둔해져 멍하니 시간을 보내는 등의 상
태입니다.

첫째, 조현병의 발생. 현재까지의 연구결과에 의하면 조현병
은 생물학적, 즉 신체적인 원인들과 개인적인 인생경험, 특히 유
년기 초기 경험과 이에 따른 인격의 발달, 그리고 외부적인 스트
레스가 함께 작용하여 발생하는 질환으로 생각되며, 유전적인
요인과 인지적인 요인도 발병에 영향을 주는 것으로 생각된다고

합니다. 조현병(정신분열증)으로 고통을 당하는 분들은 이미 자신의 잠재의식에 잠재하여 있던 요소들이 현재의식으로 드러난 것입니다. 이런 유형의 사람들의 가계력을 조사해 보면 조상 중에 무당이 있다든지, 남묘호랭객교를 믿었든지, 천리교를 믿었든지, 절에 스님이 있다든지, 우상을 지독하게 섬겼다든지, 절에 재물을 많이 시주 했다든지, 영적이고 정신적인 질병으로 고생하다가 돌아간 사람이 있다든지, 등등의 원인이 반드시 있었습니다. 이런 사람들은 태아시절에 귀신이 침입을 하기도 합니다. 유아시기에도 침입을 합니다. 그러니까, 영적정신적인 문제 보균자들입니다.

이렇게 잠재하여 있던 영적정신적인 문제들이 사업 파산, 결혼실패, 직장해고, 학교공부 스트레스, 충격적인 상처, 놀람 등 자신이 감당할 수 없는 충격을 받거나 장기간 스트레스를 받아 체력이 급속이 저하되었을 때 밖으로 나타납니다. 그래서 저는 균형 잡힌 영성이 되어야 한다는 말을 많이 합니다. 영-혼-육이 균형이 잡혀야 정상적인 생활을 할 수가 있다는 말입니다.

우리가 스트레스를 받으면 체력의 소모가 많이 됩니다. 체력이 떨어지니 자신 속에 잠재하여 있던 영육의 문제가 드러나는 것입니다. 정상적으로 지내던 사람이 갑자기 불안하고, 초조하고, 두려워서 잠을 자지 못하고, 가위눌림을 당하고, 헛것이 보이기도 하고, 간질을 하고 발작을 하면서 괴성을 지릅니다. 머리가 깨질 것과 같이 아프기도 합니다. 정상적인 생활을 할 수 없는 지경에 이르게 됩니다. 그래서 영적인 문제라고 단정하고 축사만 받으려고 합니다. 유명하다는 목사를 찾아가 안수를 받습니다. 한 번에 쉽게 해결을 받기 위해서 돌아다닙니다. 이렇게 이리저리 돌아다니다가 치유의 시기를 놓치는 경우가 허다합니다.

그러다가 영적인 분야를 잘 알지 못하는 사역자를 만나 금식도 합니다. 그러나 금식은 금물입니다. 체력이 소진되어 문제가 발생했는데 금식을 하면은 기름 탱크에 불을 붙이는 것과 마찬가지입니다. 더 악화된다는 것입니다. 이때에는 당황하지 말고 환자를 안정을 시키고 우선 체력을 보강해야 합니다. 빠른 시간에 체력을 보강할 수 있는 보약이나 다른 보양 식품을 먹여야 합니다. 그래서 체력을 회복시켜야 합니다. 안정을 취하게 해야 합니다. 그러면서 정신적인 문제를 바르게 전문으로 치유하는 사역자에게 가서 말씀과 성령으로 치유를 받으면 바로 정상이 됩니다. 치유는 무조건 축귀만 한다고 치유가 절대로 되지 않습니다. 비전문가의 축귀는 오히려 더 악화될 수가 있습니다.

주의해야 합니다. 영적, 조현병(정신분열증)의 치유가 그렇게 쉽고, 단순하지 않습니다. 환자 스스로 말씀 듣고 성령으로 기도를 하도록 해야 합니다. 본인의 심령에서 성령의 역사가 일어나야 합니다. 자신의 영의 힘으로 일어서게 해야 합니다. 환자가 영적 자립을 해야 하므로 시간이 걸립니다. 급하게 생각한다고 빨리 치유되는 것이 절대로 아닙니다. 축사만 하면 당시에는 치유가 된 것 같은데 시간이 지나면 재발을 합니다. 영적 자립능력이 없기 때문입니다. 그런데 이와 같은 전문적인 치유를 일반 성도들이나 목회자는 잘 이해하지 못합니다. 그래서 영적치유를 받겠다고 1년 이상 돌아다니면서 이 사람 저 사람에게 안수와 축귀만 받으면서 돌아다니게 됩니다.

이러다가 치유의 시기를 놓쳐서 환자가 사람 노릇을 못할 정도로 심각해 질수가 있으니 주의 하지 않으면 안 됩니다. 제일 좋은 것은 사전에 예방하는 것입니다. 이런 가계력이 있다면 미리 성령이 충만한 교회에 가셔서 전문적인 치유사역자의 도움을 받아가며, 성령의 역사로 문제의 잠복된 요소들을 배출하는 것입니다. 아무 교회나 다닌다고 예방되는 것은 절대로 아닙니다. 살아계신 성령의 역사가 있고, 생명의 말씀이 증거 되는 교회라야 사전에 영적인 진단을 하여 치유될 수가 있습니다. 성령이 강하게 역사하는 교회라야 정체를 폭로합니다.

침입한 귀신은 나이에 상관없이 정체를 드러냅니다. 초등학교 1-2학년 17살(고1)에 제일 많이 드러냅니다. 학업에 스트레스가 심하기 때문입니다. 20살에 드러냅니다. 24살에 드러냅니다. 결혼하여 잦은 부부불화가 있을 때 드러냅니다. 27살, 32살, 36살, 38살 43상 등등 한번 침입한 귀신은 인내하며 기다리다가 취약한 시기가 되면 반드시 정체를 드러냅니다. 말씀과 성령의 역사로 정기적인 영적 진단과 내적치유와 축귀하는 예방 신앙이 중요합니다. 상처가 있고 영적으로 깔끔하지 못한 가계력을 가진 분들은 교회를 잘 정해야 합니다. 성령의 역사가 강한 교회에서 신앙생활을 하면서 미리 영적 진단하여 치유해야 하기 때문입니다. 예방신앙이 중요합니다. 숨어있던 귀신은 자신들이 원하는 시기가 되면 반드시 정체를 드러내기 때문입니다.

둘째, 조현병(정신분열증)의 치유. 조현병(정신분열증)으로 고생하는 분들이 어떻게 치유를 받느냐 입니다. 1년 이상 15년까지 영적, 조현병(정신분열증)으로 고생을 했다면 이미 귀신이 전인격을 장악한 상태입니다. 그러므로 능력이 있다는 사람에게 찾아가서 안수한번 받아서 해결하려는 생각을 아예 버리는 것이 좋습니다. 절대로 안수 한번 받아서 치유되지 않습니다.

저희 충만한 교회에서 치유하는 비결을 소개하면 이렇습니다. 먼저 환자가 치유 받고자하는 의지가 있어야 합니다. 보호자가 적극적이어야 합니다. 정기적인 집회(화-수-목)와 예배(주일)에 참석을 하여 말씀 듣고 기도를 하면서 안수를 받습니다. 본인이 소리를 내면서 기도를 합니다. 이렇게 집중적인 치유를 하지 않으면 치유가 되지를 않습니다. 기도 시에는 제가 하라는 대로 순종(따라야)해야 합니다. 따라서 하지 못하면 자연스럽게 치유 기간이 길어집니다. 초기에는 모두 잘 따라하지 못합니다.

왜냐하면 귀신이 의지를 잡고 있어서 환자가 의지를 제대로할 수 없기 때문입니다. 그러나 시간이 흐르면 따라하게 되어 있습니다. 필자가 직접 기도 시간마다 지속적으로 안수를 하면서 귀신의 묶임이 풀어지게 합니다. 그러면 제가 하라는 대로 환자가 따라합니다. 환자가 스스로 기도를 합니다. 그러면서 서서히 성령께서 장악을 하십니다. 성령께서 장악을 하기 시작하면 치유가 되기 시작하는 것입니다.

치유는 전적으로 성령께서 하시는 것입니다. 어찌하든지 필자는 환자를 성령께서 장악을 하실 수 있도록 합니다. 전문적인 기술이 필요합니다. 저는 이런 유형의 환자를 많이 치유해 보았기 때문에 제가 하라는 대로 순종만 하면 모두 100% 치유 받을 수 있습니다. 문제는 순종하지 않기 때문에 치유되지 않습니다. 치유하는데 시간이 많이 소요가 됩니다. 환자의 유형에 따라 3개월-6개월-1년-2년이 걸립니다. 3년 이상이 걸리는 경우도 있습니다.

어떤 환자는 주중 집회와 토요일 집중치유를 받고 1달 만에 완치된 경우도 있습니다. 이런 경우는 질병이 발생한 기간이 짧고 하나님의 특별한 섭리가 있는 경우입니다. 이분은 지속적으로 성령충만한 믿음 생활을 해야 재발하지 않습니다.

좌우지간 치유에 조급하지 말고 마음을 느긋하게 먹어야 환자를 살릴 수가 있습니다. 절대로 순간 치유는 불가능합니다. 어떤 경우는 4-5년이 걸리기도 합니다. 이렇게 치유가 되더라도 치유 후에 관리가 중요합니다. 지속적으로 주일 마다 관리해야 합니다. 어쩌면 치유보다도 관리가 더 중요하다고 보아야 합니다. 성령하나님의 은혜가운데 머물러 있어야 하기 때문입니다. 이유는 환자가 육을 가지고 있기 때문입니다.

영적, 조현병(정신분열증)으로 고통당하는 환자와 보호자는 단번에 치유 받으려는 생각을 접어야 합니다. 전문적인 사역자를 만나 지속적이고 장기적인 치유를 받아야 합니다. 이런 마음 상태만 되면 영적, 조현병(정신분열증)으로 15년을 고생했더라도 치유는 됩니다. 환자나 보호자는 사전에 전문적인 사역자하고 상세한 상담을 한 후에 치유를 결정하고 시작하시기를 바랍니다.

셋째, 조현병(정신분열증)을 기적적으로 치유 받은 사례.
2013년에 한 청년이 치유 하려고 저에게 상담을 요청해 왔습니다. 정신이 아찔해지면서 밤에 잠이 오지 않고 늘 불안 초조하고 분노가 폭발해서 직장생활도 그만두고 놀고 있다는 것입니다. 예수는 언제 믿었느냐고 했더니 25세 때 부터 친구를 따라 교회에 다니기 시작하여 8년째 믿음생활을 하고 있다고 했습니다. 제사를 빠짐없이 지내고 있는 집안이었고, 어머니가 무당을 집에 데려다가 굿도 몇 차례씩 하는 집안이었습니다. 그래서 이 청년에게 회개하라고 했습니다. 그리고 "예수 이름으로 이 가정의 우상숭배 영의 줄을 끊노라. 우상숭배를 통해 들어온 귀신의 줄은 예수 이름으로 끊어질지어다. 그리고 무당에게 복을 빌고 무당에게 기도 받을 때 들어와 고통을 주고 있는 귀신은 예수 이름으로 물러갈지어다. 떠나갈지어다."라고 하니 엉엉 한참을 울더니만 기침을 막 하면서 귀신들이 떠나갔습니다.

그런 후 청년은 부모님과 같이 지속적인 치유를 받는 것이 좋겠다고 했습니다. 어머니와 함께 한 육 개월 동안 치유 받고 정상으로 회복되어 고향으로 내려갔습니다. 잠재의식에 형성된 조현병(정신분열증)의 요소들을 정화시켜서 하나님의 나라로 바꾸는데 시간이 걸리는 것입니다. 절대로 조현병의 치유는 단번에 되지 않습니다. 잠재의식을 정화하여 하나님의 나라로 바꾸어야 정상적인 생활을 할 수가 있습니다. 쉽게 생각하지 말아야 합니다. 인재하고 자신이 생명의 말씀과 성령으로 바뀌려고 의지적인 노력을 해야 합니다.

이런 경우를 보면서 항상 느끼는 것은 영적인 면도 무식하면 쓸데없는 고생을 한다는 것입니다. 그래서 하나님은 "내 백성이 지식이 없으므로 망하는 도다 네가 지식을 버렸으니 나도 너를 버려 내 제사장이 되지 못하게 할 것이요 네가 네 하나님의 율법을 잊었으니 나도 네 자녀들을 잊어버리리라(호4:6)"고 말씀하신 것입니다. 만약에 조상 중에서 사술에 종사하거나 우상을 숭배했다면 치유를 받아야 합니다. 우리나라는 전통적으로 우상숭배를 했던 나라입니다. 너나 할 것 없이 모두 치유의 대상입니다. 문제만 일으키지 않으면 그냥 지나면 되지 않느냐는 분도 있을 것입니다. 그러나 이런 우상숭배의 문제가 있으면 믿음이 자라나지를 않습니다. 악한 영이 성령의 깊은 임재에 들어가지 못하도록 방해하기 때문입니다. 머리에 잡념을 집어넣거나 자녀, 부부, 이웃을 이용하여 스트레스를 받게 하거나 여러 가지 문제를 일으켜서 물질이 새나가게 하는 등, 보이지 않는 영적인 세계에서 별일이 다 일어나게 하는 것입니다. 악한 마귀는 어찌하든지 자신의 종을 만들려고 호시탐탐 노리는 것입니다. 그래서 갈라디아서 5장 1절에 보면 "그리스도께서 우리를 자유롭게 하려고 자유를 주셨으니 그러므로 굳건하게 서서 다시는 종의 멍에를 메지 말라"라고 하였습니다. 예수 그리스도의 나라에는 자유함이 있습니다. 마귀와 악에게 종노릇하지 않습니다. 나쁜 습관에 종노릇하지 않는 것입니다.

자유를 얻고 영혼이 잘되고 범사에 잘되며 강건하고 의와 평강과 희락 가운데 행복을 누리고 살 수 있게 되는 것이 바로 예수님 나라에 들어와서 사는 것입니다. 우리는 이 땅에 세상 나라와 예수님의 나라가 동시에 임하여 있는 것을 알아야 합니다. 눈에 안 보이는 두 나라가 우리를 서로 **빼앗으려고** 투쟁하고 있는 것입니다. 마귀의 나라가 우리를 시시각각으로 도둑질하고 죽이고 멸망시키려 하지만 하나님의 나라에서는 성령님께서 성도들을 진리 가운데로 인도하시며 은총과 사랑과 영생 얻기를 원하시고 계신 것입니다.

우리 충만한 교회에서는 이런 분들을 대상으로 매주 토요일 날 개별집중정밀치유시간(10:00-12:30)을 갖고 있습니다. 2시간 30분 동안 기도와 안수를 하면서 성령의 역사를 체험합니다. 이 방법이 최고로 **빨리** 치유할 수 있는 방법입니다. 지속적으로 3-5회를 받으면 영의 통로가 뚫리면서 우울증이나 정신분열증의 치유는 물론, 정신적인 질병의 치유가 되고, 상처가 치유되고, 불면증이 치유되고, 귀신이 축사되고, 마음에 참 평안을 찾게 됨과 동시에 성령의 은사와 능력이 나타납니다. 일석이조가 되는 것입니다. 아주 좋은 사역입니다. 많은 분들이 이 집중치유를 통하여 영의통로를 뚫고 영적인 만족을 누리고 있습니다.

29장 불면증 발생여부 검진하기

(시127:2)"너희가 일찍이 일어나고 늦게 누우며 수고의 떡을 먹음이 헛되도다 그러므로 여호와께서 그의 사랑하시는 자에게는 잠을 주시는 도다."

불면증은 잠이 쉽게 들지 못하고 잠을 자도 자주 깨며 이른 아침에 깨는 특징을 갖는 증상을 일컫는 말입니다. 불면증은 밤에 잠을 잘 이루지 못하는 불편뿐 아니라, 낮 시간의 활동에도 영향을 미쳐서 주의집중의 저하나 피로감으로 작업장에서 재해의 원인이 되기도 하고, 졸리움으로 인한 교통사고의 위험이 증대되기 때문에 이에 대한 사회적 관심이 증가되고 있는 추세입니다. 국제수면협회의 자료에 의하면, 일 년 동안 인구의 27%에서 일시적인 또는 간헐적인 불면증상을, 인구의 9%에서는 만성적인 불면증을 보인다고 하였습니다.

불면증은 편의상 6개월 이상 지속되는 만성 불면증과 4주 미만동안 지속되는 급성 또는 단기불면증으로 나누고, 임상적으로는 흔히 최소한 3-4주이상 지속적인 불면 증상을 보이는 경우 치료 대상으로 삼습니다. 만약 불면증이 6개월 이상 지속이 되는 경우는 흔히 여러 가지 소인(예 : 불안증)과 촉발인자(예: 새로운 직업), 영구화시키는 인자(예: 술 혹은 수면제 남용)를 가지고 있기 때문에 아주 복잡한 양상을 띠게 됩니다. 이때는 수면제의 지속적인 복용, 불면과 수면제에 대한 두려움, 붕괴된 수면의 각성리듬과 아주 나빠진 수면 위생으로 치료가 더욱 어렵게 됩니다. 이러한 불면증은 반드시 원인에 대한 정확한 평가가 이루어져야 제대로 치료를 받을 수 있기 때문에 이런 경우 꼭 정신과 의사나 가정의를 찾아보길 권합니다.

첫째. 불면증 증상

1) 불면증 증상과 불면증의 심각한 증상. ① 수주 이상 거의 밤마다 잠이 들기 어려울 경우는 불면증입니다. ② 잠이 들기 어렵기 때문에 불안하여 잠자리에 들기가 무서울 경우는 불면증입니다. ③ 낮 동안 몹시 피곤하고 제대로 집중하거나 활동할 수 없을 경우는 불면증입니다. ④ 잠을 자기 위해 술이나 약물에 의존할 경우는 불면증입니다.

2) 수면의 기능에 대해. 수면의 기능은, 잠을 못 자게 했을 때 나타나는 현상을 보고 짐작할 수 있습니다. 사람에게 잠을 못 자게 하면 결국엔 자아붕괴, 환각, 망상이 나타납니다. 동물실험에서 수면박탈은 음식섭취증가, 체중감소, 체온저하, 피부장애 그리고 사망까지 초래함을 보였습니다. 꿈을 못꾸게 해도 과민성, 피로가 나타납니다.

질병, 과로, 임신, 스트레스, 정신기능 과다 등이 있을 때 수면 요구가 많아집니다. 잠이 적은 사람이 잠이 많은 사람보다 능률적이고 야심적이며, 만족해한다고 합니다.

3) 수면은 크게 5가지 기능을 갖는다. ① 낮 동안 소모되고 손상된 부분(특히 중추신경계)을 회복시켜 주는 기능이 가장 중요한 수면기능중의 하나입니다.

② 발생학적 기능인데 그래서 급속안구운동수면(REM 수면)은 특히 성장이 활발한 신생아에서 더욱 활발합니다.

③ 인성학적 기능으로 수면은 낮 동안의 생존기능과 본능적 보존 기능을 잘 할 수 있도록 준비시키고 조절 연습하도록 합니다.

④ 인지적 기능으로 특히 급속안구운동수면이 낮 동안 학습된 정보를 재정리하여 불필요한 것은 버리고 재학습 및 기억시키는 기능을 합니다. 급속 안구운동, 수면 중 단백질 합성이 증가되는 것은 학습된 정보를 기억으로 저장시키는 과정이기도 합니다.

⑤ 감정조절기능입니다. 불쾌하고 불안한 감정들이 꿈과 정보처리를 통해 정화되어 아침에는 상쾌한 기분을 갖도록 해줍니다. 특히 흥미로운 것은 우울감정과 수면의 관계입니다. 건강한 사람에서는 충분한 수면을 취하고 나면 우울한 감정이 감소 되는 현상을 보이나 어떤 사람들에서는 수면이 우울감정을 악화시킵니다. 그래서 이런 환자들에게는 수면박탈을 통해 우울을 치료합니다.

4) 불면증은 크게 4가지 원인이 있습니다.

① 정신과적 질환과 동반된 경우인데, 이 경우는 정신과 장애와 관계된 수면장애로 분류합니다.

② 신체장애가 그 원인인 경우는 신체장애와 관계된 수면 장애로 분류합니다.

③ 스트레스, 입원과 일상의 중대한 변화 등과 같은 환경적 변화로 생긴 불면증으로 흔히 억압이 많고 완벽주의 성향이 강한 강박적 성격의 사람들이 수면이 자기 뜻대로 조절되지 않을 때

쉽게 긴장하고 불안해 질 수 있습니다. 그런데 이런 사람은 낮에는 잘 지내다가 수면시간이 가까울수록 정신 생리학적 긴장과 각성이 높아지면서 불면증으로 이행될 수 있습니다.

④ 경추에 문제가 생긴 경우입니다. ⓐ 척추가 바르지 못하게 비틀린 변형 원인. ⓑ 비틀린 척추로 잠을 자는 자세를 만드는 베개와 침상(침대쿠션, 요 두께). ⓒ 비틀린 척추로 자세를 유지하는 습관. ⓓ 비틀린 척추로 스스로 만들어버리는 스트레칭이나 체조 운동들. ⓔ 교통사고나 추락사고 산재사고 등의 외부 충격에 의하여 골절 변형된 척추로 인하여 발생할 수가 있습니다.

한의학적으로는 불면증의 원인은 네 가지 정도가 있다고 합니다. 첫째로 생각을 너무 많이 해서 생각을 주관하는 장부인 비장을 상한 경우, 둘째로 영양 부족과 지나친 성생활로 진기를 소모해서 신장을 상한 경우, 셋째로 심장과 담이 허약한 경우, 넷째로 목 부분인 경추에 문제로 생기를 경우, 다섯째로 마지막으로 음식을 조절 못해 체해서 위가 상하게 되어 편하게 자지 못하는 경우가 있습니다.

필자가 내적치유 하다가 어려서 물에 두 번 **빠져서** 사경을 헤매다가 구출되었고, 불속에서 한 번 구출된 경험이 있는 60세 된 목사님을 내적치유와 축귀를 통하여 치유한 경험이 있습니다. 이 목사님이 불면증으로 2년을 고생하시다가 저의 충만한 교회 성령치유 집회에 연속적으로 참석했습니다. 여러 곳을 다니면서 치유를 받으려고 했지만 불면증을 치유 받지 못하다가 국민일보 광고를 보고 참석하기 시작했습니다. 몇 개월 동안 열심히 다니면서 능력과 치유를 받았습니다. 그런데 어느날 아마 밖의 날씨가 영하 8도 정도 내려갈 때인데 집회를 마치고 집으로 가려고 하는데 내가 보니까 땀을 비가 내리듯이 흘리면서 몸을 가누지를 못하는 것이었습니다. 그래서 내가 그냥 가시면 안 된다고 잠시 안정을 취하고 가시라고 의자에 앉게 했습니다.

그리고 머리에 손을 얹고 안수하며 기도를 했습니다. 그러니까, 성령께서 이렇게 감동을 하시는 것입니다. "어려서 심하게 놀란 일이 있다. 본인에게 한번 물어보아라." 그래서 본인보고 어렸을 때 놀란 일이 있는지 생각하여 보라고 했습니다. 그랬더니 한참을 눈을 감고 생각하더니 "목사님 이제 생각이 났습니다. 제가 물에 두 번 빠져서 죽을 뻔 했는데 하나님의 은혜로 살아나왔습니다. 그리고 불에도 한번 들어가서 타죽을 뻔 했습니다."

그래서 제가 안수를 시작했습니다. 성령이여 임하소서. 성령이여 사로잡으소서. "불속에 집어넣고, 물속에 집어넣어 죽이려고 했던 귀신아 내가 예수 이름으로 명하노니 정체를 밝히고 나와라. 정체를 밝히고 나와라." 하니까 한참을 흐느끼다가 서서히 정체를 드러내기 시작했습니다. 온몸이 부르르하고 한참을 떨었습니다. 숨을 몰아쉬더니 기침을 한동안 사정없이 하다가 떠나갔습니다. 목사님 얼굴이 아주 평안한 상태가 되었습니다. 그렇게 줄 줄 줄 흐르던 땀이 싹 멈추었습니다. 축귀를 한 후에도 계속 몇 개월 동안 다니면서 은혜를 받았습니다. 목사님이 저의 사모에게 축귀를 받고 2년 동안 고통당하던 불면증을 치유 받았다는 것입니다. 영적으로 깊어지면 마음이 평안해 지므로 잠을 잘 자게 됩니다. 깊은 영성을 유지하는 방법은 이런 것이 있습니다.

둘째, 말씀과 성령에 의한 영적치유. 불면증을 치유하는 방법 중에 제일 좋은 방법은 말씀과 성령으로 영적치유를 하는 것입니다. 저는 불면증으로 몇 년씩 고생한 사람들을 말씀과 성령으로 내적치유를 통해서 완전 치유하여 자유하게 한 체험이 많습니다. 그래서 불면증 환자는 먼저 자신의 불면증은 하나님만이 치유하실 수 있다는 강력한 믿음이 있어야 합니다. 말씀과 성령으로 영적치유를 받겠다고 찾아와야 합니다. 교회나 치유센터에 찾아 나와서 말씀을 듣고 기도하며 성령을 체험해야 합니다. 성령을 체험해야 불면증을 일으키던 어두움의 세력들이 떠나가기 시작하는 것입니다.

분명하게 불면증을 일으키는 어두움의 세력이 있습니다. 이 어두움의 세력은 초자연적으로 역사하는 성령의 역사가 일어나야 떠나가는 것입니다. 왜냐하면 성령의 역사는 불면증을 일으키는 세력보다 강하기 때문입니다. 그런데 우리가 바르게 알아야 할 것은 성령의 체험은 말이 아닙니다. 성령으로 체험하면 영적으로 육적으로 본인이 느끼게 됩니다. 성령체험을 할 때 일어나는 현상은 이렇습니다. 잘 이해하고 거부하거나 두려워하지 않도록 하시기 바랍니다. ① 호흡이 깊어지거나 빨라지고 손이 찌릿찌릿 하기도 합니다. 이는 악 영과 성령의 대립 현상이나 상처를 풀어주는 현상이기도 합니다. ② 주체 못하게 울음이 터지거나. 웃음이 터지는 경우도 있습니다. 방언이 나오게 됩니다. ③ 가슴을 찌르고 무엇이 빠져나오는 아픔을 느낄 수 있습니다. ④ 위장이나 아랫배 부근에서 어떤 뭉치 같은 것이 움직이는 것을 느낄 수도 있습니다. ⑤ 큰소리가 속에서 터져 나오기도 하고 온 몸에 불이 붙은 것 같이 뜨겁기도 합니다. ⑥ 가슴이 답답하고 기침이 나오고 손과 입에서 불이 나오는 것을 느끼기도 합니다. ⑦ 기침, 하품, 트림이 나오고, 토하기도 하고 메스꺼움을 느끼기도 합니다. ⑧ 멀미하는 것처럼 속이 울렁거리며 아랫배가 심히 아프기도 합니다. ⑨ 머리가 아프고 어지럽고 몸이 감당하지 못하게 흔들리기도 합니다. ⑩ 때로는 얼굴이나 몸 전체가 뒤틀리다가 풀어져 평안해지기도 합니다. ⑪ 때로는 상당한 시간 동안 심신의 괴로움(머리가 어지럽고, 몸이 떨리고, 몸에서 열이 나는 등)의 현상이 일어날 수 있습니다. 이것은 일종의 성령의 임재와 치유의 현상이니 두려워말고 조금 있으면 없어집니다. 많은 분들이 이런 체험이 있은 후 영안이 열리고 능력이 나타납니다.

그리고 내적치유를 해야 합니다. 말씀을 들으면서 사역자의 안수를 받으며 내적치유를 2-3개월 받게 되면 웬만한 불면증은 모두 치유됩니다. 지금까지 우리 교회에 오셔서 불면증을 치유받지 못한 성도는 거의 없습니다. 본인이 의지를 가지고 다닌 분들은 모두 치유 받았습니다. 저는 항상 이렇게 말합니다. 불면증은 불치병이 아닙니다. 성령을 체험하고 뜨겁게 기도하면서 내면을 치유하고 귀신을 축사하면 치유가 됩니다. 믿음을 가지십시오. 인내력을 가지고 영성훈련에 참여해야 합니다. 그러면 어느날 불면증은 깨끗하게 사라지고 말 것입니다.

불면증을 치유 받았다고 성령 충만한 믿음생활을 중단하면 조금 있다가 다시 재발합니다. 그래서 지속적인 말씀과 성령 충만한 민음생활을 하여 영성을 유지하면 절대로 재발하지 않습니다. 우리 주변에 불면증으로 고생하는 분이 있다면 잘 권면하여 치유 받게 하시기를 바랍니다.

셋째, 적당한 운동을 통한 치유. 유산소 운동이 좋습니다. 될 수 있으면 등산을 하는 것도 좋습니다. 낮에 잠을 잔다면 밤에 잠을 못자는 것은 당연한 것입니다. 낮에는 활동을 해야 합니다. 헬스장 같은 곳에 가서 지속적으로 운동을 하는 것도 불면증 치유에 도움이 될 것입니다. 좌우지간 본인이 불면증을 퇴치하려고 부단한 노력을 해야 합니다. 성령이 충만한 교회에서 하는 성령치유집회를 참석하여 근본적인 영적문제를 해결하는 방법도 좋습니다. 성령치유를 해야 불면증을 일으키는 근원을 제거할 수가 있습니다. 그리고 불면증 환자가 금해야 하는 것은 낮잠을 자는 것입니다. 낮잠을 자면 밤에 잠이 오지 않는 것은 당연한 것입니다.

불면증은 반드시 치유가 됩니다. 성령으로 세례를 받고 내면의 상처를 치유하여 안정된 심령이 되어야 합니다. 기간을 단축하여 치유를 받으려면 매주 토요일 날 실시되는 개별집중치유를 받으면 좀 더 빨리 불면증을 치유 받을 수 있습니다. 집중 치유를 받으면 불면증뿐만 아니라. 다른 질병과 상처가 치유됩니다. 귀신이 축사되어 마음에 참 평안을 찾게 됩니다. 물론 성령의 은사도 받게 됩니다. 일석이조가 됩니다. 1주전에 정해진 선교헌금을 한 후에 예약을 해야 합니다. 선교헌금은 지정된 계좌에 입

금하면 됩니다. 전화를 주시면 자세하게 안내하여 드립니다.

출간된 강요셉목사 저서 안내(2부) 3부는 34장(346쪽)

「말의 권세를 사용하라(성령)」「성령의 불로 충만받는 법(성령)」「보혈의 권능을 사용하는 법(성령)」「영안을 밝게 여는 비결(성령)」「성령의 불로 불세례 받는 법(성령)」「귀신축사 차원 높게 하는 법(성령)」「영적인 궁금증과 명쾌한 답변(성령)」「내적치유 쉽게 하는 법(성령)」「신령함과 권능을 개발하는 법(성령)」「영적인 눈이 열리는 신비한 비밀(성령)」「교회개척 100명이상 성장하는 법(성령)」「예수 이름의 권능을 사용하는 법(성령)」「기도 쉽게 바르게 하는 방법(성령)」「강력한 성령치유 핵심요약(성령)」「자녀들을 성공시키는 하나님(성령)」「우울증 정신질병 치유 비밀(성령)」「방언기도의 오묘한 신비(성령)」「구원을 누리며 사는 비밀(성령)」「영들을 보는 눈을 개발하라(성령)」「대적기도로 문제 해결하는 비밀(성령)」「예수님이 만사형통이신 이유(성령)」「현실 문제를 하나님께 해결 받으려면(성령)」「강력한 능력을 이끌어내는 영적 비밀(성령)」「예언은사가 열리는 비결(성령)」「영의 눈이 열리는 영성개발(성령)」「영혼이 만족해야 성공한다(성령)」「영안열리면 귀신들이 보이나요(성령)」「천국을 눈으로 보며 누리는 비밀(성령)」「교회개척 이렇게 자립해요(성령)」「가계저주와 영원히 이별하는 길(성령)」「기적의 하나님과 통행하는 법(성령)」「살아계신 하나님을 증명하라(성령)」「백세시대 예수 안에서 장수하는 법(성령)」「카리스마로 영적세계를 장악하는 법(성령)」「귀신축사 속전속결(성령)」

30장 공황장애 발생여부 검진하기

> (시42:5)"내 영혼아 네가 어찌하여 낙심하며 어찌하여
> 내 속에서 불안해하는가, 너는 하나님께 소망을 두라 그가
> 나타나 도우심으로 말미암아 내가 여전히 찬송하리로다."

불안함과 긴장감을 야기할만한 그 어떤 자극이 없는데도 불구하고 호흡곤란, 가슴부위 통증, 식은땀, 어지럼증과 같은 증상이 나타난다면, 그 사람은 극도의 불안감에 휩싸일 수밖에 없을 것입니다. 대부분의 사람들은 이런 상황이 발생하면 응급실을 찾게 됩니다. 그런데 응급실에서 시행하는 각종 검사(심전도, CT, MRI 등) 상 아무런 이상증상이 나타나지 않는다면 어떤 느낌이 들게 될까? 분명 자신은 금방이라도 죽을 것 같은 고통을 느껴서 병원을 찾아왔는데도 불구하고 각종 검사 상 아무런 병적 반응이 나타나지 않는다고 한다면, 그 또한 불안하기 그지없을 것입니다. 분명 죽을 것과 같은 신체의 이상반응을 감지했는데 검사 상 아무 이상이 없다면 대부분 나 스스로 꾀병을 이야기하는 것이 아닌가라는 생각을 하게 됩니다. 태어나서 이런 고통을 처음 느껴본 사람들은 아무리 생각해도 꾀병은 아님이 분명하다고 느낍니다.

바로 이런 상태를 일컬어 '공황장애'라고 부릅니다. 다시 말해 특별한 자극이나 스트레스가 없는 상황에서 온 몸이 극도의 교감신경항진상태에 빠지게 되어 심장박동의 증가 및 호흡곤란과 불안감을 온 몸으로 느끼며, 마치 죽음이라는 상태를 몸 전체로 인

식하게 되는 상태가 되어 이것이 반복적으로 지속되게 되는 상태를 가리키는 말인 것입니다. 이런 공황장애가 반복적으로 발생시 대부분 신경정신과를 찾게 됩니다. 그러면서 자율신경을 조절해주면서 억제성 신경전달물질을 증가시켜주는 약을 처방을 받게 됩니다. 그러면 일시적으로 증상은 개선되지만, 근본적인 치유는 불가능합니다. 말씀과 성령으로 하는 영적인 치유 만이 완벽한 치유가 가능합니다. 이 증상 자체가 아무런 예고 없이 찾아오고 또한 그 원인을 정확하게 파악하지 못했기 때문에 이것을 대비한다는 것이 결코 쉬운 일은 아닙니다.

첫째, 공황장애란 어떤 질병인가? 공황장애란 불안장애의 일종으로 급작스런 공황발작 즉 극심한 불안과 함께 두통, 현기증, 가슴 두근거림, 질식감, 호흡곤란, 가슴 통증, 오한, 마비 감, 또는 저림 등의 증상이 나타나는 것이 반복되는 질병입니다.

공황발작이란, 사람이 생명에 위협을 느낄 정도의 극심한 상황에서나 느낄 수 있을 정도의 심각한 공포를 갑작스럽게 느끼는 것을 의미합니다. 환자들은 쉬고 있거나 차를 타고 있거나 자고 있던 중에 증상이 나타나 매우 당황하게 되고 급한 나머지 응급실을 방문하기도 합니다. 공황발작시의 특징적인 신체증상도 환자를 더욱 곤혹스럽게 합니다. 불안감과 동시에 나타나는 신체증상은 심각한 신체질환의 증상과 매우 유사하여 환자들은 내과, 신경과 등 타과를 방문하기도 합니다.

공황발작이 일어나면 가슴이 답답하여 호흡을 할 수가 없고,

자신을 절재 하거나 가누기가 힘이 듭니다. 심장을 짓누르거나 압박을 가하는 고통으로 마치 숨이 넘어가는 것과 같은 두려움이 엄습합니다. 눈이 출혈되고, 몸이 뒤틀리며 소리를 낼 수가 없습니다. 억지로 소리를 내게 되는데 비명소리가 나옵니다. 그래서 참다못해 응급실을 찾게 됩니다. 병원에 가서 여러 가지 검사를 해보면 정확한 증상이 나타나지 않는 것이 보통입니다. 이렇다가 보니 주변 사람들은 환자가 동일한 현상을 일으키면 마치 꾀병을 앓는 것으로 인정하기 쉽습니다. 왜냐하면 남편하고 다투었다든지, 시어머니에게 잔소리를 들 엇다든지, 경제적인 환경이 좋지 않을 때 가장 많이 발생을 하기 때문입니다. 일어나는 현상과 증상을 바르게 알고 주변 사람들의 도움이 필요한 질병입니다.

둘째, 공황장애가 발생하는 원인. 공황장애의 원인은 크게 생물학적인 원인과 정신사회적 원인으로 나눌 수 있습니다. 현재까지의 연구결과에 의하면 공황장애는 생물학적, 즉 신체적인 원인들과 개인적인 인생경험, 특히 유년기 초기 경험과 이에 따른 인격의 발달, 그리고 외부적인 스트레스가 함께 작용하여 발생하는 질환으로 생각되며, 유전적인 요인과 인지적인 요인도 발병에 영향을 주는 것으로 생각된다고 합니다.

생물학적 원인으로는 유전이론, 카테콜아민이론, 청반이론, 대사이론, CO_2과민성의 증가 등이 있습니다. 유전이론에 따르면 공황장애환자의 직계가족에서 공황장애의 발병률이 4~8배 높은 것으로 알려져 있으며, 일란성쌍생아에서의 공황장애발병 일치

율이 이란성에 비해 약 3배 높은 것으로 알려져 있습니다.

뇌 구조적으로는 뇌의 간뇌에 있는 청반이 관련되는 것으로 보고되고 있는데, 청반은 불안의 중추조직으로 인체의 경보장치 역할을 합니다. 공황발작은 인체의 경보장치가 지나치게 예민해져서 아무런 이유 없이 혹은 사소한 자극으로도 작동하기 때문에 일어나는 것입니다. 그 외에도 불안을 중개하는 편도 핵의 역할이 중요한 것으로 알려지고 있으며 기타 불안관련 중추신경에서 불안을 종합하는 능력의 상실이 공황을 일으키는 원인으로 보고되고 있습니다.

정신사회적으로는 성격이 너무 내성적이고 의존적이거나 너무 완벽 지향적이고 성취욕이 높으며, 경쟁적인 경우에 많고 스트레스가 많아 과음하거나 생활이 불규칙하거나 카페인이 든 음식을 과다하게 섭취하거나 항상 수면이 부족한 사람에게서 흔합니다. 정신분석적 입장에서는 억압이 중요한 공황장애환자들의 방어기제로 보고하고 있으며, 개인이 받아들이기 어려운 소망, 충동들이 억압되어 있다가 의식화되려 할 때 불안과 공황발작이 나타나는 것으로 설명하고 있습니다. 행동주의 이론에서는 불안이 부모로부터 학습한 결과이거나 전형적인 조건화반응을 통하여 나타난다고 보고 있습니다.

이밖의 공황장애는 등이 굽어서 흉추 3, 4, 5번들이 틀어졌을 경우에 오기 쉬운 병입니다. 보통은 몸과 마음이 다른 것으로 생각하기 쉬우나 몸의 병이 마음에 나타나기도 하고 마음의 병이 몸으로 나타나기도 하는데, 대부분 몸을 건강하게 하면 정신적인 증상도 사라지게 됩니다.

가슴이 답답한 것은 등이 굽고 어깨가 앞으로 틀어짐으로써 가슴을 압박하기 때문이며, 등이 굽고 어깨가 처지면 목을 잡아당기게 되어 목도 삐어있는 경우가 대부분인데 그러면 머리로 올라가는 신경이 약화되어 여러 이상이 나타나게 됩니다.

우리 몸은 골격만 바로 서 있으면 큰 일이 없는 한 건강하도록 되어 있습니다. 몸 골격에서 가장 중요한 부분은 '고관절' 로서, 고관절 이란 다리와 골반을 이어주는 부분으로 집에 비유하자면 '주춧돌' 처럼 가장 기초가 되는 곳인데, 이 고관절은 외부 충격을 받아서 틀어질 수도 있지만 요즈음은 대부분 나쁜 생활습관과 자세를 오랫동안 지속함으로써 고관절이 쉽게 틀어지고 있으며, 푹신한 침대, 소파, TV시청에 더하여 컴퓨터의 보급으로 인해 몸의 자세가 무너지고, 이로 인해 거의 모든 병이 발생한다고 해도 과언이 아닙니다. 고관절이 틀어지면 〉 골반이 기울고 〉 다시 그 위의 요추와 흉추가 굽거나 휘게 되며 〉 등이 굽으면 어깨가 처지고 목이 삐게 되는데, 이처럼 우리 몸은 하나로 연결된 유기체 이므로, 고관절이 틀어짐으로써 집이 무너지듯이 점차 이상이 생기게 되는 것입니다.

또한 몸이 굽으면 위장을 비롯한 모든 내장기관들이 아래로 처지면서 제 기능을 못하는 것은 물론이고 몸 살림 운동에서 '공명' 이라고 말하고 있는 아랫배 부분이 꽉 막혀서 깊은 호흡이 안 되고 가슴으로 할딱할딱 숨을 쉬게 되므로 몸에 필요한 산소를 공급하지 못하게 되어 악순환이 거듭되게 됩니다. 치유를 위하여 '

고관절 자가 교정' 과 '어깨 자가 교정' 들도 익혀서 할 수 있다면 더욱 도움이 되겠습니다. 허리를 곧게 세우고 가슴을 활짝 펴는 바른 자세를 갖는 것만으로도 건강할 수 있습니다.

나쁜 생활습관으로 해서 몸이 굽은 것을 약이나 시술 또는 타인의 도움을 받을 수 있는 것은 아주 제한적 이라는 것을 잘 이해해서 매일 자세를 바로 하는 꾸준한 운동으로 스스로의 몸을 바로 세우면 건강해지는 것입니다.

셋째, 공황장애의 진단 및 증상. 공황장애환자에서 흔한 증상으로는 ①가슴 두근거림. ②땀 흘림. ③떨림 또는 전율. ④숨 가쁨 또는 숨 막히는 느낌. ⑤질식감. ⑥흉부통증 또는 가슴 답답함. ⑦토할 것 같은 느낌 또는 복부 불 편감. ⑧현기증, 불안정감, 머리 띵함, 또는 어지럼증. ⑨비현실감. ⑩자제력상실에 대한 두려움 또는 미칠 것 같은 두려움. ⑪죽음에 대한 두려움. ⑫감각의 이상. ⑬오한 또는 얼굴이 화끈 달아오름 등입니다.

말씀드린 13가지 증상 중에 4가지 이상의 증상이 동시에 나타나는 경우 공황발작이 있는 것으로 진단되고 이러한 발작이 반복되거나 또 그런 발작이 반복되는 것을 두려워하는 경우 공황장애로 진단됩니다.

넷째, 공황장애의 임상양상. 대개의 경우 공황발작의 첫 증상은 흔히 특별한 유발요인 없이 저절로 시작됩니다. 그러나 일정 기간 동안의 육체적 과로나 심각한 정신적인 스트레스를 겪고 난 후에 증상이 처음 시작되는 경우도 많습니다. 대개 공황발작은 10분 이내에 급격한 불안과 동반되는 신체증상이 최고조에 이르며 20~30분 정도 지속되다가 저절로 사라지게 됩니다. 증상이 1시간 이상 지속되는 경우는 드물며, 증상의 빈도도 하루에 여러 번씩 나타나거나 1년에 몇 차례만 나타날 수 있을 정도로 환자에 따라 차이가 큽니다.

증상과 다음 증상 사이에는 예기 불안이 동반되기 쉬우며 발작 중에 이인감이나 우울감을 경험하기도 합니다. 평소에 카페인 음료나 알코올을 과도하게 섭취해도 증상이 악화될 수 있습니다.

많은 환자들이 공황 발작이 있을 때 응급실을 방문하거나 내과 등, 다른 신체질환을 다루는 의사를 찾게 되며 증상의 원인을 찾기 위해 각종 임상 검사들을 하지만 공황발작 당시의 일시적인 혈압상승이나 과 호흡 증상 이외에는 특별한 이상이 없는 것으로 판정되곤 합니다.

1) 다음 중 4가지 이상의 증상이 갑자기 발생하여 10분 이내에 증상이 최고조에 이르게 됩니다. ①심계항진, 가슴이 심하게 두근거림, 빈맥. ②발한. ③몸이 떨리거나 후들거림. ④숨이 가쁘거나 답답한 느낌. ⑤숨 막히는 느낌. ⑥흉통 또는 가슴의 불쾌감. ⑦메스꺼움 또는 복부 불편감. ⑧어지럽거나 불안정하거나, 멍한 느낌이 들거나 쓰러질 것 같은 느낌. ⑨이인증(자신의 심리 과정이나 신체로부터 떨어져 있는 듯한 느낌) 또는 비현실감. ⑩스스로 통제할 수 없거나 미칠 것 같은 두려움. ⑪죽을 것 같은 공포감. ⑫감각과민. ⑬춥거나 화끈거리는 느낌 등.

2) 공황장애의 진단기준. ① 다음의 (1), (2)가 모두 존재합니다. (1) 반복적이고 예기치 못한 공황발작. (2) 최소한 한 번 이상의 공황발작과 더불어 한 달 이내에 다음 중 한 가지 이상의 증상이 있습니다. (a) 또 다른 발작이 올까봐 계속 염려함. (b) 발작이나 그 결과의 함축된 의미(스스로에 대한 통제를 잃어버리거나 심장발작이 오거나 혹은 미쳐버리지 않을까)에 대해 걱정함. (c) 공황발작과 관련된 행동에 있어 뚜렷한 변화가 온다.

② 광장공포증이 없거나 혹은 있습니다.

③ 공황발작은 물질(습관성 물질의 남용이나 약물투여 등)이나 일반 신체적 상태(갑상선 기능항진증 등)의 직접적인 생리적 영향 때문이 아닙니다.

④ 공황발작이 사회공포증, 특정 공포증, 강박장애, 외상 후 스트레스장애, 분리불안장애와 같은 다른 정신질환에 의해 더 잘 설명되지 않습니다.

다섯째, 치유하기. 공황장애의 근본적인 원인은 "마음의 상처"와 "죄"이기 때문에 죄와 용서의 처리가 먼저 되어야 합니다. 죄의 개념이 율법을 범하는 차원에서만 생각하지 않기를 바랍니다. 죄란 바로 나 자신의 일부로서 육을 통하여 나타나는 생각이나 감정이나 의지가 다 죄입니다.

육신이 바로 죄이며 육신적으로 사는 것이 죄입니다. 영으로 살지 않는 사람은 육신적으로 사는 죄의 대가인 혼의 질병이 오게 됩니다. 그리고 자신의 죄가 아니더라도 조상의 죄악으로 오는 경우가 많습니다. 그리고 용서를 해야 합니다. 많은 경우 질병이 있는 환자는 말 못할 큰 충격을 받은 일이 있습니다. 나에게 이 충격을 일으킨 사람을 용서해야합니다. "내가 원하는 바 선은 행하지 아니하고 도리어 원하지 아니하는 바 악을 행하는 도다. 만일 내가 원하지 아니하는 그것을 하면 이를 행하는 자는 내가 아니요 내 속에 거하는 죄니라(롬 7:19-20)"

1) 죄를 용서받고 치유를 받으려면 예수를 영접하여야 한다. 예수를 영접하므로 성령의 역사로 치유가 이루어지기 시작합니다. 모든 치유는 성령의 능력으로 됩니다. 자신에 내재하는 인간의 영의 선한 힘(영력)이라 하고, 예수를 믿어 내면으로 들어오신 하나님의 영은 인간의 능력을 초월하여 나타나는 영적 능력으로 역사합니다. 성령의 능력이 이때부터 나타납니다. 그래서 사람은 할 수 없으나 할 수 있는 하나님의 영력(형상)이 나타나서 성령이 충만하게 됩니다. 영력은 나타나는 상태와 조건을 만들어야 나타납니다.

2) 성령의 역사가 나타나는 말씀을 듣고 성령의 세례를 받아야 한다. 그 조건과 상태는 여러 가지이지만 첫째 의지를 발동시켜야 합니다. 의지를 발동하게 하여 성령세례를 받는 것이 제1의 원리요, 그 다음은 말씀과 성령으로 내적 치유하는 것이 제2의 원리요, 귀신 추방의 제3 원리입니다. 그리하여 생각이 바뀌고, 마음이 감동되어, 믿음이 생겨서, 본인의 의지가 발동되어, 몸이 움직여지고, 행동으로 옮겨지는 과정을 거쳐야 합니다. 이 영적 원리는 모든 것에 적용됩니다.

3) 성령의 인도로 말씀을 잘 알아들을 수 있어야한다. 성경에 서는 내 뜻과 정성과 힘을 다하여 하나님을 섬기라 했고(신28 장), 크게 사모하는 자에게 제일 좋은 길을 보여 준다고 했습니 다(고전12:31). 네가 낫기를 원하느냐고 예수님은 말씀했습니다 (요5:6), 영과 진리로 예배하는 자에게 찾아오신다 했습니다(요 4:23). 모든 영적인 일에 진심으로 구하고 구하면 얻을 것이요, 찾고 찾으면 찾을 것이고 두드리면 열립니다. 성령을 주십니다. 강한 순종과 믿음과 승리의 의지를 발동시키고 행동으로 옮기십 시오. 행동으로 옮기지 못하게 하는 장애요인(죄)이 자신에게 있 습니다. 이것을 성령으로 깨닫고 회개하여 제거하십시오. 귀신의 병과 정신병의 구분을 잘 해야 합니다. "그러나 내가 하나님의 성 령을 힘입어 귀신을 쫓아내는 것이면 하나님의 나라가 이미 너희 에게 임하였느니라(마 12:28)", "하나님의 나라는 말에 있지 아 니하고 오직 능력에 있음이라(고전 4:20)"

4) 앞의 과정을 거친 다음에 질병의 원인을 성령께 질문해야한 다. 영적인 그림을 그리라는 말입니다. 전체의 그림을 보면서 자 신의 문제의 원인이 어디에 있는 지를 찾아야합니다. 시간이 많 이 걸릴 수가 있습니다. 왜냐하면 성령께서 완전하게 장악을 한 다음 원인을 알 수 있고 치유도 되기 때문에 하나님의 시간표를 따라 기다려야 합니다. 급하다고 되는 일이 아닙니다.

5) 성령께서 알려주는 질병의 원인에 따라 조치를 해야 한다. 죄악은 회개하고, 상처를 준 사람은 용서하고, 가문의 유전은 절 단하고 원인을 제거해야 합니다. 악한 영의 역사라면 귀신을 축

사해야 합니다. 그리고 지속적인 치유를 받아야 합니다.

6) 이때부터 악한 영을 축사하고 내적치유를 한다. 의지를 가지고 지속적으로 해야 합니다. 공황발작이 일어나는 환자가 찾아오는 경우 치유사역자는 절대로 당황하거나 불안해하면 안 됩니다. 덩달아서 소리를 지른 다든지, 악을 쓰지 말고 잠잠하게 기다리며 환자에게 호흡을 들이쉬고 내쉬라고 하면서 환자가 안정을 취하도록 해야 합니다. 지속적으로 성령의 역사를 요청하여 성령의 역사가 환자를 장악하면 귀신이 기침이나 제체기를 통하여 떠나갑니다. 그러면 환자는 바로 안정을 취하게 됩니다. 제일 빠른 치유가 영적인 치유입니다.

7) 하나님과 영적인 관계를 지속하며 감사해야 합니다. 공황장애의 치유는 반드시 말씀과 성령으로 가능한 것입니다. 먼저 예수를 믿어 옛 사람이 죽어야 합니다. 그리고 새사람으로 태어나야 합니다. 옛 사람이 그대로 살아있는 이상, 완전 치유는 곤란합니다. 옛 사람이 죽고 새사람으로 태어나는 고통을 감내해야 치유가 됩니다. 그러므로 공황장애를 치유 받으려면 반드시 성령의 세례를 받아야 합니다. 성령으로 세례를 받아, 성령의 이끌림을 받으면서 지속적인 내면 치유를 받아야 합니다. 한마디로 자신이 변해야 완치가 되기 때문입니다. 사람은 할 수 없으되 하나님은 하십니다. 하나님의 말씀에는 불치가 없습니다. 믿음을 가지고 치유 받아 새로운 삶을 살 수가 있습니다. 반드시 예수 안에서 치유된다는 믿음이 굉장히 중요합니다. 하나님이 하십니다.

31장 악성두통 발생여부 검진하기

(시 62:5) "나의 영혼아 잠잠히 하나님만 바라라 무릇
나의 소망이 그로부터 나오는 도다"

하나님은 스트레스로 인해서 몸속에 독소가 쌓여서 발생한 만
성 두통을 치유하십니다. 지금 세상에는 만성 두통으로 고생하
는 사람들이 많습니다. 두통이 시작되면 아무 것도 못하는 악성
두통 환자도 많습니다. 이는 세상 살아가기가 어렵기 때문입니
다. 여기에는 예수를 믿는 성도도 예외가 되지를 않습니다. 상당
수의 크리스천에 만성두통으로 고통을 당합니다.

현대인들은 혈통의 유전, 저하된 위 기능, 심장의 불균형, 대
장의 독소, 신장의 무력 등의 여러 가지 이유로 편두통을 앓고
있습니다. 하지만 정확히 편두통 원인에 대해 모르는 경우가 많
습니다. 검사를 통해서도 딱히 문제가 발견되지 않을 때에는 치
료가 더욱 어렵습니다. 때문에 환자들은 편두통 치료에 있어서
두통약을 최선이라고 생각하게 됩니다. 하지만 두통약만 먹는다
고 편두통이 치료가 되지는 않습니다. 무엇보다 자신의 생활 속
에 어떠한 문제가 편두통을 일으키는지 정확히 알아야 할 필요
가 있습니다. 충만한 교회 집사님이 편두통으로 고생하면서 정
상적인 생활을 하지 못하고, 교회를 나오지 못할 지경에 이르렀
습니다. 필자가 전화하여 집중치유에 참석하도록 하여 안수기도
했더니 2시간 만에 완전치유가 되었습니다. 근본원인을 제공하

는 위장을 다스리라고 권면했습니다. 소화가 잘되는 음식을 드시라고 말했습니다. 이렇게 성령으로 충만하여 영적인 치유를 하면 순간적으로 치유가 될 수가 있습니다. 많은 분들이 두통은 참고 넘기면 되는 질환이라고 여기는 경향이 강합니다. 두통약이면 된다는 안이한 생각으로 증상을 키우는 경우가 많습니다. 두통은 심각한 질환입니다. 우리가 쉽게 무시하고 넘어가는 생활습관 중에는 식습관이 편두통의 발생에 큰 영향을 주기 때문입니다.

세계두통협회에서 두통은 불치병이라고 정의를 내렸습니다. 진통제로 일시적 진정 효과밖에는 거둘 수 없으므로 두통은 고칠 수가 없다고 단정해 버렸습니다. 머리가 깨질 것 같이 아파서 병원에 찾아가 MRI 사진을 찍어보아도 아무것도 안 나오고, 머리가 막 깨지는 것처럼 아픈데도 아무것도 안 나오니까 증거가 없다는 겁니다. 증거가 없으니까 두통은 병이 아니고, 증상이라고 최신 이론은 말합니다. 통증이 사진에 나올 리가 있나요. 그래서 두통은 못 고치는 것으로 되어있습니다.

회사생활의 스트레스와 피로누적, 컴퓨터나 휴대전화를 자주 이용하는 현대인들은 두통으로 한 번씩은 고생해본 경험이 있을 것입니다. 두통이 심한 경우에는 일상생활에도 지장을 주게 되며, 임시방편으로 진통제를 먹어봐도 소용이 없는 경우가 있습니다. 두통은 머리를 조이는 것과 같은 통증이 오기도 합니다.

뒷목부터 머리 전체가 아프기도 합니다. 전체 인구의 70~80%가 겪는 두통의 원인과 치료방법에 대해 알아보겠습니다. 두통은 소뇌 기능의 부조화로 인해서 우리 몸이 균형감각을 잃어버리게 되어 나타나는 현상으로 어지러움 증을 느끼게 됩니다. 두통은 스트레스성 두통, 긴장성 두통, 근육성 두통, 약물의존성 두통 등이 있는데 이러한 두통이 나타나는 원인은 모두 제각각 입니다.

첫째, 두통의 원인. 두통은 여러 가지 원인이 있을 수 있습니다. 뒷목이나 어깨, 허리 연부조직이 손상되어 두통이 나타날 수 있고, 화병이나 스트레스, 과로, 가슴 답답함 같은 심리적 원인으로 인해 두통이 나타날 수도 있습니다. 그리고 소화기능에 문제가 있거나, 소화불량, 변비, 간기능 장애로 인하여 두통이 생길 수도 있습니다. 순환이 잘 되지 않아 독소가 쌓여있고 독소기혈 행 불안정이나 뇌압이 상승하는 경우 두통이 생길수도 있습니다. 그리고 여성들은 생리 전후에 두통이 발생하기도 하며, 임신을 했을 때 임신증상으로 두통을 지속되는 경우도 있습니다. 술이나 담배, 초콜릿 등 특정음식물로 인하여 두통이 생기는 사람들도 있습니다.

둘째, 두통 증상. 두통을 겪게 되면 머리의 통증과 함께 어지러움(달팽이관 이상시)이 느껴집니다. 눈이 침침하고 눈이 아픔을 느낍니다. 오심을 하거나 구토를 동반합니다(소화장애인 경우). 또 귀가 멍하거나 식욕부진, 의욕상실, 무기력, 피로, 소화불량, 요통 식은땀을 동반하기도 합니다. 이렇게 두통은 일상생활을 방해하는 요소로 두통이 나타나는 증상을 잘 파악하여, 원인을 제거해야 다시 두통에 시달리지 않습니다.

셋째, 부위별 두통

1) 윗머리 통증: 머리 위 정수리 부위의 통증은 정신적, 육체적 쇼크로 인한 경우와 뇌종양이나 순환기 문제를 체크해야 합니다. 한의학적으로는 분노와 같은 감정으로 화기가 머리까지 올라가기 때문에 발생하는 것입니다.

2) 앞머리 통증: 감기나 축농증, 비염, 술, 담배 등으로 발생하는 두통입니다.

3) 뒷머리 통증: 고혈압이나 혈관계의 질환이 있는 경우, 한의학적으로 신장기능이 허약할 때 발생합니다.

4) 편두통: 삼차신경통이나 중이염, 소화기 장애, 머리가 피로할 경우 발생합니다. 한의학적으로는 간장이나 담낭 기능의 이상 상태를 나타냅니다.

넷째, 두통의 치료. 만성 두통이나 편두통을 치료받고 있는 환자가 나날이 늘고 있습니다. 인구의 10%가 이러한 두통으로 고생을 한다고도 이야기를 합니다. 치유집회에 오시는 두통 환자가 늘어나는 것을 보아도 두통에 대한 환자 층은 점점 더 늘어나는 것 같습니다. 현대 의학이 그렇게 발달을 하는데 왜 두통은 극복이 안 되는 것일까요? 이는 원인을 알 수 없다고 하는 두통이 있기에 그렇습니다. 우리는 오직 진료 장비에 의존하여 두통을 진단합니다. 그래서 뇌에 이상이 없으면 두통의 원인을 알 수 없다고 하는 것입니다. 하지만 실제로 두통은 뇌 내의 문제만은 아닙니다. 신체의 각 장부가 그 기능을 제대로 못하여 일어나는 것입니다. 간이나 위의 기능 혹은 신장의 기능 등등…. 아무리 만성 악성 두통이라도 반드시 원인이 있습니다. 그런데 병원에서 하는 MRI 검사로는 나타나지 않습니다. 성령으로 충만한 가운데 지식의 말씀의 은사로 원인을 진단하여 찾아야 합니다.

한 예로 평소에 머리가 심하게 두통이 와서 오신 한 환자분이 있었습니다. 이분은 하루에 2회 정도 머리가 아파오는 증상이 심하게 나타나 활동을 거의 못하는 정도라고 했는데 병원에서 진단을 해보아도 원인을 알 수가 없다고 한다는 것입니다.

이분을 영적진단을 해본 결과 낸 결론은 위장의 기능 저하로 담이라는 물질이 생성되어 이것이 혈액을 따라 돌아다니다가 머리 혈관에 영향을 미치기에 두통이 생기는 것 이었습니다. 평소에 위장이 좋지 않아 소화가 잘 안되고 식사 후에 두통이 나타난다고 하니 그렇게 진단을 한 것입니다. 진단에 따른 치료는 성령을 체험하게 하고 내적치유를 했습니다. 뼈, 신경치유로서 위장과 연결된 신경을 치유했습니다. 이에 환자는 3개월의 치료로 두통에서 벗어날 수 있었고, 일상생활을 이제 무리 없이 영위할 수 있게 되었습니다.

두통 치료는 말씀과 성령으로 일단 막힌 곳을 뚫어주어야 합니다. 그리고 내적치유와 뼈, 신경 치유로 소화기나 간의 기능을 개선시켜야 하고, 성령으로 몸의 나쁜 기운을 몰아내야 합니다. 동시에 내 스스로 병을 극복할 수 있도록 영성을 만들어주어야 합니다. 우리는 흔히 과도한 스트레스를 받으면 목이 뻐근하거나 혹은 어지럼증, 만성피로, 두통 등을 호소하는 경우가 있는데, 이러한 것이 얼마나 위험한 것인지 모릅니다.

다섯째, 만성 악성두통 영적치유. 앞에서 간증을 들어서 아시겠지만 만성두통은 민간요법으로는 치유가 불가능합니다. 반드시 영적인 치유를 해야 완치가 가능합니다. 본인은 이런 순서로 만성 두통을 치유합니다.

1) 성령을 체험하게 한다. 성령을 체험해야 정확한 원인을 알 수 있습니다. 성령으로 치유되기 시작하는 것입니다. 성령의 체험은 말이 아니고 실제로 몸으로 느끼는 것입니다. 성령을 체험하려면 예수를 마음으로 믿고 입으로 시인해야 합니다. 뜨겁게 기도해야 합니다.

2) 원인이 무엇인지 진단한다. 원인이 영적인 것인지, 육적인 것인지를 먼저 진단합니다. 두통이 일어나는 증상이 여러 가지가 있기 때문에 정확한 진단을 하여 원인을 바르게 알아야 바른 처방이 가능합니다. 원인은 성령님이 알고 계십니다.

3) 원인에 따라 치유를 한다. 원인이 혈통의 유전, 저하된 위 기능, 심장의 불균형, 대장의 독소, 신장의 무력 등 있다면 해당 분야를 원인을 해결하는 조치를 합니다. 먼저 내적치유를 합니다. 두통의 원인을 제공하는 해당 장기에 연결된 뼈와 신경치유를 합니다. 필요하면 축귀를 합니다. 환자를 성령으로 충만하게

하고, 의지를 가지고 치유를 받도록 권면합니다. 만성두통의 치유는 단기간에 되지 않습니다. 상당한 기간 동안 말씀을 들으면서 말씀과 성령으로 내적치유를 하면서 두통의 원인을 제거합니다. 무엇보다도 성령이 충만하여 약한 부분이 강해지도록 합니다. 의지를 가지고 성령으로 체험하며 성령으로 기도를 해야 합니다.

4) 의지를 가지고 치유한다. 하나님은 질병을 치유하는 것이 목적이 아니라, 질병을 통하여 성도를 영적으로 바꾸려고 하십니다. 고로 성도가 만성 두통을 치유 받으면서 영적으로 변하게 해야 합니다. 말씀을 듣고 성령으로 충만하여 생각이 바뀌고 믿음이 생기게 합니다. 반드시 치유된다는 의지가 중요합니다. 이렇게 의지를 가지고 치유를 지속적으로 하면 아무리 오래된 악성 두통이라도 치유가 됩니다. 절대로 의심하면 안 됩니다. 치유는 무엇보다도 정확한 원인을 진단하는 것이 중요합니다. 혈통의 유전인가, 아니면 특정한 장기에 문제가 있어서 발생했는가, 정확한 원인을 찾는 것이 중요합니다. 한의원에서도 만성두통을 치유하는데 4-6-12개월씩 걸린다고 합니다. 이렇게 오랫동안 치유를 해도 치유되지 않는다고 합니다. 영적으로 치유할 때 성령께서 알려주시는 방법으로 치유하면 순간 치유가 됩니다.

악성 두통을 치유 받은 간증입니다. 저는 몇 년 전부터 악성 두통으로 사람구실을 제대로 못하면서 살아왔습니다. 119 구급차도 세 번이나 탔습니다. 그래서 서울대 병원에 가서 M.R.I도 두 번이나 찍었는데 아무런 이상이 없었습니다. 그런데 그렇게 두통이 심해서 사모 노릇을 거의 하지를 못하면서 지냈습니다. 그러니 남편 목사님이 저를 치유 받게 하려고 별별 곳을 다 데리고 다녔습니다. 그러나 치유 되지를 않았습니다. 그러다가 어느 기도원 목회자 치유세미나에 참석하여 강요셉 목사님을 만났습니다. 목사님을 만나서 저의 남편목사님도 내적치유를 받아야 한다는 것을 알게 되었습니다. 저도 남편 목사님도 그때까지 내적치유가 무엇인지 몰랐습니다. 강요셉 목사님이 기도원에서 제가 고생하는 것을 보시고 남편목사님과 저를 안수하여 주시면서 내적치유에 대하여 알려주셔서 알게 되었습니다. 알고 보니 저뿐만이 아니고 남편에게도 상처가 말도 못하게 많다는 것을 알았습니다. 솔직하게 말씀드리면 저의 남편과 결혼한 이후로 한 번도 마음이 편안하게 살아본 경험이 없습니다. 율법주의 목사님이라 이것저것 행위를 가지고 저를 힘들게 했습니다. 개척교회를 하는데 성도가 주일날 오지 않으면 저에게 화풀이를 다합니다. 왜 오지 않았는지 전화해 보았느냐, 무슨 일이 있느냐, 오늘은 왜 이렇게 성도들이 오지를 않았느냐 하면서 그렇게 저를 힘들게 하고 상처를 받게 했습니다. 그 스트레스가 쌓이고 쌓이다가 보니까, 저에게 우울증이 왔습니다. 악성 두통이 생겼습니다. 밤에 잠을 제대로 자지를 못했습니다. 그래서 치유 받으러 갔다가 강요셉 목사님을 만난 것입니다. 강요셉 목사님의 이야기를 듣고 매주 충만한 교회에 가서 치유를 받았습니다. 치유를 받다가 보니까, 저도 저인데 남편 목사님이 영적으로 변하는 것입니다. 저의 교회 성도들이 저보고 하는 말이 목사님의 찬송소리가 달라졌다는 것입니다. 너무나 은혜로워졌다는 것입니다. 말씀도 너무나 은혜롭고 정말 옛 날하고는 딴판으로 목사님이 달라지는 것입니다. 그러면서 제 마음에 평안이 찾아오는 것입니다. 머리 아픈 것이 사라졌습니다. 우울증이 사라졌습니다. 이제 잠도 잘 잡니다. 그래서 참 평안을 찾았습니다. 이제 마음에 여유가 생겼습니다. 기도도 몇 시간을 할 수 있게 되었습니다. 사람을 보면 심령이 읽어집니다. 예언의 은사도 나타났습니다. 지금 생각하면 목사님이 상처가 정말 많았습니다. 부교역자를 가면 일 년을 채우지 못하고 나옵니다. 그래서 여덟 곳을 다니면서 부교역자를 했습니다. 그러니 마음에 얼마나 많은 분노가 쌓여 있었겠습니까? 그 분노 때문에 그렇게 저를 힘들게 하고 다른 사람에게 은혜를 전하지 못한 것입니다. 먼저 성령님의 인도로 강요셉 목사님을 만나게 되어 감사드립니다. 그리고 치유하여 주신 성령하나님에게도 감사를 드립니다. 제가 지금 치유 받고 생각 하니 목회자는 내적치유와 내면세계를 알아야 합니다. 당신도 말씀 말씀하지 말고 영적인 눈을 열어 내면세계에도 관심을 가지시기를 바랍니다. 저의 남편 목사님은 교계에서 인정하여 주는 신학대학과 대학원을 나온 장자 교단의 목사님입니다. 그런데 저로 인하여 치유에 관심을 갖다가 지금은 너무도 많이 영적으로 변했습니다. 하나님에게 영광을 돌립니다. 인천 새로운 교회 박은영사모.

32장 심리사회적 스트레스 영적검진

(시 62:5)"나의 영혼아 잠잠히 하나님만 바라라 무릇
나의 소망이 그로부터 나오는 도다"

오늘날 사람들이 겪는 가장 큰 문제는 삶의 스트레스입니다. 40대 한참 일할 나이에, 또 인생을 즐기고 살 나이에, 급사하는 일들이 얼마나 많이 생겨났는지 알 수 없습니다. 갑자기 사무실에서, 노동 현장에서, 팔팔 젊은 사람들이 급사를 합니다. 다른 이유 아닌, 격렬한 성장 경쟁 속에서 당하는 스트레스에 견디지 못해서 결국에는 넘어지는 것입니다. 또 오늘날 수많은 사람들이 가지가지 정신적인 고통에 허덕입니다. 이것도 역시 스트레스가 넘쳐 나기 때문에 이것을 견디지 못하여 크고 작은 심신 장애로 사람들은 고생을 하는 것입니다. 의사들은 우리가 앓는 질병의 70% 이상이 모두 다 스트레스 때문에 생겨난 병이라고 말하고 있는 것입니다. 스트레스 때문에 가정이 파괴되고 젊은이들이 스트레스를 견디지 못하매 그만 범죄에 몸을 던져서 자기 일생을 망치는 일들이 많습니다.

성경에는 소년이라도 피곤하며 곤비하며 장정이라고 넘어지고 자빠진다고 기록하고 있습니다. 이것이 오늘날 우리들의 시대를 묘사해서 말한 것이 아니겠습니까? 옛날 농경생활에 자연에 묻혀 자연과 더불어 시간에 쫓기지 않고 살 때와는 너무나 대조적인 것입니다. 그렇다고 해서 우리는 그런 과거의 생활로 되

돌아 갈 수는 없습니다. 결국 오늘날의 생활 형태대로 죽기 아니면 살기로 생존 경쟁을 하고 초긴장 속에 우리는 살아가야만 합니다. 이와 같은 생존경쟁은 전 세계적인 범위에서 이루어지고 쌓이는 것은 스트레스인 것입니다. 그러면 이와 같은 삶을 살면서도 마음에 여유를 가지고 스트레스를 삼켜 버리며 기쁘고 평안하게 살아갈 수 있는 길이 없을까요? 하나님께서는 그 길을 성령으로 우리에게 밝히 보여주고 있습니다.

첫째, 스트레스의 원인. 우리가 일상생활에서 받는 스트레스 만병의 근원이라고 말들 하는데 스트레스 원인은 어떤 것들이 있을까요? 보통 일을 하고 여러 가지 스트레스를 느낄 수 있다고 합니다. 하지만 자신이 하고 싶다고 진심으로 생각 일을 제대로 할 수만 있다면 스트레스를 느끼는 기회가 적을 것입니다. 자신이 정말하고 싶은 일을 직업으로 할 수 있는 사람들은 얼마나 될까요? 아마도 아주 소수에 불과할 것입니다. 또한 자신이하고 싶은 일이라도 사람으로부터 간섭을 받는다면 어떨까요?

스트레스는 외부에서 온다고 하는데 원래 스트레스는 압력과 압박이라는 의미가 있는 말입니다. 스트레스에 걸린 상태는 어떠합니까? 방은 마음의 상태를 투영한다고 합니다. 마음이 혼란하고 스트레스가 많이 쌓이면 방안에 우주가 생긴다고 합니다. 스트레스가 쌓이면 몸이 보내는 신호에 둔감해지는데, 피곤해도 자지 않고 아파도 쉬지 않습니다. 스트레스 때문에 건강이 나빠지는 것은 스트레스 자체보다 그로 인한 몸의 혹사 때문입니다.

상상하는 것만으로 몸이 욱신욱신 쑤시는 것과 같은 느낌을 가지 신 분은 지금 현재 스트레스에 시달리고 계신분이라고 말씀드릴 수 있습니다.

스트레스라는 것이 무엇인지 알 수 있다고 생각하면 왜 스트레스를 느끼면 몸이 불편해지거나, 몸이 좋지 않게 되는 것일까요? 그 이유는 인간이 가지고 있는 호르몬과 깊이 관련되어있다고 말씀드릴 수 있습니다. 부신피질 호르몬에 코르티솔 이라는 호르몬이 존재하는데 이 코르티솔 호르몬은 인간의 몸에 필요한 호르몬이지만 스트레스를 느낄 때 필요 이상으로 분비되는 호르몬으로 알려져 있습니다. 이것이 뇌의 해마를 위축시켜는 스트레스 원인으로 알려져 있습니다.

우리가 업무를 수행하면서 받는 업무 스트레스는 여러 가지 원인이 있습니다. 업무 스트레스도 예외 없이 외부의 압력에 기인한다고 볼 수 있습니다. 예를 들어 상사와 부하와의 인간관계가 잘되지 않는 경우에 느낀다거나, 노동 시간의 길이에 따라 느끼게도 되고, 자신이 하고 있는 작업량과 임금을 비교했을 경우 등, 자신의 뜻대로 되지 않는 것이 그대로 정신에 스트레스 원인이 되는 경우입니다. 그러나 업무라는 것은 모든 그런 복잡한 상황과 관련되어 있지 않을까요? 모든 것이 순탄하게 진행되는 것은 아무것도 없지 않을까 생각합니다. 사람과 사람들 간의 문제이기 때문에 스트레스를 느낀다는 것은 당연하다고 말씀드릴 수 있습니다.

위에서는 업무로 인한 스트레스 원인을 알아보았는데 다음으로 신체적, 정신적 스트레스 원인을 말씀드리겠는데 신체적, 정신적 스트레스 원인 은 매우 여러 가지가 있습니다. 거기에는 본인 스스로는 눈치 채지 못한 뜻밖의 것까지 있습니다. 신체적 스트레스 원인은 몸에 부담을 주는 것을 말씀드릴 수 있는데 예를 들면 매일 장거리 통근, 수면 부족, 피로, 더위, 추위, 굶주림 등을 말씀드릴 수 있습니다. 정신적 스트레스 원인은 마음에 부담을 주는 것으로 불안, 슬픔, 우울, 분노, 좌절 등을 말씀드릴 수 있습니다. 신체적 스트레스 원인 은 외적 스트레스와 내적 스트레스 로 구분할 수 있는데 다음과 예를 들 수 있습니다.

첫째로 외적 스트레스 원인은 육체적 고통을 주는 것으로 질병, 부상, 지병, 통근, 야근, 새벽 근무 등을 들 수가 있습니다. 환경에서 발생하는 스트레스는 소음, 어둠, 밝기, 먼지, 냄새, 형광등, 컴퓨터, 게임 등을 들 수가 있습니다. 물리적으로 발생하는 스트레스는 더위, 추위, 강풍, 호우, 천둥, 눈, 자외선 등을 들 수가 있습니다. 화학성 원인에 의하여 발생하는 스트레스는 식품 첨가물, 주류, 담배, 공기 오염, 수질 오염, 세제, 화학 물질 등을 들 수가 있습니다. 생물학적 원인에 의하여 발생하는 스트레스는 바이러스, 박테리아, 꽃가루 등을 들 수가 있습니다.

둘째로 내적 스트레스의 원인으로는 먹는 음식이 스트레스가 되는데 과식, 소식, 편식, 영양 부족, 불규칙한 식사 시간 등입니다. 운동도 스트레스를 발생하는 원인이 될 수 있는데 운동 부족, 부하가 큰 운동, 격렬한 운동, 나쁜 자세 등을 들 수가 있습니다. 수면상태에 따라서 스트레스가 될 수가 있는데 수면 부족,

너무 불규칙한 수면 시간, 꿈 등입니다. 생활을 통하여 스트레스가 발생하는데 밤샘, 불규칙한 생활 등을 들 수가 있습니다. 기타로는 성징(性徵), 월경, 임신으로 인한 신체적 변화 등이 스트레스를 유발하기도 합니다.

셋째로 정신적 스트레스 원인은 사회적 스트레스 원인과 심리적 스트레스로 구분됩니다.

1) 사회적 스트레스의 원인으로는 학교 관계에서 스트레스가 오기도 하는데 입학, 전학, 클래스 기준, 성적 부진, 왕따 등을 들수가 있습니다. 직장에서 일하면서 발생하는 개인관계가 스트레스가 되기도 하는데 취업, 승진, 좌천, 전근, 단신 부임, 전직, 실업, 연구발표, 할당량 등이 스트레스를 유발합니다. 가정 관계에서 오는 스트레스 근원은 결혼, 이사, 이혼, 육아, 아이의 반항기와 독립, 별거 중 등입니다. 인간관계에서 오는 스트레스도 있는데요, 가족, 연인, 이웃, 상사, 부하, 거래처, 고부갈등, 가계 대물림 등을 들 수가 있습니다.

2) 심리적 스트레스의 원인은 신체 관계로서 질병, 부상, 피로, 임신, 출산 등이 스트레스를 유발합니다. 상실 체험이 스트레스를 발생하게 하는데 사랑하는 가족·친구·애완동물과의 이별·사별 등입니다. 기타로는 가족과 사회에 대한 분노, 비탄, 미래의 불안, 공포, 실패, 좌절 등이 스트레스를 발생하게 합니다.

이상과 같이 스트레스 원인으로는 여러 가지 면으로 나타날수 있는데 우리의 모든 일상생활의 모든 부분이 스트레스 원인이 되고 있습니다. 그러나 같은 스트레스 원인이 있어도 그 사람의 성격이나 사고 패턴으로 스트레스 되는 경우도 있고, 스트레스가 되지 않을 수도 있습니다. 그러므로 스트레스 원인을 파악하고 스트레스를 그때그때 바로 해소하여야 합니다. 태중에서부터 상처가 생겨서 잠재의식에 형성된 사람이 다른 사람보다 쉽게 스트레스를 받게 됩니다. 스트레스를 쉽게 받는 사람은 자신의 내면세계를 정화할 필요성이 있습니다.

둘째, 늘 자신의 스트레스의 정도를 점검하라. 늘 인간이 당하는 치명적인 병 즉 각종 암, 뇌졸중, 심근경색 가지가지 소화기관의 병들이 스트레스에 의한 것이라고 의사들은 말합니다. 우리들이 앓는 병의 70% 이상이 스트레스로 말미암아 생긴다고 합니다. 그런데 우리는 성경을 읽어보면 스트레스에 걸려 암 등 다양한 병에 걸려 죽은 사람을 한 사람도 볼 수가 없습니다. 희한하게 성경에 족보를 읽어보면 다 운명대로 살았었습니다. "스트레스"란 말은 한 물체에 가해지는 압력이나 물리적 힘을 가리키는 의미로 원래 물리학에서 처음 사용되었습니다. 우리나라의 한 연구에 의하면 내과 계 입원환자의 약 71%가 스트레스로 인해 발병하거나 악화되는 질환을 가지고 있다고 말합니다. 스트레스는 신경내분비계의 변화를 일으키고, 자율신경계의 이상, 면역력 저하 등을 일으켜 대부분 나쁜 질환에 영향을 미친다고 합니다. 스트레스가 계속 쌓이면 사람들은 우선 피로감이나 불면증이나 수면과다, 식욕저하 등 두통, 가슴 답답함 등의 신체증상을 나타냅니다. 또한 불안, 우울, 짜증, 집중력 저하, 의욕 저하와 같은 정신적인 증상들이 나타나 이러한 현상이 심해지면 사회생활에 적지 않은 지장을 받게 되는 것입니다. 이처럼 오늘날 인간이 당하는 치명적인 병들은 거의 대부분이 스트레스에 의한 것입니다. 그러나 성경에는 스트레스로 인해 가지각색의 병에 걸려 죽었다는 기록을 찾아 볼 수가 없습니다. 제가 스트레스에 관한 말씀을 정리하려고 성경에 스트레스로 모범적으로 죽은 우리 선조가 있는가, 아무리 찾아봐도 다 자기명대로 살았지 스트레스에 걸려 병들어 죽은 사람이 아무 것도 없었습니다. "암에 걸렸다. 관절염에 걸렸다. 폐병에 걸렸다." 병에 걸려서 죽은 사람이 한분도 없습니다. 그러니 성경에 있는 우리 조상들은 새 스트레스를 받지 않았다는 것을 말하는 것입니다.

스트레스란 여러 가지 측면에서 정의할 수 있으나 실생활과 관련된 부분만을 말하자면 "몸 또는 마음에 부담이 되는 일"이라 할 수 있습니다. 그 중 마음에 부담이 되는 일은 억압을 하고자하는 심리기제 때문에 스스로 외면하고 지내다 나중에 커진 다음에야 인식을 하고 처리 못해 전전긍긍하는 일이 많습니다. 잠이 안 오거나, 가슴이 두근거리거나 숨이 차거나, 소화가 안되거나 두통이 생기거나 하는 증상으로 병원을 찾는 많은 환자들이 각종 검사를 한 후에 이상이 없다는 결과를 듣고 나서야 비로소 스트레스 때문이 아닌가하는 생각을 하게 됩니다. 그나마 자신에게 스트레스가 있다는 것을 인정할 수 있는 사람은 다행입니다. 많은 사람들이 내과의사로부터 스트레스 때문일 가능성이 많다는 얘기를 들어도 오진이 아닌 가 의심하고 방황하는 일이 많습니다. 만약 의사에게서 스트레스 가능성을 얘기 듣는 분은 일단 그 말을 믿기를 바랍니다. 왜냐하면 사실 스트레스가 없는 사람은 전혀 없습니다. 그리고 작은 스트레스라도 빨리 발견하면 해결하기 쉽기 때문에 평소에도 늘 스트레스를 체크하는 것이 좋습니다. 평소 건강관리 하듯 스트레스 관리를 하는 것도 필요합니다.

셋째, 성령의 임재가운데 스트레스를 적극적으로 배출하는 법

1) 대부분 스트레스는 잠재의식에 스트레스가 쌓여있기 때문에 쉽게 받는 것입니다. 그렇기 때문에 스트레스를 해소하고 정화하려면 반드시 성령의 역사가 일어나야 합니다. 성령의 역사 없이 인간 방법으로 하는 해소법은 임시방편에 불과한 것입니다. 성령의 임재가운데 스트레스를 해소하고 정화하려면 반드시 성령세례를 받는 다음에 가능한 것입니다. 성령의 임재 가운데 성령의 역사로 스트레스를 치유하려면 마음이 성령 임재로 장악된 평안한 상태가 되어야 합니다. 마음이 외부의 영향을 받지 않는 영적인 상태가 되어야 합니다. 마음속의 예수님께 집중하는 마음 상태가 되어야 깊은 곳에 숨겨진 상처를 성령님의 도우심으로 치유 받을 수 있습니다. 외적 침묵과 내적 침묵이 되어야 합니다.

2) 성령님의 임재를 간구합니다. 영에서 마음으로, 이성으로 성령의 임재가 나타나시도록 간구합니다. 성령님의 도우심으로 자신의 과거나 지난 시간으로 돌아가서 과거나 오늘 받았으나

묻혀 있는 크고 작은 상처의 기억을 떠올리며 상처와 함께 그때 겪었던 당황함, 부끄러움을 회상한 후, 하나씩 그 상처를 주님께 드립니다.

3) 당시에 받았던 상처로 말미암는 감정이 내면에 떠오르거나 감정(서러움, 수치감, 답답함, 분노, 좌절감, 깊은 슬픔, 두려움 등)이 되살아나면 억제하거나 감추지 말고 의식 수준으로 표현합니다. 그리고 그것을 주님께 드립니다.

4) 이때 자신의 상처와 관련된 사람을 용서하는 작업을 해야 합니다. 용서하지 않고 단순히 감정만 처리하는 것은 상처의 근원은 그냥 두고 감정만 치유하는 것이며, 이러한 치유는 후에 다시 재발됩니다. 큰 사건, 큰 상처일수록 이 부분에 세심한 주의를 기울여야 하며, 세심한 치유를 했어도 같은 감정이 오면 몇 번이고 계속해서 치유해야 합니다. 자신의 마음에 상처를 준 사람을 용서하지 않으면 진정한 치유가 되지 않습니다. 어두움과 저주의 세력에게 자신을 묶어 놓고 있는 것입니다.

5) 성령님의 능력으로 치유 받은 후에는 마음에 평안함을 느끼게 됩니다. 계속하여 이 평안을 유지하는 것은 자신의 책임입니다. 오래된 상처나 깊은 상처는 일회적인 치유보다 장기적이고 지속적인 치유를 해야 합니다.

6) 악한 생각이 나지 않도록 성령님과 교제하며 기도생활을 지속해야 합니다. 진정한 치유란 지속적인 성령 하나님과의 동행입니다. 늘 마음에 하나님을 느끼고, 하나님과 동행하고 하나님을 의지하여야 합니다. 그리함으로 늘, 점점 마음이 맑아지고,

자유해지고, 평안해지는 삶을 살아야 합니다.

　하루 일과를 마치고 스트레스를 정화하는 시간을 갖는 것은 참으로 좋습니다. 필자가 몇 년 전에 사모에게서 이런 말을 들었습니다. 어떤 사모님이 하시는 행복한 넋두리입니다. 자기네 예배당 위에 사택이 있다는 것입니다. 그런데 성도 중에 한사람이 하루도 빠짐없이 직장에서 퇴근하고 오후 6-7경이 되면 예배당에 나와서 기도를 한다는 것입니다. 그런데 얼마 지나지 않으면 여지없이 왝~ 왝~ 하면서 토해낸다는 것입니다. 토해내는 소리를 듣고 있자니 더러워죽겠다는 것입니다. 이 사모님은 스트레스에 대하여 잘 모르는 사모입니다. 스트레스를 받지 않고 사는 사모입니다. 내면세계를 모르는 사모입니다. 더 나아가 성령의 역사와 영적인 것을 모르는 사모입니다. 자기 정화를 모르는 사모입니다. 퇴근하고 예배당에 나와서 기도하는 이 분은 참으로 영적인 성도입니다. 하루하루 스트레스 처리에 대하여 바르게 알고 행하는 성도입니다. 권장할 일입니다. 사모님이 정 괴로우면 사택을 밖으로 옮기면 될 것입니다. 하루하루 스트레스를 해소하는 크리스천이 되어서 스트레스와 상처가 잠재의식에 쌓이지 않도록 하는 것이 하나님의 뜻입니다. 하루하루 스트레스 처리에 관심이 있어야 합니다. 이것이 바로 자신을 건강하게 하는 것이요, 예방 신앙입니다.

33장 대인관계의 상태 통한 영적검진

(히12:14-15) "(15)너희는 하나님의 은혜에 이르지 못
하는 자가 없도록 하고 또 쓴 뿌리가 나서 괴롭게 하여
많은 사람이 이로 말미암아 더럽게 되지 않게 하며"

대인공포증은 내면세계가 부실하여 생기는 문제입니다. 태아
시절에서부터 내면에 도사리고 있었던 두려움입니다. 잠재의식
에 형성되어 있었다는 것입니다. 두려운 상황이 없을 때에는 모
르고 지냅니다. 그런데 불안하고 두려운 상황에 처하면 잠재의
식의 상처가 머리를 들고 일어서서 정상적인 사람이 되지 못하
게 합니다. 어렸을 때 잠재의식을 성령으로 정화했어야 하는데
그렇지 못한 것입니다. 내면세계는 생명의 말씀과 성령으로 강
하게 되는 것입니다. 우리는 현재의식을 잘 분별해야 합니다. 현
재의식은 잠재의식에서 올라오는 경우가 많기 때문입니다. "사
람들이 나를 어떻게 생각할까?" 사회공포증은 바로 대인공포증
입니다. 사람 대하기가 두렵고 자신의 모습이 남들에게 이상하
게 비춰지지 않을까 두려운 것입니다. 이런 증상은 다른 사람이
자기를 해칠까 봐 두려운 것이 아니라, 자기 내면의 불안을 다른
사람에게 들키지나 않을까 하는 두려움 때문에 나타납니다. 이
런 공포증은 혼자 있을 때는 나타나지 않고 다른 사람과 함께 있
을 때 나타납니다.

사회공포증 환자들은 몇 가지 특징을 가지고 있습니다. 자기

는 중요한 신체적 결함을 가지고 있다고 생각하고, 그런 결점을 다른 사람들에게 들키지나 않을까 하는 두려움을 갖는 것입니다. 그런 나의 결점이 다른 사람에게 불쾌감을 주기 때문에 어떻게 해서든지 치료해야 한다고 생각합니다. 그래서 자기의 증상을 실제보다 과장하고, 다른 사람이 자기의 부탁을 거절하는 것에 몹시 좌절하고, 다른 사람이 자기를 어떻게 평가할지 늘 신경 씁니다.

또 다른 사람의 말을 자기 멋대로 해석하고, 자기 의견은 제대로 주장하지 못합니다. 치열한 경쟁을 뚫고 들어온 새내기 직장인, 처음 출근할 때의 심정은 첫사랑이나 데이트 순간만큼 흥분되고 벅찹니다. 하지만 학창시절과 달리, 월급 받는 '직장생활'은 험난한 나날의 연속입니다. 우선 업무가 낯설고 서툽니다. 낯선 사람들과 대면하며 좋은 관계를 맺어야 하는 일은 더더욱 어렵습니다. 수없이 닥치는 머쓱하고 민망한 일, 떨리고 창피한 상황도 극복해야 합니다. 누구나 겪게 되는 직장생활, 문제점과 슬기로운 대처법을 알아봅니다.

첫째, 힘든 상황은 반복 훈련이 해결책 : 서울에 명문대를 나와서 꾸준한 취업 준비로 꿈꾸던 직장에 입사한 아무개 씨(28.남)의 경우입니다. 수습 기간이 끝나고 부서에 배치 받은 지 반년도 못 돼 사직서를 썼다는 것입니다. 상사는 이런저런 업무들을 군말 없이 성실하게 수행하는 그를 마음에 들어 했습니다. 그래서 다른 부서에 아무개 씨를 자랑하고 소개할 목적으로 많은 간부가 참석하는 회의석상에 그를 끌어들여 발표할 기회를 줬습니다. 그런데 이런 호의가 아무개 씨에겐 크나큰 화근이 됐습니다.

그는 "실수하지 않기 위해 여러 가지 사전 준비를 해 갔습니다. 하지만 막상 좌석에 앉은 많은 사람을 보자 떨려서 가슴이 답답해지고 목소리가 안 나왔습니다. 용기를 내 말문을 열었지만 자신도 알기 힘들 만큼 목소리가 떨려 결국엔 입을 다물었습니다." 라고 당시 상황을 털어놓았습니다.

낯선 사람이나 많은 사람 앞에 서면 누구나 긴장이 고조되게 마련입니다. 이런 현상은 자신의 능력을 확실하게 보여줘야 하는 자리일수록 심합니다. 게다가 주요 인물이 지켜보거나 많은 눈동자가 자신을 바라볼 때 증폭됩니다. 하지만 대중 앞에서 익살을 떨며 사회를 보는 사람도 알고 보면 상황은 별반 다르지 않습니다. 초기의 떨림을 반복적인 훈련과 경험, 철저한 사전 준비 등을 통해 극복한 것입니다. 따라서 발표 전에 철저하게 준비하고 반복적으로 발표 기회를 갖는 등 시련을 통해 극복해야 합니다. 하지만 자신의 실수를 용납하지 못한 채 "나만의 문제점"으로 고민하는 사람, 공포심이 엄습해 발표 수행이 힘든 사람 등은 빠른 직장생활 적응을 위해 전문가 치료를 받도록 해야 합니다.

필자는 항상 이렇게 말합니다. 처음부터 잘하는 사람은 없다는 것입니다. 반복 훈련, 연습하라는 것입니다. 노력하라는 것입니다. 자기가 극복해야 합니다. 현재 직장에서 극복하지 못하면 다른 직장에서 가서도 동일한 경우를 당하게 되는 것입니다. 어느 날 프랑스에서 직장 생활하는 남자 집사님이 귀국하여 시간이 있으니 토요일 집중정밀치유를 받겠다고 했습니다. 사정을 들어보니 앞에 설명한 사람과 동일한 경우였습니다. 상사들 앞에서 발표에 두려움을 가지고 있었습니다. 제가 이렇게 조언을 했습니다. 앞에 있는 사람들을 모두 자기보다 낮은 위치에 있다가 생각하라는 것입니다. 아무것도 모르는 사람들이라고 생각하라는 것입니다. 그리고 반복훈련을 하라는 것입니다. 될 수 있는 대로 말을 하면서 원고를 숙달하라는 것입니다. 머릿속으로 자꾸 되새김을 하라는 것입니다.

필자는 군대에 있을 때 장군들에게 아침 마다 브리핑을 하는 장교였습니다. 브리핑을 한번 잘못하면 승진이고 무엇이고 아무것도 되는 것이 없는 위치였습니다. 날이 새도록 연습하는 것입니다. 앞에 서서는 "앞에 있는 사람들은 호박이다. 아무것도 모른다."라고 생각하면서 당당하게 브리핑을 합니다. 강하고 담대한 마음과 자신감이 중요합니다. 무엇보다도 반복 훈련이 중요합니다.

둘째, 직장 모임에선 남에 대한 배려가 우선. 직장생활은 상부상조입니다. 이를 위해선 자신과 뜻이 맞는 이와 두터운 교분을 맺고 자신을 배척하는 사람이 없도록 해야 합니다. 퇴근 후 모임은 대인 관계를 우호적으로 맺을 수 있는 좋은 기회입니다. 따라서 나를 최대한 잘 표현해 호감을 사야 합니다. 우선 미소 띤 얼굴로 주변 사람과 간단한 인사를 나누고 자신을 소개할 것입니다. 얼굴에 백지장을 깔아야 합니다. 자연스러운 미소는 평상시

거울을 보고 혼자 웃는 연습을 통해 가능합니다.

대화 주제는 여러 명이 공감할 내용을 선택하는 것이 좋습니다. 대화 중 어떤 상황이건 그 자리에서 결론을 내리는 것과 같은 발언은 삼가야 합니다. 또 모임에서의 대화 주제는 깊고 심각한 이야기, 오랜 시간 토론이 필요한 내용은 가급적 피하고, 가볍게 웃고 즐길 화젯거리를 도출해 내야 합니다.

입사 동기 모임, 후배와의 모임 등 허물없는 자리에서도 남의 말에 경청하는 태도는 기본입니다. 자신이 얘기할 때 남들이 흥미를 보이더라도 일정 시간이 지나면 화제를 바꿔 말할 기회를 남에게 돌릴 수 있어야 합니다. 마음의 여유가 중요합니다. 필자는 내면세계가 안정되면 마음의 여유가 생긴다고 생각합니다. 어려서 내면을 진리의 말씀과 성령으로 정화하는 기회를 갖는 것이 좋습니다.

셋째, 사표를 쓰는 것이 만사가 아니라는 것이다. 이직을 고려하기 전 전문가를 찾아가 상담부터 받아야 합니다. 대인 관계가 잘 안 될 땐 이직도 잦고 옮긴 직장에서의 적응도 쉽지 않습니다. 반드시 통과해야 할 문제이기 때문입니다. 따라서 스스로 "사람 만나고 겪는 일이 고통"으로 느껴지는 사람은 사직서를 내기 전 전문가 상담부터 받아야 합니다. 속내는 남과 잘 지내고 싶지만 어떻게 해야 할지 방법을 몰라 당황하는 사람이라면 전문가 도움으로 자신의 문제점을 인식해야 합니다. 전문가들을 만나서 10회 정도 반복 교정하는 과정에서 극복이 가능하다거

합니다. 무엇보다도 본인이 노력을 해야 합니다. 그러나 잠재의식의 상처를 정화하지 않으면 다시 재발합니다. 잠재의식의 상처를 성령으로 정화해야 완치가 됩니다. 잠재의식에 형성된 상처는 이미 모태에서 발생한 것들이 많습니다. 반드시 성령으로 영적치유를 해야 합니다.

반면 남을 전혀 고려하지 않는 성격장애 때문에 발생하는 대인 관계의 어려움은 치료가 쉽지 않습니다. 이런 유형은 주변 사람은 괴롭지만 자기 스스로는 별반 고통을 받지 않습니다. 본인의 치료 의지도 희박합니다. 좌우지간 본인의 의지가 대단히 중요합니다. 또 성격 문제는 정신치료를 매주 두 번 이상, 적어도 1년 이상 장기간 받아야 합니다. 이런 세상적인 치료를 받더라도 근본적인 성격은 안 바뀝니다. 따라서 별도로 사회적응이 가능할 정도의 사회생활 대처법을 익혀야 합니다. 그리고 내면세계를 안정시키는 성령치유를 받아야 합니다. 그래야 근본이 해결이 됩니다.

사회공포증 치료는 작은 두려움부터 차츰차츰 견디게 하는 것입니다. "사람을 대하는 일은 두렵고 당황스럽습니다. 혹시나 실수해 창피당하는 것은 아닐까, 많은 사람 앞에서 주목을 받으며 발표할 때는 물론 남들 보는데서 글씨를 쓸 때, 심지어 먹고 마실 때도 근심이 밀려와 마음이 편치 않는 것이 당연한 것입니다" 잠재의식의 상처의 영향입니다. 그러므로 잠재의식의 상처를 정화하는 것은 필수입니다.

만일 귀하가 이런 문제로 직장생활, 사회생활이 힘들다면 귀하는 사회공포증에 해당합니다. 이들은 남이 나를 쳐다보고 관찰하는 상황이 겁이 납니다. 자연히 회피하다 보니 대인 관계가 힘들고 사회생활도 순탄치 못합니다. 하지만 마음속 깊은 곳에선 진심으로 남들과 좋은 관계를 맺고 싶습니다. 그러나 막상 사람을 대하면 얼굴이 붉어지거나 말을 더듬는 등 답답한 상황이 반복됩니다. 이런 상황을 슬기롭게 대처할 방법은 없을까요?

다행히 사회공포증은 해결책이 있습니다. 치료의 근본 목적은 본인의 "생각을 바꾸는 일"입니다. 물론 환자에게 "남들 다 하는 일이니 두려워할 것 없이 상황을 정면으로 부딪쳐 보라"는 식의 주문은 도움이 안 됩니다. 대신 시간을 두고 공포심을 더는 훈련을 해야 합니다. 첫 번째 단계는 환자를 견딜 수 있을 정도의 가벼운 두려움에 노출시키는 것입니다. 그래서 그 상황을 이겨내면 조금 더 힘든 상태에 노출하는 식의 단계적 인지행동 치료를 합니다.

이를 위해선 비슷한 고민을 가진 사람들끼리 모여 함께 치료받는 것이 좋습니다. 이 같은 집단 치료는 남이라는 거울을 통해 자신을 보는 것입니다. 자신과 비슷한 사람들이 발표하는 모습을 보면서 "나도 저들처럼 불필요한 공포심에 시달릴 필요는 없겠다"란 사실을 자각합니다. 집단 치료는 통상 매주 한 번씩 모여 석 달쯤 받게 되며 만족스럽지 못할 땐 약물 치료, 개인 면담 등을 통해 개선할 수 있습니다.

필자가 말씀드리고 싶은 것은 이런 약물치유는 근본치유가 안됩니다. 임시해결법에 불과합니다. 필자는 성령의 역사로 내면을 정화하여 마음의 안전을 찾는 것입니다. 내면에 보이지 않은 불안전 요소가 있기 때문에 불안하고 두려운 것입니다. 불안전 요소들은 성령의 역사로 정화하는 것입니다. 필자의 교회에서 정기적으로 하는 토요일 개별집중정밀치유가 효과적입니다. 내면을 정화하고 안정시키는 치유는 해야 합니다. 아니면 나이가 들어가면 갈 수로 더 심해지기 때문입니다.

넷째, 낯선 사람에 대한 '공포'의 치유. 사람을 무서워해본 적이 있으세요? 알다시피 정신과 질병 중에서 가장 흔한 것이 공포증입니다. 이는 모태에서 형성된 불안과 두려움의 상처라고 생각하고 인정해야 해결이 가능한 것입니다. 무서움이란 것은 누구에게나 있습니다. 하지만 그것이 병이 되려면 이성적인 판단보다 더 심각한 경우입니다. 벌레, 폐쇄된 장소, 피 등과 같이 특정 대상이나 상황에 대해 두려움을 갖고 스스로 통제하기 힘든 공포로 일상생활이 이루어지지 않는 병을 '공포증'이라 합니다. 어떤 사람에게 바퀴벌레는 소름 끼치고 징그러운 것으로 끝이지만, 또 어떤 사람에게는 삶을 괴롭히는 무서운 존재일 수 있습니다. 보통 사람이라면 요즘 이야기로 비호감(非好感) 정도지만 공포증 환자는 숨이 넘어갈 지경이니까요.

"일단 피할 생각만 납니다. 아, 이 사람도 나를 우습게보겠구나 하는 생각이 드니 차라리 안 보는 것이 편안하지요. 그런데 직업이 그런 쪽이라면 어떻게 새로운 사람을 안 만날 수 있겠습니까?" 사실 벌레는 운만 좋으면 피할 수 있을 것입니다. 그렇지만 만약 사람을 무서워하면 어떨까요.

막 대리로 승진한 아무개 씨는 낯선 사람을 무서워합니다. 친한 사람과는 정말 아무 거리낌 없이 지내는데 낯선 사람 앞에서는 한없이 긴장이 되고 불안해져서 목소리도 떨리고 얼굴이 굳어서 사회생활이 힘들다는 것입니다. 사실 작년에도 대리를 달 기회가 있었지만 낯선 사람을 만난다는 두려움으로 포기를 하고는 몇 날 며칠을 술로 지새운 적도 있었습니다. 영업하는 사람에게 사람을 대하는 것이 스트레스라니, 말이나 됩니까. 당연히 소화도 안 되고, 잠도 못 자고, 심하면 우울증에 시달리겠지요.

아무개 대리가 앓고 있는 병은 예전에는 대인기피증 또는 대인공포증이라 불렸고 정신의학적으로는 '사회공포증'이라고 하는 병입니다. 낯선 사람과 이야기하거나 다른 사람들 앞에서 연설을 하는 등의 사회적 상황에 대한 두려움과 불안이 있어서 그런 상황이 되면 자율신경계의 교감신경이 흥분을 합니다. 호랑이를 만났을 때 나타날 몸의 변화가 낯선 사람 때문에 생기지요. 당연히 그런 상황을 가능한 피하려 하겠지요. 대인관계에 어려움이 있으니 사회생활에서 불이익을 받기가 쉽습니다. 아무개 대리 같이 승진할 수 있는 기회가 있는 데도 승진을 하게 되면 더 많이 발표를 해야 하기 때문에 포기하는 경우도 적지 않습니다. 직장을 바꾸거나 아예 사람을 만나지 않는 직종을 택하기도 합니다.

물론 지나친 사회공포증은 병원에서 약물치료나 인지행동치료를 받아야 합니다. 치료는 비교적 잘 되는 편이고 이 병이 좋아지면 삶이 바뀌니 웰빙을 위해서는 반드시 치료를 받아야겠지요. 하지만 아직 심각한 상태가 아니거나 치료 중이라도 더 빨리 호전되려면 몇 가지 방법이 있습니다.

우선 낯선 사람을 두려워하는 것은 일반적인 현상이라는 것을 이해하는 것이 필요합니다. 낯선 사람에 대한 경계나 긴장은 똑같이 나타납니다. 공포가 되는 것은 그런 자신의 모습을 지나치게 의식하기 때문이지요. 그러니 "그래! 불안한 것이 당연한 거야"하고 받아들이면 스스로를 의식하는 것이 줄어듭니다. 둘째는 자랑하라는 것입니다. "낯선 사람 만나면 불안하답니다." 라고 고백을 하는 것입니다. 한번 해보세요. 이야기를 하는 순간 불안이 쑥 내려갑니다. 셋째는 일부러 그런 상황을 만드는 것입니다. 의도적이라면 상황을 손쉽게 통제할 수 있습니다. 내가 제일 두려워하지 않는 만남부터 제일 두려워하는 만남까지 이것저것 생각하고 다짐하고 계획해서 계단을 오르듯 차례대로 극복하는 것입니다. 넋 놓고 있다가 당하는 것보다는 '맞짱 뜰' 각오로 덤비는 것, 사람공포에서 벗어나는 자가 치료법입니다. 낯선 사람 때문에 스트레스 받으신다고요. 용기를 내서 받아들이고, 보여주고, 연습하세요. 용기 있는 자만이 공포의 구덩이에서 빠져나올 수 있답니다.

다섯째, 사회공포증의 영적치유. 자신의 잠재의식에 사회공포증을 일으키는 두려움과 불안하게 하는 요소가 숨어있으면서 문제를 일으킨다는 인식이 중요합니다. 먼저 자신 안에 성령님의 임재를 구합니다. "성령님, 내 몸에 들어와 주세요. 성령님, 내 몸에 들어와 주세요." 성령께 인도하심을 구하면 작은 고통에서부터 아주 깊은 것까지 하나씩 치유해 주십니다.

먼저 좋지 못한 상황을 머리에 떠올립니다. 과거 사고로 인한 상처의 현상을 가지고 성령님께 간구합니다. 사람 앞에 서는 것이 두렵다든지, 발표를 하면서 망신을 당했다든지, 두려움에 쌓여 있었다든지, 혈기를 부렸다든지, 우울했다든지, 잠을 못 이루었다든지, 잘 놀란다든지, 잘 다툰다든지, 가슴 아픈 일을 당했다든지 등등 그때 당시의 상황을 마음에 떠올립니다. 성령님의 도움으로 과거의 상처를 회상합니다.

떠올리면서 그때 당한 감정까지 끌어올립니다. 그래서 거기서 나타나는 현상을 주님께 드립니다. "성령님, 내가 그때 이렇게 고통스러웠습니다. 너무 너무 서러웠습니다. 제 마음이 너무 아팠습니다. 너무 억울하였습니다. 심지어는 세상을 떠나고 싶었습니다. 내가 그 사람을 죽이고 싶었습니다." 그리고 주님께 고백하면서 모든 것을 드립니다. 한 가지씩 한 가지씩 기도하면서 드립니다. 그렇게 하면서 마음에 평안이 임하면 치유가 된 것입니다. 그런데 살아가다가 다시 그 생각이나 감정이 되살아나면 다시 성령께 기도하면서 치유를 받아야 합니다.

34장 사회 환경 적응상태통한 영적검진

(히12:14-15)"모든 사람과 더불어 화평함과 거룩함을 따르라 이것이 없이는 아무도 주를 보지 못하리라. 너희는 하나님의 은혜에 이르지 못하는 자가 없도록 하고 또 쓴 뿌리가 나서 괴롭게 하여 많은 사람이 이로 말미암아 더럽게 되지 않게 하며"

하나님은 모든 크리스천들이 내면이 강해지기를 소원하십니다. 내면이 강해야 세상을 이길 수 있는 외적인 권능이 나오기 때문입니다. 내면의 능력을 극대화하기 위하여 어떻게 해야 할까요? 무조건 기도만 많이 한다고 내면이 강해지는 것이 아닙니다. 내면의 상처만 치유한다고 내면이 강해지는 것도 아닙니다. 교회에 열심히 다닌다고 내면이 강해지는 것도 아닙니다. 그렇다면 어떡해야 내면이 강해질 수 있을까요? 생명의 말씀과 성령의 역사로 내면이 정리되어 질서가 확립되고 안정이 되어야 합니다. 그리고 성령의 역사로 생명의 말씀을 깨달아야 합니다. 진리의 말씀을 깨닫는 만큼씩 내면이 강하게 됩니다.

진리를 깨달아야 받아들여서 강건해지기 때문입니다. 많은 수의 크리스천들이 잘못 형성된 자아로 인하여 내면의 능력을 극대화 하지 못합니다. 자신이 알고 체험한 것만 받아드리려고 하기 때문입니다. 예를 든다면 성령님은 평안하게 역사한다는 것입니다. 그래서 성령의 역사가 강하게 나타나면 순간 성령의 역사는 평안하게 하는 것이라는데 두려운 것은 다른 영의 역사일 수가 있다고 하면서 이탈하는 것입니다. 그래서 성령의 세례를 받지 못하여 내면이 강해지지 못하는 것입니다.

교회에 와서 설교를 들을 때도 다른 사람에게 하는 말로 알고 들으니 깨닫지 못하여 내면능력과 내면의 지혜가 극대화되지 못하는 것입니다. 성경을 읽을 때도 마찬가지입니다. 옛날 구약시대에 일어났던 설화로 알고 읽고 들으니 영적인 비밀들을 깨달을 수가 없습니다. 구약성경이라도 자신에게 자신의 가정에 현재 일어날 수 있는 일이라고 생각하고 읽어야 영의 눈이 열리고 내면이 강해지고 내면에 지혜가 활성화되는 것입니다. 우리가 살아가면서 우리가 잘 다스리고 좋은 관계를 맺어야 할 대상은 크게 세 가지입니다. 모두 내면세계에 해당되는 것입니다.

1)자기조절력: 자기조절력은 목표를 설정하고 그것을 위해 꾸준히 노력하고 성공하기 위하여 집중력을 발휘하는 능력입니다. 또한 스스로의 감정을 조절하는 능력이기도 합니다. 내가 자신을 제대로 존중하고 할 수 있다는 자신 감을 가지고 조절하는 능력이 곧 자기 조절력입니다. 추가적으로 포함요소로는 감정조절력, 과제 지속력, 긍정성 등이 포함됩니다. 자신이 우선 자기 자신과 제대로 관계를 맺어야 합니다. 기억하는 자아(본래 자아)가 현재 진행 중인 경험하는 자아(본래 자아)가 현재 경험하는 자아(현존자아)를 존중하고 조절할 수가 있어야 합니다. 쉽게 설명하며 잠재의식이 현재의식을 인정하고 따라야 한다는 말입니다. 현재의식이 잠재의식에 휘둘림을 당한다면 사회 환경에 적응하

지 못하는 환자가 되는 것입니다. 자기 조절력을 발휘하려면 기억하는 자아가 경험하는 자아를 잘 화합할 수 있어야 합니다. 즉 스스로 돌이켜보고 조절할 수 있는 능력입니다. 내면적인 나를 존절할 수 있는 존재는 나 자신 밖에 없습니다. 스스로의 감정과 의도를 바라보는 능력입니다.

2)**대인관계력**: 대인관계력을 다른 사람을 존중하고 배려하고 다른 사람의 마음을 헤아리고 아픔이나 느낌에 공감하는 능력입니다. 내 뜻을 잘 전달하고 설득하고 타인의 의도를 파악하고 리더십을 발휘하는 능력도 포함됩니다. 추가적 포함요소로는 공감능력, 관계성, 자기표현력 등이 포함됩니다.

나는 내 주변의 다른 사람들과 제대로 관계를 맺어야 합니다. 내 주변 사람들을 설득시키고 리드할 수 있어야 합니다. 내가 원하는 방향으로 다른 사람을 끌고 갈수가 있어야 합니다. 그게 리더십이고 설득력입니다. 어떤 일을 해낸다는 것은 대부분의 경우 그 일과 관련된 다른 사람을 설득해냄으로써나 가능합니다. 사랑과 존중의 관계를 맺을 수 있는 사람이 호감과 신뢰를 줄 수가 있습니다. 호감과 신뢰는 설득과 리더십의 기본입니다.

3)**자기동기력**: 자기동기력은 스스로 하는 일에 대해 열정을 발휘하여 추진하는 능력입니다. 지칠 줄 모르는 집착력입니다. 꼭 해내고 말겠다는 의지입니다. 추가적으로 포함요소로는 내재동기, 자율성, 유능감 등이 포함됩니다. 자신은 자신이 마주하는 세상 혹은 "일"과 제대로 관계를 맺어야 합니다. 내가 하는 일에 의미를 부여할 수 있어야 합니다. 세상이 나를 결정짓는다는 생

각을 벗어나서 내가 세상을 바꿀 수 있음을 믿어야 합니다. 강하고 담대해야 합니다. 그래야 일을 열정적으로 해낼 수 있는 "동기"가 생깁니다. 세상을 변화시킴으로서 사람은 스스로 변화하고 성장합니다. 사람은 자기 뜻에 따라 주변 환경을 변화시킴으로써 재미를 느끼려는 본능을 가지고 있습니다. 세상일은 나와 사람들을 연결시켜줍니다. 우리가 만나서 열심히 이야기하고 의견을 나누는 것은 어떤 세상일에 대해서입니다. 나와 너의 관계 속에서 세상일은 존재합니다. 또는 세상일이야말로 나와 너를 연결시켜주는 교량입니다.

첫째, 대인관계력을 개발하라. 대인관계력은 강하고 담대한 마음과 평안한 내면상태가 되어야 발전합니다. 인생을 성공하는 사람들은 대인관계력도 높은 경우가 많습니다. 고난과 역경을 만났을 때 이를 이겨낼 수 있는 본인 스스로의 힘도 중요하지만 우리는 알게 모르게 주변 사람들로부터 도움과 지지를 받는 것은 큰 보탬이 됩니다. 따라서 강한 회복탄력성을 갖기 위해서 좋은 대인관계력은 필수라 할 수 있습니다. 이뿐만 아니라, 좋은 대인관계력은 강한 리더십을 발휘하게 합니다. 강한 리더십은 주변에 많은 사람들을 모이게 만들고 성공적인 삶의 밑거름이 됩니다. 좋은 대인관계력을 위해서 긍정적 정서는 필수입니다. 긍정적 정서는 공감능력을 향상시켜 인간관계 형성에 도움을 주기 때문입니다.

사람은 혼자서 살아갈 수 없는 존재입니다. 따라서 삶에 있어서 좋은 인간관계를 맺는 것은 매우 중요합니다. 또한 좋은 인간관계를 맺는 사람이 건강한 삶을 살 가능성이 높은 것은 여러 연구 결과들에서 입증된 사실입니다. 좋은 대인관계력을 위해서는 좋은 공감능력, 관계성, 표현능력을 가져야 합니다. 공감능력이 부족한 사람들로 인한 사회 문제가 늘어나고 있는 요즘이라 공감능력에 초점을 맞춰 논리를 전개해 보고자 합니다.

공감능력은 표정이나 목소리 톤, 몸짓이나 자세 등을 통해 상대방이 어떤 생각이나 느낌을 가지고 있는지 알아채는 능력입니다. 공감능력은 뇌의 거울신경에서 오는 능력으로 알려져 있습니다. 또한 일반적으로 남성보다는 여성에게 발달되어 있는 능력으로 남성은 엄마 뱃속에 있을 때부터 커뮤니케이션을 담당하는 뇌의 영역이 여성보다 깎여 나간 상태로 출생한다고 합니다. 따라서 여성보다는 남성들이 공감능력을 향상시키기 위해 노력하셔야 할 것 같습니다.

공감능력이 부족한 사람의 특징은 표정변화가 거의 없다는 점입니다. 그래서 공감능력을 키우는데 는 긍정적 정서를 발달시키는 것이 효과적입니다. 또한 이와 반대로 환한 표정이 뇌에 긍정적 정서를 유발시키기도 한다고 하니 긍정적 정서를 위한 노력만큼이나 웃는 연습도 공감능력 발달에 효과적이라 말할 수 있습니다. 행복해서 웃는 것이 아니라 웃어서 행복한 것이라는 말이 과학적 근거가 있는 말이라 할 수 있습니다.

공감능력을 향상시키기 위해 추천해 드리는 활동은 상대방의 이야기에 공감하며 경청하기입니다. 경청은 타인과의 원활한 소통을 위해서 꼭 필요한 자세입니다. 이야기 하고 있는 상대방 말에 경청하면서 상대방의 표정을 따라 해 보시기 바랍니다. 처음에 표정을 따라서 하다보면 어색하지만 이야기 하는 상대방의 표정을 따라서 하다보면 상대방이 느끼고 있는 감정에 좀 더 공감되는 것을 느끼실 수 있습니다. 더 나은 대인관계력을 가지고 함께 해서 더 행복한 삶을 만들어 나가시기 바랍니다.

둘째, 주변 사람과 관계를 회복하라. 세상이 언제나 나의 뜻처럼 돌아가는 것은 아닙니다. 아니, 어떤 때는 나의 뜻과 완전히 반대로 돌아갑니다. 내가 원하는 사랑, 내가 이루고자 하는 일, 내가 소망하는 것들이 원만하게 이루어지는 일은 드물고 나에게 등을 돌립니다. 그리고 이 세상에는 불협화음과 갈등, 원망과 미움이 넘쳐납니다. 왜 그럴까요?

문명이 현저하게 발달한 지금, 통신수단이 과거에 비해 엄청나게 발달한 지금 사람들 사이의 거리는 갈수록 멀어지고 있습니다. 하루에도 수억 통씩 핸드폰 문자와 이 메일을 주고받지만 사람들은 갈수록 외로움을 느끼고 '이 세상엔 나 혼자'라는 쓸쓸함을 느낍니다. 왜 그럴까요?

답은 간단합니다. '끈'이 풀어졌기 때문입니다. 사람과 사람 사이의 거리가 심리적으로 엄청나게 멀어졌기 때문입니다. 한 이불을 덮고 자는 부부 사이의 거리가 멀어졌고, 부모-자식의 사이가 갈등으로 얼룩졌고, 직장에서 동료와의 사이는 기계적이고, 나와 일과의 사이는 매끄럽지 못합니다. 그리하여 사는 일이 힘들고, 전혀 즐겁지 않습니다. 그렇다면 무엇을 해야 할까요?

　삶을 한마디로 표현하면 관계입니다. 관계(關係)를 회복하는 것입니다. 인간은 태어나는 순간부터 한평생 무수한 관계의 늪에서 살아갑니다. 가족과의 관계, 세상사와의 관계 그리고 많은 사람들과의 관계…. 그 모든 관계가 곧 인간의 삶을 이루는 실체입니다. 우리는 그 관계의 과정에서 기쁨, 슬픔, 행복, 만족, 희열을 느끼고 때로는 좌절, 고통, 불만, 실패, 갈등을 느끼며 살아갑니다. 그렇기에 인생(人生)을 성공적으로 산 사람들은 곧 관계에 성공한 것이고 인생에 실패한 사람은 관계에 실패한 것입니다.

셋째, 저 같은 어려움을 겪는 분이 계실까요? 27살 된 청년이구요. 한 때 무 활동적이 된 적이 있습니다. 전 어려서부터 예수님을 믿고 성령으로 충만하고 진리 안에 있었습니다. 어려서부터 발표나 연설도 하고 봉사도 줄 곳 쫓아 다니곤 했습니다. 제가 발표하던 날 실수를 한 적이 있었는데 순간 참석한 사람들이 모두 다 웃는 거였습니다. 엄청 당황스러웠습니다. 두렵고 떨렸습니다. 얼굴이 화끈 거리며 홍당무가 되었습니다. 생전 처음 그런 당혹스러운 경우를 당했습니다. 얼굴 화끈화끈 거리고 땀 줄줄 목소리도 덜덜덜~ 기어들어가는 소리가 나오고~ 침착하게 하던 발표는 일순가 엉망이 되었습니다. 집으로 돌아와 잠을 제대로 자지 못했습니다. 크게 충격을 받은 것입니다. 그 뒤론 발표나 발언을 할 때 마다 그 증상이 생겼습니다. 시간이 지나면서 점점 더 심해졌습니다. 사람시선을 무서워하게 되다보니 봉사도 자신이 떨어지고요. 결국 대인공포증이라는 병을 얻게 되었습니다.

그러다보니 다른 동배들 보다 엄청 뒤쳐지는 느낌을 받았습니다. 근데 정말 열 받는 것은 차별대우를 하는 것입니다. 다른 형제들은 열심히 하는 청소년들, 발전해나가는 청소년들에게 격려나 지원을 베푸시고, 저처럼 어려움이 있어서 발전하지 못하는 청소년에겐 위로는커녕 뭐랄까 한심하다는 것과 같은 시선을 이겨내기가 힘들었습니다.

열심히 하는 친구가 인사하면 웃으면서 반갑게 맞아주시는데, 제가 인사하면 그냥 무심한 태도입니다. 어머니께서도 다른 아이들과 비교만 하십니다. 또 성도들 안에서 같은 연배 형제자매들과의 친교를 억압하는 분위기라서 또래 자매들이랑은 중립들어가기 전까지 한 번도 이야기를 나눠본 적이 없었습니다. 청소년모임은 할 때마다 참석하는데 그냥 밥만 먹고 헤어지는 수준이고 봉사 중에라도 말을 걸지 못하겠더라고요. 사람들 앞에선 제 말을 그냥 피하니까, 참으로 어렵습니다.

그래서 23살 먹도록 또래 여자들이랑은 예기 조차 한 적이 없었습니다. 사회적응을 잘못하게 되는데 한축을 차지하는 경우가 되기도 하였습니다. 다른 사람들한테 말도 못하고, 그냥 힘들게 지내다가 자살을 결심하게 되자 전 결국 활동을 포기하게 되었습니다. 몇 달 동안 집에서 운둔 생활하다가 결심하게 되었습니다. 그래 부딪쳐보자! 그래서 시작한 것이 고급 한 식당에서 서빙을 하게 되었습니다. 주위의 모든 반대에도 불구하고 말입니다. 거기서 몇 달 일하는 사이 전 엄청나게 변하게 되었습니다.

항상 지켜보면서 예민하게 지적하던 머리나 옷차림 제가 원하던 데로 하니까 사람들 앞에서 좀 당당해졌습니다. 그런 다고해서 제가 머리를 염색한다거나 여자처럼 기른 것은 아닙니다. 조금 긴 정도였습니다.

억압했던 이성과의 친교에서 벗어나니 여자들 앞에서도 자신 있게 이야기를 꺼낼 수 있었습니다. 항상 조심해야했던 말 그래서 꺼내려는 시도조차 하기 싫었던 사람들 앞에서 말도 많이 하게 되었습니다. 어찌하든 사람들 앞에서 당당해지게 되었습니다. 여기서 느낀 것이 말실수가 두려워서 말을 하지 않는다는 건 무리가 있는 것 같습니다. 실력을 인정받아서 매니저까지 진급하게 되었습니다. 매일 아침미팅 에서 알바 생들 불려놓고 제가 앞에서 지시를 할 정도가 된 것입니다. 그래서 전 자신감을 얻어서 이정도면 되겠다 싶어서 성도들과 어울리는 영적인 생활을 계속할 수 있겠구나 싶어 다시복귀 하게 되었습니다. 그러나 얼마가지 않아 예전처럼 돌아가게 되더라고요. 암울했던 제과거로…. 저를 어떻게 하면 좋겠습니까?

넷째, 성령으로 잠재의식을 정밀 치유하라. 성령치유 밖에 다른 치유의 방법이 없습니다. 앞장에서도 말씀드렸지만 모태에서 형성된 두려움과 불안의 요소들입니다. 잠재의식에 형성되어 있기 때문에 반드시 성령치유를 해야 합니다. 충격이나 상처를 현실로 끌고 나와서 밖으로 배출해야 완전치유가 됩니다. 쉽게 설명한다면 실수하고 당황할 때 들어온 귀신을 배출해야 자유 함을 누릴 수가 있습니다. 세상에서 하는 심리치유로는 완치가 불가능하고 죽을 때까지 치유해야 합니다. 성령으로 치유할 때는 이런 순서로 하면 됩니다. ① 마음이 평안한 상태가 되어야 합니다. 마음이 외부의 영향을 받지 않는 상태(성령 임재로 평온한 상태)가 되어야 합니다. 치유에 집중하는 마음 상태가 되어야 깊은 곳에 숨겨진 상처를 성령님의 도우심으로 치유 받을 수 있습니다. 외적 침묵과 내적 침묵이 되어야합니다.

② 성령님의 임재를 간구합니다. 영에서 마음으로, 이성으로 임재가 나타나시도록 간구합니다. 성령님의 도우심으로 자신의 과거로 돌아가서 과거에 받았으나 묻혀 있는 크고 작은 상처의 기억을 떠올리며, 상처와 함께 그때 겪었던 당황함, 부끄러움을 회상한 후, 하나씩 그 상처를 주님께 드립니다.

③ 당시에 받았던 상처로 말미암는 감정이 내면에 떠오르거나 감정이 되살아나면(수치감, 답답함, 분노, 좌절감, 깊은 슬픔, 두려움 등) 억제하거나 감추지 말고 의식수준으로 표현하십시오. 그리고 그것을 주님에게 드리세요.

④ 이 때 자신의 상처와 관련된 사람을 용서하는 작업을 해야 합니다. 용서하지 않고 단순히 감정만 처리하는 것은 상처의 근원은 그냥 두고 감정만 치유하는 것이며, 이러한 치유는 후에 다시 재발됩니다. 큰 사건, 큰 상처일수록 이 부분에 세심한 주의를 기울여야 하며, 세심한 치유를 했어도 같은 감정이 오면 몇번이고 계속해서 치유해야합니다. 자신의 마음에 상처를 준 사람을 용서하지 않으면 진정한 치유가 되지 않습니다. 어두움과

저주의 세력에게 자신을 묶어놓고 있는 것입니다.

⑤ 성령님의 능력으로 치유 받은 후에는 마음에 평안함을 느끼게 됩니다. 계속하여 이 평안을 유지하는 것은 자신의 책임입니다. 오래된 상처나 깊은 상처는 일회적인 치유보다 장기적이고 지속적인 치유를 해야 합니다.

⑥ 성령님과 교제를 통하여 악한 생각이 나지 않도록 기도생활을 해야 합니다. 진정한 치유란 지속적인 성령 하나님과의 동행입니다. 늘 마음에 하나님을 느끼고, 하나님과 동행하고 하나님을 의지하여야 합니다. 그리함으로 늘, 점점 마음이 맑아지고, 자유해지고, 평안해지는 삶을 살아야 합니다.

출간된 강요셉목사 저서 안내(3부) 마지막

「카리스마의 극대화와 탈진극복(성령)」「방언기도로 분출되는 카리스마(성령)」「결혼 어떡하면 행복할까요(성령)」「신유은사와 고질병 순간치유(성령)」「부흥하는 대중목욕탕 같은 교회(성령)」「응답받는 기도습관 20가지(성령)」「자신 안을 능력으로 채우는 법(성령)」「예수 믿어도 건강치못한 원인과 치유(성령)」「내적치유 축귀능력 받는 비결(성령)」「천국은 언제 가는 곳일까요(성령)」「몸속 독소 배출하면 천국된다(성령)」 등이 있습니다. 구입은 전국 기독교서점과 인터넷서점에서 구입이 가능합니다. 충만한 교회에서 구입은 가능하나 3권이상이 되어야 택배로 보내드립니다.

전화 02-3474-0675/ 메일 kangms113@hanmail.net

35장 어린 자녀들의 환경 적응력 검진하기

(고전15:33) "속지 말라. 악한 동무들은 선한 행실을
더럽히나니"

이전에는 사회적 경험이 부족한 유아나 초등학교 저학년 아이들에게 고민이던 또래관계나 사회성 문제가 이제는 학년이 높아질수록 더 심각하고 어려운 형태로 나타나고 있습니다. 특히, 민감한 성장기의 초등학교 고학년이나 사춘기 아이들의 경우 자기 정체성과 자존감에 상당한 영향을 미치기에 결코 가볍게 넘어갈 수 없는 문제가 되었습니다.

한 반에 한두 명 정도의 아이들은 또래 친구들과 잘 섞이지 못하고 혼자 장난감만 가지고 놀면서 말 한 마디도 하지 않는다거나, 또는 다른 친구들과 제대로 어울려 노는 방법을 알지 못해서 친구들하고 계속 싸우고 갈등을 빚거나 따돌려지는 아이가 있기 마련인데 이런 아이들이 높은 확률로 발달장애일 가능성이 높습니다.

사람이 다른 사람과 소통하고 대화하기 위해서는 뇌의 여러 부분이 사용되어야 하고 이런 능력은 선천적으로도 타고 나지만, 후천적으로 길러지는 것이기도 합니다. 그래서 우리 아이들이 태어난 지 얼마 안 된 시점에서부터 계속 주변의 다양한 것들을 접하게 하고, 부모가 계속 상호작용을 유지해 주고 또래 친구들과 자연 속에서 어울려 놀 수 있도록 유도해줘야만

하는 것입니다.

최근 아이들은 TV나 인터넷, 게임 같은 것에만 몰두하게 되다 보니 주변의 자연스러운 자극이 차단되고 자기폐쇄적인 상태가 되기 쉽습니다. 그렇다 보니 최근 아이들에게서 발달장애가 많이 일어나는 것입니다.

또한 환경호르몬이나 기타 외부적인 영향들 역시 이런 문제가 우리 아이들에게서 빈발하게 되는 원인을 제공하게 됩니다. 그렇다면 우리 아이가 다른 아이들과 제대로 소통을 하고 어울려 놀 수 있게 하려면 무엇이 꼭 필요한 것이 될까요? 폐쇄되고 경직된 도시의 생활 속에서 아이를 방치하기 보다는 자연 속의 여러 가지 신선한 자극들을 겪으면서 다른 아이들과 열심히 뛰어 놀 수 있도록 만드는 게 가장 이상적입니다. 이에 우리 아이들의 안정된 사회적 이미지와 자존감의 회복을 위한 부모님의 자녀 지도 방법을 알려드립니다.

문: 목사님! 안녕하세요? 초 5인 제 아들 때문에 전화를 했습니다. 저학년 때도 학교에서 친구들과 어울리지 못해서 걱정이 었는데, 고학년에 올라와보니 친구들에게 괴롭힘을 당하기까지 하는 것 같아요. 친구들이 건드려도 자기표현이 없는 제 아들이 큰 어려움을 당할까봐 학교 보내기도 겁이 나네요. 아무리 당해도 집에 와서 말을 안 하니까요. 왕따를 당하는 것은 아닌지, 바라보는 부모로서 상당히 불안합니다. 도대체 제 아들은 왜 이럴까요? 어떻게 도와주어야 하나요?

답: 두려움이 있고 수줍음도 많고 말수도 적어 친구 사귀기가 어려운 학생인 것 같습니다. 그래서 다른 아이들과 교류하는데 자신감도 없고, 성공경험도 적어 학년이 높아질수록 새로운 관계를 형성하는 것이 어려워졌을 것 같습니다. 첫째로 일반적으로 또래 관계를 잘 맺고 유지하려면 일단 다른 사람을 받아들이는 개방성과 자신감이 있어야 합니다. 마음이 담대함이 있어야 한다는 말입니다. 대인에 두려움이 많아 타인에 대해 경계하는 마음이 많으면 타인 앞에서 위축되게 되고, 더불어 거리감을 갖게 되니 관계 맺기가 어려워지는 것입니다.

둘째로 마음이 평안하여 감정을 잘 인식하고 표현하는 능력이 있어야 합니다. 자기감정을 잘 모르면 적절하게 타인에게 반응하기도 어렵고 표현할 수 있는 내용도 줄어들게 됩니다. 평소 아이가 집에서 자기표현을 잘 하도록 지도하십시오. 어쩌면 사회적 상황만이 어려운 것이 아니라 ,감정에 대한 인식과 표현 능력 자체가 잘 형성되지 못한 경우가 더 많습니다. 특히, 전화하면서 말씀해 주신 내용에서 보면 학생은 가정에서 조차도 자기를 제대로 표현해본 일이 적은 것 같습니다. 그렇다면 사회적 상황에서 긴장도와 불안이 높아지면서 더더욱 자기 표현하는 방법을 찾지 못하게 됩니다. 실수할까봐 두려움 때문입니다. 사사로운 주장이라도 분명하게 해 볼 수 있는 수용적 환경이 중요합니다. 두려움을 극복하려면 내면이 안정되는 조치를 하셔야 합니다. 교회의 담임목사님의 안수를 받는 것이 좋습니다. 필요하면 전문적인 내면치유를 하는 것도 좋습니다.

셋째로 상황에 맞는 행동과 반응을 할 수 있는 담대한 마음을 개발하도록 하는 것이 좋습니다. 이를 사회적 문제해결력이라고도 말할 수 있습니다. 아이들이 이 능력을 발달시키기 위해서는 자신이 처한 상황에서 어떤 행동이라도 시도해볼 수 있는 담대함과 용기가 있어야 합니다. 이 같은 능력은 부모님의 평소 지지와 격려, 여러 시도를 인정해주는 태도에서 만들어집니다. 내면의 상처를 치유해 주는 것도 좋은 방법입니다.

가장 먼저 해야 할 일은 아이의 정서 상태를 확인하는 일입니다. 학교에 가서 늘 위축되어 있고, 타인이 어떤 반응을 할지 두려운 상태라면 아이는 심하게 우울해질 수도 있고, 자신에 대한 자신감의 부족 때문에 불안감이 높아질 수도 있습니다. 당장 친구들과의 교류나 소통의 문제보다 아이 내면의 불안정감으로 인한 다른 정서적 문제가 생길 수 있습니다. 이 아이가 5학년이기 때문에 사춘기의 영향과 맞물리면 더욱 심각한 정서문제로 발전할 수 있기 때문에 아이가 현재 어떤 마음을 가지고 있는지, 현재 학교에서의 상황이나 생활을 어떻게 받아들이고 있는지 확인하는 것이 우선입니다.

마음을 평안하게 해주는 것이 급선무입니다. 내면세계가 안정이 되어야 평안해집니다. 아이는 내면에 대인에 대한 두려운 상처가 있다고 보아야 합니다. 상처를 치유하는 것을 먼저 해야할 것입니다. 잠재의식의 상처가 치유되면 점점 담대해집니다.

5학년 때 까지 이와 유사한 사회적 양상을 유지하고 있는 아이들의 경우 '나만 참으면 된다'는 마음이 있습니다. 그러나 남을 괴롭히는 일은 범죄행위이고, 자신을 돌보지 않는 것도 사실 옳은 일은 아님에 대해 강조해야 합니다. 폭력은 그 어떤 순간에도 사용할 수 없음에 대해 깨닫게 하고, 그 폭력을 묵과하는 것은 자신을 버리는 일과 같다는 것을 알게 해야 합니다. 자신을 보호하는 여러 가지 방법과 대안을 찾아보는 시간을 가져야 합니다.

부모님들은 아이가 걱정이 되어 아이에게 강하게 행동할 것을 요구합니다. 그러나 아이가 강하게 행동할 수 있었다면 아이는 이미 이러한 문제 상황 하에 놓여있지 않을 것입니다. 그러므로 아이가 할 수 있는 방법과 대안을 아이와 함께 찾아보는 시간을 가져보는 것이 필요합니다. 태중에서부터 형성된 잠재의식에 상처치유를 고려해 보는 것도 좋다고 생각합니다. 아이가 어려서 치유를 해야 합니다. 원인을 해결하지 않고 점점 상급학교에 진학하면 할 수로 상황이 나빠지기 때문입니다. 고 1이 되면 정신적인 문제로 발전할 소지가 있습니다. 하루라도 빨리 정확한 원인을 찾아 해결하는 것이 아이의 장래를 위해 좋습니다.

첫째, 중2병은 왜 생기는가. 어느 중2학생을 둔 어머니에게 필자가 조언한 내용입니다. 상황은 기말시험을 치렀는데 성적이 반 토막이 되어서 필자에게 데리고 와서 안수기도를 받으면서 드러난 상황입니다. 할렐루야! 충만한 교회 강 목사입니다. 아들 때문에 걱정이 많을 것 같아서 알려드립니다. 얼마 전에 핸드폰 문자로 간단하게 알려드렸지만 아들은 마음에 스트레스가 많은 상태라고 이해하시면 정확합니다.

하루 이틀 쌓인 것이 아니고, 태중에서부터 가지고 태어난 것들도 있습니다. 모계, 부계 모두 영향을 미친 것이라고 인정해야 해결이 됩니다. 그렇게 지내다가 점점 나이가 먹어 가면서 공부 스트레스, 친구들과의 스트레스, 부모님들의 훈계 등을 해소하지 못하고 쌓아두어서 일어나는 현상입니다.

듣기 거북스러울 지라도 사실로 인정해야 해결책이 나옵니다. 마음에 쌓인 스트레스를 해소하려고 자전거를 탈 때 살살 타지 못하고 페달을 강하고 빠르게 밟다가 넘어져서 팔목도 부러지고, 무릎도 까지고 한 것입니다. 모든 정황들을 종합하면 마음 안에 쌓인 스트레스로 인한 것입니다. 마음의 스트레스는 집중을 못하게 잡념을 일으키고 가만히 앉아있지 못하게 하는 것이 특징이 있습니다.

짜증이 심하고 조그마한 말에도 받아들이지 못하고 순간 속에서 분노가 나오기도 합니다. 그러니 집중을 하지 못해서 공부가 되지 않는 것입니다. 초등학교 때는 쉽기 때문에 문제가 되지 못합니다. 그러나 중학생이 되면 점점 집중력을 필요하기 때문에 다른 학생들보다 뒤 처지게 됩니다. 시간이 경과되면 될 수록 상황이 좋아지지 않습니다.

이를 해결하려면 내면세계를 안정되게 해야 합니다. 잠재의식에 쌓인 상처와 스트레스와 혈통에서 흘러들어온 문제의 근원을 현실로 끌어내어 배출해야 합니다. 그런데 세상 방법으로는 마음을 안정시킬 방법이 없습니다. 그래서 예수님이 계신 것입니다.

성령의 역사로 잠재의식에 형성된 스트레스를 현실로 드러나게 하여 밖으로 배출시키는 것입니다. 내면의 상처를 정화하고 배출해야 합니다. 그런데 잠깐! 잠깐 안수 받고 기도해서는 아들의 잠재의식의 상처가 현실로 드러나서 배출되지를 않습니다. 잠재의식을 정화하는데 성령께서 지배하고 장악하시는 시간이 필요합니다.

폰 문자로 알려드린 바와 같이 토요일 날 개별집중정밀치유가 있습니다. 기도해보시고 몇 번 받도록 하여 잠재식의 스트레스를 정화시켜보세요. 그러면 여러 가지로 눈에 보이는 가시적인 효과가 있을 것입니다. 종전에 가지고 가신 책(몸속 독소 배출하면 천국 된다) 중에 1-2장만 읽어보면 이해가 될 것입니다. 지금 상태로는 시간이 경과되면 될수록 상황은 좋아지지 않습니다.

말로 타이르고 윽박지르고 혼낸다고 한다고 성적인 올라가지 못합니다. 아들도 공부하고 싶다는 것을 알아야 합니다. 그런데 막상 책상에 앉으면 집중이 되지 않는 것입니다. 많은 분들이 중2병이라고 하는 것은 모두 스트레스가 과하여 발생합니다. 모든 학생이 그런 것이 아니고 혈통적으로 상황이 좋지 않은 상황에서 아이를 임신하여 엄마 뱃속에서부터 가지고 나온 것들입니다.

미리미리 성령으로 정화를 시켰으면 쉽게 해결이 될 것인데 내면세계와 영적으로 무지하여 방치한 결과입니다. 영적치유를 하여 마음을 안정시키면 해결이 쉽게 됩니다.

둘째, 환경 부적응 아이가 되는 근본원인. 이렇게 영적이고 정신적인 문제로 고통을 당하는 분들은 이미 자신의 내면에 잠재하여 있던 요소들이 드러난 것입니다. 이런 유형의 사람들의 가계력을 조사해 보면 조상 중에 무당이 있다든지, 남묘호랭객교를 믿었든지, 절에 스님이 있다든지, 우상을 지독하게 섬겼다든지, 절에 재물을 많이 시주 했다든지, 영적이고 정신적인 질병으로 고생하다가 돌아간 사람이 있다든지, 등등의 원인이 반드시 있었습니다. 이런 사람들은 태아시절에 귀신이 침입을 하기도 합니다. 유아시기에도 침입을 합니다. 그러니까, 영적정신적인 문제 보균자들입니다.

이렇게 잠재하여 있던 영적정신적인 문제들이 학교 공부 스트레스, 충격적인 상처, 놀람, 사업 파산, 결혼실패, 직장해고 등 자신이 감당할 수없는 충격을 받거나 장기간 스트레스를 받아 체력이 급속이 저하되었을 때 밖으로 나타납니다. 그래서 저는 균형 잡힌 영성이 되어야 한다는 말을 많이 합니다. 영-혼-육이 균형이 잡혀야 정상적인 생활을 할 수가 있다는 말입니다.

우리가 스트레스를 받으면 체력의 소모가 많이 됩니다. 체력이 떨어지니 자신 속에 잠재하여 있던 영육의 문제가 드러나는 것입니다. 정상적으로 지내던 사람이 갑자기 불안하고, 초조하고, 두려워서 잠을 자지 못하고, 가위눌림을 당하고, 헛것이 보이기도 하고, 간질을 하고 발작을 하면서 괴성을 지릅니다. 대인관계를 하지 못하고 머리가 깨질 것과 같이 아프기도 합니다. 정상적인 생활을 할 수 없는 지경에 이르게 됩니다. 그래서 영적인 문제라고 단정하고 축사만 받으려고 합니다. 유명하다는 목사를 찾아가 안수를 받습니다. 한 번에 쉽게 해결을 받기 위해서 돌아다닙니다. 이렇게 이리저리 돌아다니다가 치유의 시기를 놓치는 경우가 허다합니다.

그러다가 영적인 분야를 잘 알지 못하는 사역자를 만나 금식도 합니다. 그러나 금식은 금물입니다. 체력이 소진되어 문제가 발생했는데 금식을 하면은 기름 탱크에 불을 붙이는 것과 마찬가지입니다. 더 악화된다는 것입니다. 이때에는 당황하지 말고 환자를 안정을 시키고 우선 체력을 보강해야 합니다. 빠른 시간에 체력을 보강할 수 있는 보약이나 다른 보양식품을 먹여야 합니다. 그래서 체력을 회복시켜야 합니다. 안정을 취하게 해야 합니다.

그러면서 정신적인 문제를 바르게 전문으로 치유하는 사역자에게 가서 말씀과 성령으로 치유를 받으면 바로 정상이 됩니다. 치유는 무조건 축귀만 한다고 치유가 절대로 되지 않습니다. 비전문가의 축귀는 오히려 더 악화될 수가 있습니다. 주의해야 합니다. 영적, 정신적인 문제 치유가 그렇게 쉽고, 단순하지 않습니다. 환자 스스로 말씀 듣고 기도를 하도록 해야 합니다. 본인의 영의 힘으로 일어서게 해야 합니다. 환자가 영적 자립을 해야 하므로 시간이 걸립니다. 급하게 생각한다고 빨리 치유되는 것이 절대로 아닙니다. 축사만 하면 당시에는 치유가 된 것 같은데 시간이 지나면 재발을 합니다. 영적 자립능력이 없기 때문입니다.

그런데 이와 같은 전문적인 치유를 일반 성도들이나 목회자는 잘 이해하지 못합니다. 그래서 영적치유를 받겠다고 1년 이상 돌아다니면서 이 사람 저 사람에게 안수와 축귀만 받으면서 돌아다니게 됩니다. 이러다가 치유의 시기를 놓쳐서 환자가 사람 노릇을 못할 정도로 심각해 질수가 있으니 주의 하지 않으면 안 됩니다.

제일 좋은 것은 사전에 예방하는 것입니다. 이런 가계력이 있다면 미리 성령이 충만한 교회에 가셔서 전문적인 치유사역자의 도움을 받아가며, 성령의 역사로 문제의 잠복된 요소들을 배출하는 것입니다. 아무 교회나 다닌다고 예방되는 것은 절대로 아닙니다. 살아계신 성령의 역사가 있고, 생명의 말씀이 증거 되는 교회라야 사전에 영적인 진단을 하여 치유될 수가 있습니다.

침입한 귀신은 나이에 상관없이 정체를 드러냅니다. 초등학교 1-2학년 17살(고1)에 제일 많이 드러냅니다. 학업에 스트레스가 심하기 때문입니다. 20살에 드러냅니다. 24살에 드러냅니다. 결혼하여 잦은 부부불화가 있을 때 드러냅니다. 27살, 32살, 36살, 38살 43상 등등 한번 침입한 귀신은 인내하며 기다리다가 취약한 시기가 되면 반드시 정체를 드러냅니다. 말씀과 성령의 역사로 정기적인 영적 진단과 내적치유와 축귀하는 예방 신앙이 중요합니다.

상처가 있고 영적으로 깔끔하지 못한 가계력을 가진 분들은 교회를 잘 정해야 합니다. 성령의 역사가 강한 교회에서 신앙생활을 하면서 미리 영적 진단하여 치유해야 하기 때문입니다. 예방신앙이 중요합니다. 숨어있던 귀신은 자신들이 원하는 시기가 되면 반드시 정체를 드러내기 때문입니다.

셋째, 자녀들의 문제 적극적 치유. 그럼 영적, 정신적인 문제로 고생하는 분들이 어떻게 치유를 받느냐 입니다. 1년 이상 15년까지 영적, 정신적인 문제로 고생을 했다면 이미 귀신이 전인격을 장악한 상태입니다. 그러므로 능력이 있다는 사람에게 찾아가서 안수한번 받아서 해결하려는 생각을 아예 버리는 것이 좋습니다. 절대로 안수 한번 받아서 치유되지 않습니다.

저희 충만한 교회에서 치유하는 비결을 소개하면 이렇습니다. 먼저 환자가 치유 받고자하는 의지가 있어야 합니다. 보호자가 적극적이어야 합니다. 정기적인 집회(화-수-목)와 예배(주일)에 참석을 하여 말씀 듣고 기도를 하면서 안수를 받습니다. 이렇게 집중적인 치유를 하지 않으면 치유가 되지를 않습니다. 기도시에는 제가 하라는 대로 순종(따라야)해야 합니다. 따라서 하지 못하면 자연스럽게 치유 기간이 길어집니다. 초기에는 모두 잘 따라하지 못합니다.

왜냐하면 귀신이 의지를 잡고 있어서 환자가 의지를 제대로 할 수 없기 때문입니다. 그러나 시간이 흐르면 따라하게 되어 있습니다. 필자가 직접 기도 시간마다 지속적으로 안수를 하면서 귀신의 묶임이 풀어지게 합니다. 그러면 제가 하라는 대로 환자가 따라합니다. 그러면서 서서히 성령께서 장악을 하십니다. 성령께서 장악을 하기 시작하면 치유가 되기 시작하는 것입니다.

치유는 전적으로 성령께서 하시는 것입니다. 어찌하든지 필자는 환자를 성령께서 장악을 하실 수 있도록 합니다. 전문적인 기술이 필요합니다. 저는 이런 유형의 환자를 많이 치유해 보았기 때문에 제가 하라는 대로 순종만 하면 모두 100% 치유 받을 수 있습니다. 문제는 순종하지 않기 때문에 치유되지 않습니다. 치유하는데 시간이 많이 소요가 됩니다. 환자의 유형에 따라 3개월-6개월-1년-2년이 걸립니다. 3년 이상이 걸리는 경우도 있습니다.

마음을 느긋하게 먹어야 환자를 살릴 수가 있습니다. 절대로 순간 치유는 불가능합니다. 어떤 경우는 4-5년이 걸리기도 합니다. 이렇게 치유가 되더라도 치유 후에 관리가 중요합니다. 지속적으로 주일 마다 관리해야 합니다. 어쩌면 치유보다도 관리가 더 중요하다고 보아야 합니다. 성령하나님의 은혜가운데 머물러 있어야 하기 때문입니다. 이유는 환자가 육을 가지고 있기 때문입니다.

영적, 정신적인 문제로 고통당하는 환자와 보호자는 단번에 치유 받으려는 생각을 접어야 합니다. 전문적인 사역자를 만나 지속적이고 장기적인 치유를 받아야 합니다. 이런 마음 상태만 되면 영적, 정신적인 문제로 15년을 고생했더라도 치유는 됩니다.환자나 보호자는 사전에 필자하고 대화를 한 후에 치유를 시작하시기를 바랍니다.

36장 울화 명치끝의 통증 원인 검진하기

(마 7:3)"어찌하여 형제의 눈 속에 있는 티는 보고 네 눈 속에 있는 들보는 깨닫지 못하느냐"

하나님은 몸과 마음이 하나님의 나라가 되기를 원하십니다. 태중에서 가지고 나온 상처와 스트레스에다가 세상을 살아가면서 만들어진 스트레스로 인하여 몸속에 독소가 쌓이면 영적으로 무기력해집니다. 영적으로 무기력해지면 영의 만족을 누리지 못함으로 영을 만족하게 하는 장소를 찾아서 돌아다닙니다. 영적 분별력이 약함으로 잘못된 비 진리를 받아들여서 몸속에 제일로 문제가 되는 비 진리의 독소가 쌓이게 됩니다. 참으로 심각한 독소가 쌓인 것입니다. 비 진리의 독소는 자신을 파괴하는 심각한 독소입니다. 이와 같은 진리와 비 진리를 구별하려면 앞으로 출간되는 "진리와 비 진리를 구별하는 법" 책을 참고하시기를 바랍니다.

성령치유 집회할 때 많은 분들이 명치끝이 아프다고 하십니다. 입에서 불이 올라온다고 하십니다. 보통 울화는 명치끝에 많이 뭉쳐있습니다. 손을 대지 못할 정도로 통증을 느낍니다. 어떤 분은 가슴에 또는 갈비 밑에 뭉쳐있는 분들도 계십니다. 특이한 것은 병원에서 CT를 찍어도, MRI 검사를 해도 나타나지 않습니다. 병원에서는 원인을 알지 못합니다. 아프기는 아픈데 나타나지를 않습니다. 나타나지 않고 원인을 찾지 못하니 불치병이라고 합니다. 이 귀신의 견고한 진은 단 기간에 치유되지 않습니다. 덩어리가 뭉쳐 집을 짓기까지 상당한 기간이 흘렀기 때문에 그 만큼 치유에 시간이 걸립니다. 집중적으로 2-3일 성령의 역사를 체험하면서 치유하면 부수어지기 시작을 합니다. 성령의 역사로 귀신의 견고한 진이 파괴 되어도 일정 기간 동안 통증은 남아있는 것이 보통입니다.

지속적으로 성령의 불을 집어넣으면서 집중 치유를 합니다. 어느 분은 육 개월이 지나니까, 통증이 없어지고 완치되었습니다. 가슴이 아파서 바로 눕지도 못하고 엎드리지도 못하여 옆으로 누워서 잠을 자다가 오셔서 완전하게 치유를 받았습니다. 치유가 되니 가족 모두가 좋아했다고 합니다. 병원에서 불치병이라고 했는데 치유되어 자녀들에게 살아계신 하나님을 체험하게 하는 계기가 되었다고 합니다. 귀신의 견고한 진은 성령의 불세례를 체험하고 깊은 영성과 성령의 권능이 함께하는 사역자가 치유할 때 정체를 드러냅니다. 배에 손을 얹고 기도하면 적어도 10-20여분 이내에 귀신의 견고한 진이 표면에 나타나게 됩니다. 달걀 크기만 한 동그란 근육덩어리가 배 속에서 솟아나 안수하는 사람의 손을 피해 이리저리 달아납니다.

한번은 이런 일이 있었습니다. 지방에서 올라온 성도인데 분명하게 영적인 존재가 장악하고 있어서 상당히 오랫동안 안수를 했는데도 꼼짝을 하지 않습니다. 갑자기 성령께서 배를 만져보아라, 하십니다. 그래서 배에다가 손은 대니 성인 주먹보다 큰 덩어리가 잡힙니다. 살짝 누르니 아프다고 소리를 지릅니다. 필자가 직감적으로 귀신의 집이구나, 하고 손을 대고 "상처와 같이 형성된 귀신의 집은 예수이름을 파괴될지어다." 하니까, 성도가 숨을 몰아쉬기 시작을 합니다. 조금 있으니 기침과 함께 가래가 나오면서 귀신이 떠나가기 시작을 했습니다. 이로보아 귀신의 집이 파괴되지 않으면 귀신은 떠나가지 않는다는 것입니다.

이런 여러 경우를 보아 알 수 있는 것은 사람의 몸속에 귀신의 비밀 처소가 있다는 것입니다. 이것을 인정해야 귀신으로 부터 해방을 받을 수가 있습니다. 이는 정말 이해하기가 힘이 들지만 이해해야 하는 비밀입니다. 영적인 세계는 사람의 이론이나 지식으로는 이해가 불가능하기 때문입니다. 영적인 세계는 참으로 이해하기 힘든 일이 많이 있습니다.

명치끝에 화가 모여서 발생하는 울화병입니다. 울화병이란 고부간의 갈등이나 남편의 외도 등 강한 스트레스를 적절하게 해소하지 못하는 한국여성에서 주로 발생하는 '문화결함증후군'의 하나로 알려져 있으며 현대사회에서 직장인들의 주요한 직업병 중 하나이기도 합니다. 한 온라인 취업포털 사이트의 2007년 남녀직장인 1315명이 설문조사를 실시한 결과 직장인의 63%가 직장생활 질병을 앓는다는 것으로 나타났고 이 중에서 '화병' 등과 같은 스트레스성 질환이 30.4%를 차지했습니다. 요즘 사람들은 여러 가지 어려움으로 인한 마음의 상처로 고통스러워합니다. 교회는 이들을 치유해야 합니다.

화병이란 생활 속에서 일어나는 억울한 감정이나 과중한 스트레스를 제 때 발산하지 못하고 억지로 참음으로써 오랫동안 누적되어 생기는 신경질적인 화가 원인이 되어 생기는 병입니다. 화병은 우울한 감정, 속상함 등의 스트레스가 수년간 쌓임으로써 발병하는데, 이러한 스트레스를 제때 풀지 못하여 가슴 부위가 답답하고 얼굴이 화끈거리는 느낌이 들면 이미 화병에 걸렸다고 볼 수 있겠습니다. 이 병은 우리나라에만 있는 고유한 형태의 병으로 호랑이 같은 시어머니와 남편의 외도에 시달려온 우리네 주부들의 한 맺힌 병으로서 "울화병"이라고도 부릅니다. 가장 많은 원인은 남편의 바람기와 술을 마시는 버릇 때문에 화병에 걸리고, 그 다음으로는 시부모와의 갈등으로 인해 화병이 발병한다고 합니다.

첫째, 화병의 증상과 발병단계. 화병은 화가 치밀어 오르는 불행한 현실을 벗어날 방법이 없는 사람에게서 발병합니다. 즉 경제적으로 독립할 여건도 안 되고, 교육수준이 낮은 계층에서 많이 생기는 병입니다. 남자들은 사업실패, 명예실추, 배신, 돈 떼임, 사기의 피해, 예상하지 못한 실직 등의 이유로 생기고 여자들은 시댁의 구박이나 가정문제로 발병합니다. 직장인들은 과도한 업무 스트레스로 발병이 되기도 합니다.

부부의 대화부족, 시어머니와의 갈등 또는 자녀교육 등의 과다한 스트레스나 정신적인 갈등의 화열(火熱), 큰 병을 앓고 난 후나 노약자 등의 허약(虛弱), 비만이나 수척한 체질적인 소인의 습담(濕痰), 병리적인 산물인 어혈(瘀血), 기후나 계절적인 요인인 풍(風) 등이 있습니다. 신체적 증상으로는 두통과 어지러움을 느끼고 얼굴에 열기가 느껴지며 가슴이 뛰고 답답하며 울화가 치밀어 오릅니다. 또 목이나 가슴에 덩어리가 느껴지기도 하고 소화 장애가 나타나기도 합니다. 가슴이 답답해 호흡을 하기가 힘이 드는 경우도 있습니다.

정신적 증상으로는 우울, 불안, 신경질, 짜증 등이 자주 나타나고 깜짝깜짝 자주 놀라며 쉽게 화를 폭발하기도 합니다. 그밖에 "사는 재미가 없고 의욕이 없다" "허무하다" "죽고 싶다"는 생각이 들기도 합니다. 화병의 발생 빈도는 중년 이후의 여성에게 많이 나타나며 학력과 경제적 수준이 낮을수록 많이 발생합니다. 화병이 일반적 스트레스성 질병과 다른 점은 발병원인이 분명하며 발병기간이 10여 년에 걸친 만성적인 병이라는 점입니다.

둘째, 화병의 증상들. ① 특정한 스트레스 사건으로 인해 생긴 억울한 감정이 누적되어 해소되지 않은 상태가 3개월 이상 지속됩니다. ② 가슴이 답답하거나 숨이 막히는 증상과 함께 뭔가 치밀어 오르는 증상을 나타냅니다. ③ 가슴이 두근거리고 뜁니다. ④ 가슴이나 목에 뭉친 덩어리가 느껴집니다. ⑤ 두통이나 어지러움이 자주 옵니다. ⑥ 몸이나 얼굴에 열감이 오르는 것을 느낍니다. ⑦ 잠을 잘 자지 못합니다. 놀라서 잘 깹니다. ⑧ 갑작스런 화가 폭발하거나 혹은 분노감이 있습니다. ⑨ 우울 또는 허망한 기분이 자주 듭니다. ⑩ 불안 혹은 초조감을 많이 느낍니다. ⑪ 신경질이나 짜증이 심합니다. ⑫ 억울함을 자주 느낍니다. ⑬ 소변을 자주 보게 됩니다. ⑭ 대응능력에 따라 고혈압 등 순환기

계, 두통 등 신경계, 호흡기계, 소화기계 등 다양한 증세로 나타날 수 있습니다.

셋째, 치유는 가족의 이해와 도움이 가장 중요. 화병은 어떻게 치료해야 하는가? 안타깝게도 근본적인 원인을 제거하기 전에는 치유방법이 없다는 것이 정설입니다. 남편과 시부모와의 갈등 때문에 화병이 발병했을 때는 다소 치료하기가 힘이 듭니다. 효과적인 치료를 위해서는 가족의 이해와 도움이 무엇보다 중요한데 이는 사실상 매우 어렵습니다. 왜냐하면 주부의 건강에는 가족들이 의외로 무관심하기 때문입니다. 남편의 바람기 때문에 화병에 걸린 주부환자의 경우는 남편에게 아내의 상태에 대해서 이야기하고 협조를 구하지만, 많은 남편들의 반응이 대체로 비슷합니다. "나는 그런 사실이 없다" 또는 "여자가 성질이 못됐으니까 병에 걸렸지"라는 식입니다.

또 환자 본인의 마음가짐도 치료에 도움이 안 되는 일이 많습니다. "시어머님이 집에 계신데 어떻게 약을 먹어요? 그냥 병원에 와서 침만 맞으면 안 될까요?" 하고 말하는 환자도 적지 않다고 합니다. 반면에 자녀문제로 인해 화병에 걸린 경우에는 치료하기가 비교적 수월한 편입니다. 남편의 협조가 가능하고 취미나 운동 등으로 스트레스를 풀 수 있기 때문입니다. 화병을 치료하기 위해서는 여러 가지 치료법이 동원되지만 무엇보다 가족의 이해와 도움이 가장 중요합니다. 대부분은 한 달 가량 말씀과 성령으로 집중 치료하면 많이 좋아지지만, 심한 경우에는 3개월 이상

장기간 치료를 받아도 쉽게 낫지 않습니다. 또한 치료기간 동안 스트레스에서 벗어나 있으면 치료에 상당한 도움이 됩니다.

넷째, 화병을 진단하는 방법. 병리적인 화를 중심으로 화에 대하여 알아보면 다음과 같습니다. 인체의 화를 관장하는 장기는 심장이고, 또 심장은 감정을 관장한다고 한방의학 서적에는 기술되어 있는데, 스트레스에 대하여 직접적으로 반응을 하게 됩니다. 화는 오행 중에서 불의 성질을 가집니다. 그러므로 증상이 나타나게 되면 얼굴이나 가슴의 열기, 분노, 충혈 등이 나타나게 되는 것입니다. 화는 양(陽)의 특성을 가져 위로 올라가려는 속성을 가지고 있습니다.

그러므로 화병의 증상은 주로 가슴 위의 부분에서 나타납니다. 두통이나 어지럼증, 상열감, 가슴부위의 답답함이나 열기가 나타나게 됩니다. 화는 온몸의 진액을 손상시킵니다. 불은 물을 마르게 하고, 습기를 건조하게 하는 작용을 가지고 있는 것처럼, 화병은 신체를 건조시키는 작용을 합니다. 입술이 타거나 목이 마르는 증상이 나타나는 것도 그 이유에서입니다.

다음과 같은 조건이 충족되어야 화병이라고 할 수 있습니다. 억울한 감정이 누적되고 해소되지 않은 상태가 6개월 이상 지속되었다면 화병입니다. 단기적인 스트레스나 충격은 화병이라고 할 수 없습니다. 가슴이 답답하거나 숨이 막히는 증상과 무엇인가 치밀어 오르는 증상이 나타납니다. 이것은 화병의 필수증상입니다. 가슴 정중앙 부위를 누르면 심한 통증이 나타납니다. 가슴의 정중앙은 전중이라는 침 자리로 감정의 기운이 많이 모이는 곳입니다. 그러므로 이 부위를 눌렀을 때 심한 통증이 있다면 정서적인 스트레스를 많이 받았다고 보아도 좋을 것입니다. 또한 이 자리는 화병을 진단하는 자리이면서 경과를 관찰할 수 있는 중요한 자리입니다. 치료에 따라 화병의 증상이 좋아지면 이곳의 통증도 완화가 됩니다.

특징적인 4가지 증상은, 즉 가슴의 답답함, 무엇인가 치밀어 오르는 증상, 몸이나 얼굴에 열이 오르는 느낌, 그리고 급작스러운 화의 폭발 혹은 분노 중에서 최소한 2가지 이상은 현저하게 나타나야 합니다.

다섯째, 화병을 건설적으로 치유하는 길. 우리가 분명히 알아야 할 것은 화를 참았다고 해서 드러나지 않는다는 것은 아니라는 것입니다. 화는 여러 가지 방식으로 나타난다. 중요한 점은 얼마나 건설적으로 나타나느냐 입니다. 화가 건설적으로 나타나지 않을 경우 그 화는 그냥 없어지지 않습니다. 화를 억눌렀을 경우 그 화는 결국 자신과 남들에게 파괴적인 모습으로 나타나기 때문입니다. 그러므로 통성 기도를 해서 푸는 것이 좋습니다.

성령의 임재 가운데 주여! 주여! 주여! 주여! 하면서 심경을 하나님에게 토설하는 것입니다. 그렇기 때문에 우리는 화의 원인을 정확하게 알아내어 화를 직접적이고 건설적인 방법으로 표현해서 화병을 예방하고 우리자신과 상대방이 함께 성장할 수 있는 좋은 기회로 삼아야 할 것입니다.

성령의 이끌림을 받는 기도를 하십시오. 기억을 위하여 성령님께 도움을 요청하면 자신의 깊은 곳에 감추어져 있던 상처의 기억과 감정이 생생하게 살아납니다. 성령님의 도우심으로 특정한(분노, 불안, 두려움, 공포, 눌림, 혈기, 스트레스, 마음의 상처, 자존심의 상처 등) 사건의 현장으로 돌아가서, 그때 받았던 묻혀진 상처의 기억을 떠올리며, 상처와 함께 그때에 겪었던 당황함, 부끄러움을 회상하시기 바랍니다. 하나씩 앞으로 회상해 나가면서 떠오르는 상처를 주님에게 드려야 합니다.

주님은 항상 나와 함께하셨습니다. 주님은 내가 고통당할 때 함께하시면서 나와 고통을 함께 하셨습니다. 지금도 그 주님은 나와 함께하십니다. 억울함, 분노, 두려움, 상처, 눌림 등으로 내가 울 때 함께 하시면서 우신 분입니다. 특히 어린 시절의 작은 상처, 부모가 자신을 거부했다고 하는 상처가 오늘의 자신에게 많은 영향을 줍니다. 자 이제 상처를 예수께 드립니다. 드러난 상처를 주님께 가져가야 합니다. 주님은 많은 상처를 입은 분이십니다. 그러기에 상처 입은 사람들의 고통의 삶을 누구보다 안타깝게 여기고 계십니다. 예수 그리스도에게 성령님의 치유의 능력을 간곡하게 부탁해야 합니다.

이와 같은 영적인 치유는 스스로 하기는 힘이 듭니다. 충만한 교회 같이 성령 내적치유를 전문적으로 하는 곳에 가셔서 전문 치유사역자의 도움을 받아 어느 정도 영의 통로가 열리고 성령의 깊은 임재에 빠져 들어갈 줄 알아야 스스로 치유가 가능합니다. 빠른 시간 내 전문적인 치유를 하는 곳을 찾아가서 성령을 체험하면서 치유를 받기를 바랍니다.

이 책을 통해 예수님이 땅끝까지 전파 되기를 소원합니다.
(출판으로 인한 이익금은 문서선교와 개척교회 선교에 사용합니다.)

영혼건강 상태 정밀 검진하는 법

발 행 일 l 2017. 9. 05초판 1쇄 발행

지 은 이 l 강요셉

펴 낸 이 l 강무신

편집담당 l 강무신

디 자 인 l 강요셉

교정담당 l 강무신

펴 낸 곳 l 도서출판 성령

신고번호 l 제22-3134호(2007.5.25)

등록번호 l 114-90-70539

주   소 l 서울 서초구 방배천로 4안길 20(방배동)

전   화 l 02)3474-0675/ 3472-0191

E-mail l kangms113@hanmail.net

유   통 l 하늘유통. 031)947-7777

ISBN l 978-89-97999-61-3 부가기호 l 03230

가   격 l 16,000원